Die Stadt, die leben wollte

Hamburg und die Stunde Null

Uwe Bahnsen
Kerstin von Stürmer

CONVENT

© 2004 Convent Verlag GmbH, Hamburg
Umschlaggestaltung: X-six agency GmbH, Hamburg
Satz u. Reproduktion: KCS GmbH, Buchholz/Hamburg
Druck u. Bindung: Druckerei zu Altenburg GmbH, Altenburg
ISBN 3-934613-82-9

www.convent-verlag.de

Inhaltsverzeichnis

Vorwort   8

Euphorie vor dem Untergang
Hitlers letztes Aufgebot   11

Die Festung Hamburg
Befehl zum Kampf bis zum Untergang   16

Der „Nero-Befehl"
Hitlers Plan von verbrannter Erde   24

Karl Kaufmann in Berlin
Die letzte Begegnung mit Hitler   32

Die Gespräche in Stockholm
Konkrete Pläne für das Ende   37

Rettung für das, was noch übrig ist
Konteradmiral Bütows Sorge um den Hafen   43

Hamburg in der Umklammerung
Mit 16- bis 19-Jährigen gegen die anrückenden Briten   50

Kapitulation im Todeslager
Das Grauen von Bergen-Belsen   55

„Im Übrigen wird Hamburg verteidigt!"
Die letzten 14 Tage des Nazi-Regimes   62

„Wir zählten die Stunden"
Die Front ist in Hamburg 68

Kampf oder Kapitulation
„Wie verhält man sich als Parlamentär?" 73

Rettung in letzter Minute
Die Briten empfangen die Unterhändler 78

Bach und die Briefe im Schuh
Sondierungsgespräche über Hamburgs Zukunft 85

Hitler ist tot!
Hamburgs Schicksal entscheidet sich am Plöner See 90

Mit weißer Fahne Richtung Meckelfeld
Die Unterhändler bringen die Kapitulationspost 96

Hamburg in britischer Hand
Die politische Übergabe der Stadt 104

Die Verhaftung von Karl Kaufmann
Das Ende einer Karriere 112

Inferno auf See
7000 Tote in der Neustädter Bucht 118

Panzerspähwagen und Dudelsäcke
Die Engländer sind da! 125

Prominente Kriegsgefangene
Das Ende des Dritten Reiches wird in Flensburg besiegelt 134

Befreier und Besatzer
Wie verhält man sich gegenüber den Deutschen? 140

Sie nannten ihn „Old P."
Rudolf Petersen – Hamburgs Bürgermeister der Stunde Null 147

Hoffnungsträger in der Not
Max Brauer kehrt zurück nach Hamburg 163

Victor Gollancz 175

Yehudi Menuhin 179

Zeitzeugen
1 Peter von Zahn 182
2 Herbt Weichmann 186
3 Hans Schmidt-Isserstedt 189
4 Uwe Bahnsen 192
5 Uwe Storjohann 197
6 Rudolf Petersen 199
7 Eckart van Hooven 201
8 Joachim und Ruth Schliemann 204
9 Hans Jürgen Witthöft 207
10 Erich Lüth 210
11 Ralf Dahrendorf 213

Literatur 216

Bildquellen 217

Vorwort

Hiermit legen wir den zweiten Teil unserer zeithistorischen Reportage über Hamburg im Zweiten Weltkrieg vor. Der erste, 2003 erschienene Band „Die Stadt, die sterben sollte" schilderte das Schicksal der Hansestadt während der britischen „Operation Gomorrha" im Sommer 1943. Die vorliegende Darstellung behandelt die militärischen und politischen Vorgänge, die am Abend des 3. Mai 1945 zur kampflosen Übergabe der Stadt an die britischen Streitkräfte führten, und sie schildert zugleich Hamburg nach der „Stunde Null", dem Zusammenbruch des NS-Regimes. Wir haben uns dabei auch von der Überlegung leiten lassen, dass es heute vielleicht wichtiger als je zuvor ist, der in Frieden und Wohlstand aufgewachsenen Generation vor Augen zu führen, welchen langen und steinigen Weg das Deutschland des Jahres 1945 hat zu-

Trümmer und Trostlosigkeit wohin man blickt: Hamburg nach der Stunde Null.

rücklegen müssen, um die furchtbare Erbschaft eines Regimes zu bewältigen, dessen Destruktivität und Nihilismus ohne Beispiel sind. Erst jetzt, so scheint es, lässt sich ganz ermessen, welche Leistung vor allem Männer wie die beiden ersten Nachkriegs-Bürgermeister Rudolf Petersen und Max Brauer vollbracht haben, als sie mit Zähigkeit und einem unbeugsamen Willen, Schritt für Schritt, ihrer Stadt wieder Hoffnung und Lebensmut gaben – wie verzweifelt die Lage zuweilen auch sein mochte. Zugleich möchten wir mit diesem Buch einen kleinen Beitrag dazu leisten, dass Hamburg eine Dankesschuld abträgt. Es geht um zwei Persönlichkeiten, die beide als Juden Grund genug gehabt hätten, den Stab über die Deutschen zu brechen, als das ganze Ausmaß der Greuel in den Konzentrationslagern, zum Beispiel in Bergen-Belsen, bekannt wurde. Sie taten das Gegenteil: Yehudi Menuhin, der weltberühmte

Geiger, und Victor Gollancz, der große Verleger, wandten sich öffentlich gegen Pauschalurteile über die Deutschen, und sie riefen die angelsächsische Öffentlichkeit auf, dieses geschlagene, demoralisierte und verelendete Volk und besonders die Kinder nicht einem trostlosen Schicksal zu überlassen. Beide nahmen dafür Anfeindungen in Kauf, doch konnten sie sich auch auf gewichtige Stimmen in Großbritannien stützen, die schon während des Krieges davor gewarnt hatten, Hass mit Hass zu beantworten, um sich nicht auf das moralische Niveau Hitlers zu begeben. Yehudi Menuhin und Victor Gollancz gaben mit ihrer Haltung ein Beispiel, das für die Deutschen, gerade in Hamburg, ein Licht der Hoffnung und Versöhnung in dunkler Zeit war. Daran möchten wir erinnern.

Hamburg, im September 2004
Uwe Bahnsen
Kerstin von Stürmer

Euphorie vor dem Untergang
Hitlers letztes Aufgebot

In der Neujahrsnacht 1945, gegen zwei Uhr früh, hielt Adolf Hitler in seinem Privatbunker im innersten Sperrkreis seines westlichen Hauptquartiers „Adlerhorst", in einem Wald am Ende eines einsamen Wiesentals bei Bad Nauheim gelegen, einen jener langen Monologe, die seine Umgebung mit einer Mischung aus Müdigkeit und pflichtgemäßer Aufmerksamkeit über sich ergehen ließ. Adjutanten, Ärzte, Sekretärinnen, wie immer dabei Reichsleiter Martin Bormann, hörten Hitlers optimistischen Prognosen zu: Bald werde die gegenwärtige schwere Krise überwunden sein. Die „fanatische Entschlossenheit, den Krieg unter allen Umständen erfolgreich durchzukämpfen", werde die Wende bringen. Die Runde nahm diese zweistündigen Tiraden, deren Kernthesen Hitler auch in seiner zuvor über den Rundfunk ausgestrahlten Neujahrsansprache verkündet hatte, schweigend auf. Nur Bormann stimmte beflissen zu. Die hohen Militärs des Führerhauptquartiers, die bis ins Detail wussten, wie aussichtslos die Lage tatsächlich war, hatten keine Einladung zu diesem Neujahrsempfang im kleinen Kreis erhalten. Rüstungsminister Albert Speer, der am Tag zuvor in der Nähe der belgischen Grenzstadt Houffalize gewesen war und wegen der erdrückenden Luftüberlegenheit der Alliierten für eine Strecke von 340 Straßenkilometern 22 Stunden gebraucht hatte, um schließlich in der Neujahrsnacht gegen zwei Uhr das Führerhauptquartier zu erreichen, hat die gespenstische Szene beschrieben: „In der vom Alkohol aufgelockerten, aber gleichwohl gedämpften Stimmung schien Hitler als der einzige, auch ohne stimulierendes Getränk, trunken und von einer chronischen Euphorie erfasst. Obwohl der Beginn eines neuen Jahres die verzweiflungsvolle Lage des vergangenen nicht auslöschte, schien Erleichterung darüber zu herrschen, wenigstens auf dem Kalender neu beginnen zu können."*

Um seinen Worten Nachdruck zu verleihen, bemühte Hitler in seinem nächtlichen Monolog einen Vergleich, den er in seiner Rundfunkrede wohlweislich unterlassen hatte – die Parallele zur verzweifelten Lage Friedrichs des Großen im Siebenjährigen Krieg, aus der den Preußenkönig nur

---

* Albert Speer, „Erinnerungen", S. 426

der Tod der Zarin Elisabeth Petrowna am 5. Januar 1762 gerettet hatte. Das war, wie Speer in seinen Memoiren notierte, das klare Eingeständnis, dass er „militärisch vollständig besiegt sei". Damals allerdings war der Rüstungsminister zu dieser simplen Schlussfolgerung offenbar nicht fähig, denn „keiner von uns stellte diese Überlegung an".*

Zugleich kannte Speer jedoch die Fakten der militärischen Lage Deutschlands am Beginn des Schicksalsjahres 1945 gut genug, um über das Ende keinerlei Illusionen mehr zu haben. Eine Woche zuvor, am Abend des 23. Dezember, hatte der Rüstungsminister den Feldmarschall Walter Model, Oberbefehlshaber der Heeresgruppe B, in dessen Gefechtsstand in einem abgelegenen Eifeltal aufgesucht. Unumwunden erklärte Model, die Ardennenoffensive, Hitlers letzte Trumpfkarte an der Westfront, sei angesichts der alliierten Luftüberlegenheit und der hoffnungslosen Nachschubprobleme festgefahren und damit endgültig gescheitert. Jedoch habe Hitler ihre Fortsetzung befohlen. Begonnen hatte diese groß angelegte Operation der Heeresgruppe B im Morgengrauen des 16. Dezember 1944 bei diesigem Wetter, das die gefürchteten alliierten Jagdbomber am Boden hielt,

mit 1800 Panzern und Sturmgeschützen. Ziel war im Norden der Vorstoß der 6. SS-Panzerarmee auf Antwerpen, mit dem der Nordflügel der alliierten Streitkräfte abgeschnitten werden sollte. Im Zentrum war Brüssel das Ziel der 5. Panzerarmee, während an der Südflanke die 7. Armee über Luxemburg Dinant erreichen sollte. Trotz anfänglicher Überraschungserfolge (Einschließung von Bastogne) litt das gesamte Unternehmen von Anfang an unter mangelhafter Vorbereitung, unzureichendem Nachschub und zu geringer Stoßkraft der angreifenden Verbände. Als am 23. Dezember auf dem Höhepunkt der Schlacht das Wetter aufklarte und sofort die alliierten Jagdbomber am Himmel erschienen, kam die Offensive ins Stocken. Die britischen und amerikanischen Armeen unter Feldmarschall Bernard Montgomery und General Dwight D. Eisenhower konnten die Lage nicht nur stabilisieren, sondern die Heeresgruppe B auf breiter Front in die Defensive drängen. Ende Dezember stand endgültig fest, dass die Ardennen-Offensive gescheitert war. Speer war ruhelos im Operationsgebiet umhergefahren, um sich persönlich zu informieren, und hatte dabei grausige Eindrücke gewonnen, so den Anblick eines Leichenfeldes nach einem deutschen Angriff auf eine alliierte MG-Stellung: „Hunderte von Soldaten lagen dahingemäht

---

* Albert Speer, „Erinnerungen", S. 426

auf einem Geländestück." Und einen nächtlichen Tiefangriff viermotoriger alliierter Bomberverbände, den er damals miterlebte, beschrieb der Rüstungsminister später mit den Worten: „Heulende und detonierende Bomben, das Aufleuchten der Wolken in roten und gelben Farben, dröhnende Motoren und weit und breit keine Abwehr: Ich war wie benommen von diesem Bild militärischer Wehrlosigkeit, das angesichts der Fehleinschätzungen Hitlers vor einem grotesken Hintergrund sich entfaltete." *

In der Abgeschiedenheit des Führerhauptquartiers wucherten in den ersten Tagen des neuen Jahres nicht nur irreale, sondern wahnwitzige Überlegungen. In einer „Levee en masse", einem revolutionären Massenaufgebot, solle sich das Volk den Alliierten an den Fronten entgegenwerfen, beschlossen Hitler, Propagandaminister Joseph Goebbels, Bormann und Feldmarschall Wilhelm Keitel, der Chef des Oberkommandos der Wehrmacht, in einer Lagebesprechung Anfang Januar. Als Speer daraufhin die Folgen für die Rüstungsprogramme darlegte, kam es zu einem Zusammenstoß zwischen ihm und Goebbels, der ihm sogleich die „historische Schuld" für die drohende Niederlage zuweisen wollte, wenn „durch einige hunderttausend fehlen-

de Soldaten der Krieg verloren geht".

Die Lage war für Hitler und sein Regime längst aussichtslos. Im Westen wie im Osten standen weit überlegene feindliche Großverbände an den Reichsgrenzen. Am 12. Januar begann an der Ostfront die Winteroffensive der Roten Armee, die auf breiter Front zum Zusammenbruch der deutschen Verteidigungslinien führte – Auftakt zum Sturm auf Hitlers Reich. Speer in seinen Memoiren: „Mit der Ardennen-Offensive war der Krieg zu Ende. Was folgte, war nur noch die von einem wirren und ohnmächtigen Widerstand verzögerte Besetzung des Landes."**

In Hamburg hatte das letzte Kriegsjahr verhältnismäßig ruhig begonnen. Zweieinhalb Wochen blieb die Hansestadt von weiteren Heimsuchungen verschont. Das mag auch eine Folge der Verunsicherung in den für die Luftkriegsführung verantwortlichen alliierten Stäben gewesen sein. Anfang 1945 hatten vor allem ein Großeinsatz von fast 1000 deutschen Jagdflugzeugen gegen die britischen und amerikanischen Bomberverbände und Geheimdienstinformationen über einen technischen Durchbruch bei der Bewaffnung der deutschen U-Boote auf alliierter Seite intensive Diskussionen darüber ausgelöst, welche Auswir-

---

* Albert Speer, „Erinnerungen", S. 425

** Albert Speer, „Erinnerungen", S. 427

14 Euphorie vor dem Untergang

1945 am Sandtorkai: Ein nach schweren Bombentreffen gesunkenes Schiff.

kungen die alliierten Flächenbombardements tatsächlich hatten. Sie führten zu einer Modifizierung der Zielplanung. Mehr noch als bisher sollten nun Hydrierwerke, Verkehrsanlagen, Panzerfabriken, Flugplätze der Luftwaffe und U-Boot-Werften bombardiert werden. Zugleich sollten jedoch die Großangriffe auf die deutschen Städte, auch auf Hamburg, fortgesetzt werden. In den Mittagsstunden des 17. Januar 1945 warfen 250 Maschinen der US-Air Force Bombenteppiche im Hafen und im Harburger Industriegebiet. 70 dieser Bomber griffen die Werft Blohm & Voss an, die ebenso wie andere Werften erneut schwer beschädigt wurde. Bei Blohm & Voss sanken drei im Bau befindliche U-Boote, weitere zwölf wurden

getroffen. In den nächsten fünf Wochen griffen die alliierten Bomberflotten weitere Ziele im gesamten Reichsgebiet an – die Feuerstürme in Dresden am 13. und 14. Februar und in Pforzheim in der Nacht vom 23. zum 24. Februar, wie im Juli 1943 in Hamburg, waren grausige Höhepunkte einer vornuklearen Vernichtungsstrategie ohne historisches Beispiel. Am 24. Februar fielen erneut 2800 Bomben auf das Hafengebiet – es war der 190. Angriff auf Hamburg. Gauleiter Karl Kaufmann stand unterdessen vor einer Schicksalsfrage der schwer geprüften Stadt. Ihm lag seiner eigenen Darstellung zufolge ein Führerbefehl vor, der unvorstellbare Konsequenzen für Hamburg heraufbeschwören musste.

Die Festung Hamburg
Befehl zum Kampf bis zum Untergang

Am 19. Februar 1945 fand im Großen Festsaal des Rathauses eine bedrückende Veranstaltung statt. Vor mehr als tausend hohen Parteifunktionären der NSDAP, leitenden Verwaltungsbeamten und Wirtschaftsführern, die er in den ungeheizten Saal gebeten hatte, enthüllte Gauleiter und Reichsstatthalter Karl Kaufmann einen Tatbestand, der den meisten Teilnehmern dieser Zusammenkunft das Blut in den Adern stocken ließ: Auf Befehl Hitlers sei Hamburg zur Festung erklärt worden und solle bis zum Äußersten verteidigt werden. Kaufmann sparte in seiner Rede nicht mit Durchhalte-Appellen und ähnlichen Phrasen. Der „Festungsbefehl", den das Oberkommando der Wehrmacht am 30. Januar auf Hitlers Anweisung erlassen hatte, definierte den Begriff der „Festung", des „Verteidigungsbereiches" und des „Ortsstützpunktes". Danach war der „Verteidigungsbereich" einer Festung gleichzusetzen und durch „schärfsten Kampf bis zur Erfüllung des erteilten Auftrages oder bis zur Kampfunfähigkeit" zu verteidigen. Die Konsequenzen aus dieser Entwicklung hatte Kaufmann am 13. Februar in einem Planspiel im Kaisersaal des Rathauses mit hohen Offizieren der Wehrmacht und der Polizei erörtert.

Jedem Zuhörer im Großen Festsaal war klar, dass nun für die bereits weithin verwüstete Stadt das endgültige Todesurteil bevorstand. Denn Hitlers Befehl beschwor eine Gefahr herauf, die sich aus der Haager Landkriegsordnung vom 18. Oktober 1907 ergab: Nach Artikel 25 HLKO ist es Krieg führenden Mächten verboten, „unverteidigte Städte, Dörfer, Wohnstätten oder Gebäude, mit welchen Mitteln es auch sei, anzugreifen oder zu beschießen". Zwar sind die Normen des Kriegsvölkerrechts im Zweiten Weltkrieg permanent verletzt worden, doch es lag auf der Hand, dass Hitlers Befehl im Umkehrschluss zum Artikel 25 der HLKO massivste militärische Maßnahmen der westlichen Alliierten gegen die zur Festung erklärte Stadt geradezu heraufbeschwören musste. Sie wurden Ende April auf Befehl des britischen Feldmarschalls Montgomery auch unmissverständlich angedroht, falls Hamburg nicht kampflos übergeben werde.

Am 24. August 1944 hatte Hitler den Gauleiter und Reichsverteidigungskommissar Karl Kaufmann

So begann seine Macht in Hamburg: Gauleiter Karl Kaufmann auf einer Kundgebung im Frühjahr 1933.

„für den Fall, dass die deutsche Küste der Nordsee Operationsgebiet wird, zum Reichsverteidigungskommissar für dieses Operationsgebiet" ernannt. Aufgabe Kaufmanns in dieser Funktion war es, den militärischen Oberbefehlshaber in Fragen der zivilen Verwaltung und der Wirtschaft zu beraten. Zugleich hatte Kaufmann im August den Aufbau eines äußeren Verteidigungsringes um die Hansestadt vorbereiten lassen. Bis Oktober legte ein Erkundungsstab eine „Hauptkampflinie" fest, die zunächst durch „Verpflockung" gekennzeichnet, also noch nicht ausgebaut wurde.

Sie verlief vom nördlichen Elbufer durch die Haseldorfer Marsch nach Uetersen und Pinneberg, von dort nach Quickborn, Harksheide, Ahrensburg, Trittau, durch den Sachsenwald nach Geesthacht, folgte der Elbe bis Zollenspieker, überquerte den Fluss bei Hoopte und führte über Stelle, Jesteburg, Trelde, Hollenstedt, Moisburg, Apensen und Horneburg in der Nähe von Lühe zum südlichen Elbufer.

Über diese Maßnahmen waren naturgemäß zunächst nur die unmittelbar zuständigen militärischen Dienststellen informiert. Das änderte sich

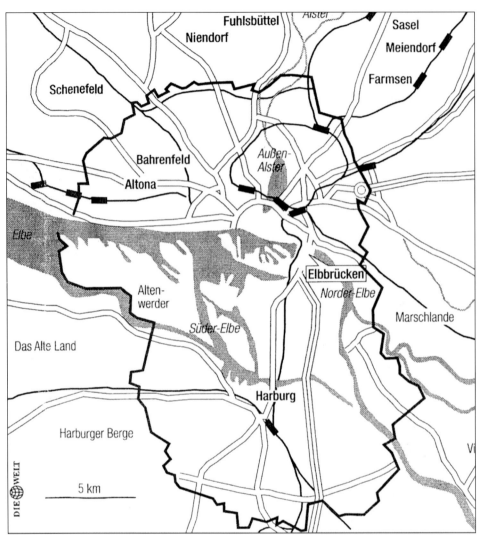

Festung Hamburg: Der innere Verteidigungsring.

freilich bald, als der Erkundungsstab ab Oktober 1944 daranging, nunmehr Befestigungen für einen inneren Verteidigungsring vorzubereiten. Dabei handelte es sich vor allem um Panzersperren und -gräben, die in der Bevölkerung steigende Beunruhigung auslösten, weil sie innerhalb dicht besiedelter Wohngebiete errichtet wurden. Dieser innere Ring führte von Nienstedten über Lurup nach Eidelstedt, von dort durch das Niendorfer Gehege zur Alsterkrugchaussee, weiter nach Ohlsdorf, an der Fuhls-

Panzersperren auf der Reeperbahn.

büttler Straße entlang nach Barmbek, von dort zum Horner Kreisel und über Moorfleet, Ochsenwerder, Fleestedt, Ehestorf, Hausbruch und Moorburg zur Alten Süderelbe, dann weiter nach Finkenwerder. Die innerhalb dieser beiden, unterschiedlich großen Halbkreise liegenden Stadtteile sollten die „Festung Hamburg" bilden und nach dem Willen Hitlers bis zum letzten Mann und bis zur letzten Patrone verteidigt werden.

Die Befestigungen, deren militärischen Wert Fachleute sehr realistisch

Zum Bau von Schützengräben wurde auch die Hitler-Jugend eingesetzt.

beurteilten, standen in einem engen Zusammenhang mit der im Oktober 1944 befohlenen Bildung eines „Führungsstabes Nordküste", der den Ausbau von Verteidigungsstellungen an der gesamten Deutschen Bucht für den Fall einer alliierten Landung vorantreiben und deren Abwehr organisieren sollte. Oberbefehlshaber wurde der Reichsführer SS Heinrich Himmler, der durch ausländische Zwangsarbeiter und Häftlinge von Konzentrationslagern, vor allem aus Neuengamme, Panzergräben und Stellungen an der Nordseeküste, im Weser- und Elberaum anlegen ließ. Die KZ-Häftlinge wurden in eigens zu diesem Zweck errichteten Außenlagern, so in Husum-Schwesing, untergebracht und dort zum Teil schwer misshandelt.

Am 18. Oktober 1944 wurde offiziell der Führererlass vom 25. September 1944 über die Bildung des deutschen „Volkssturms" bekannt gegeben, der die Erfassung aller nicht der Wehrmacht angehörenden „waffenfähigen Männer im Alter von 16 bis 60 Jahren" anordnete und sie dem Reichsführer SS Heinrich Himmler unterstellte. Adressaten waren die Gauleiter, die für die „Aufstellung und Führung" dieses letzten Aufgebots aus den „bewährten Einrichtungen der Partei, SA, SS, NSKK und HJ" verantwortlich waren. Aufgabe des Volkssturms war die vorübergehende örtliche Verstärkung der Wehrmacht bei der Verteidigung vom Feind bedrohter Heimatgebiete, ferner bei Sicherungs- und Baumaßnahmen. Der Empfänger dieses Führerbefehls in Hamburg, Gauleiter Karl Kaufmann, führte ihn unverzüglich aus. Er ernannte den NSKK-Obergruppenführer Günther Pröhl (NSKK: Nationalsozialistisches Kraftfahrkorps, eine Untergliederung der NSDAP) zum Kommandeur des Volkssturms in der Hansestadt und wies ihn an, die für den inneren Verteidigungsring erforderlichen Einheiten aufzustellen. Zugleich sollten die Stellungen mit aller Energie ausgebaut werden. Verantwortlich dafür war der SA-Obergruppenführer Fust. Durch Speer und andere Vertraute war Kaufmann über die Stimmung im Führerhauptquartier gut genug unterrichtet, um zu wissen, mit welcher äußersten Rücksichtslosigkeit Hitler und sein Adlatus, der Reichsleiter Martin Bormann, gegen jeglichen „Defätismus" vorzugehen entschlossen waren. Bormann hasste er

Die Bildung des „Volkssturms" wurde mit Plakatanschlägen bekanntgegeben.

schon lange als einen verbrecherischen Einflüsterer, und er wusste, dass dieser mindestens seine Entmachtung und wenn möglich sogar seine physische Liquidierung betrieb.

Gegen die offenkundigen Gefahren, die ihm von dieser Seite drohten, suchte Kaufmann sich durch eine schwer bewaffnete Leibwache zu schützen, die ihn sowohl in der Gauleitung an der Außenalster wie in der hermetisch abgesperrten Reichsstatthalterei am Harvestehuder Weg umgab. Kaufmann hatte erkannt, dass er nur dann eine Chance hatte, Hamburg die endgültige Vernichtung durch neue verheerende Luftbombardements, mörderisches Artilleriefeuer und die schließliche Erstürmung durch weit überlegene gegnerische Truppen zu ersparen, wenn es ihm gelang, auf seinem Posten zu bleiben und das Geschehen in der Hand zu behalten. Also musste er zunächst alles vermeiden, was geeignet gewesen wäre, Hitler und Bormann als Handhabe für Maßnahmen ihm gegenüber zu dienen. Daher ließ er die Befestigungsarbeiten am inneren Verteidigungsring vorantreiben, verbat sich mit Emphase jede Kritik daran und demonstrierte Härte und unbedingten Gehorsam gegenüber Führerbefehlen.

Die Bevölkerung war kriegsmüde. Die Durchhalte-Parolen des NS-Regimes, die Tiraden vom „Endsieg", die ganze propagandistische Begleitmusik dieser letzten Kriegsmonate fanden im Volk keinen Widerhall mehr. Der NSDAP wurde keinerlei Vertrauen mehr entgegengebracht. Die Stimmung hatte einen Punkt erreicht, an dem ein „Ende mit Schrecken einem Schrecken ohne Ende" vorgezogen wurde. Nur die Wehrmacht genoss noch Vertrauen, doch war auch den Menschen in der Heimat die überwältigende militärische Überlegenheit vor allem der westlichen Alliierten längst klar, und Illusionen, etwa

über „Wunderwaffen", waren Ausnahmen.

Mitte März 1945 standen die Alliierten am Rhein, die Rote Armee an Oder und Neiße. Der Zusammenbruch des Reiches war erkennbar in wenigen Wochen zu erwarten. Um für alle Fälle, auch für eventuelle Verhandlungen mit dem Feind, handlungsfähig zu bleiben, ließ Kaufmann in Volksdorf eine hamburgische „Außenverwaltung" einrichten, mit deren Leitung er den Senatssyndikus Dr. Paul Lindemann betraute. Ruhelos inspizierte er selbst in seiner Eigenschaft als Reichsverteidigungskommissar Küste die Verteidigungsvorkehrungen im norddeutschen Raum. Die Eindrücke, die er auf diesen Fahrten gewann, bestärkten ihn in seiner Überzeugung, Hamburg dürfe nicht als Festung endgültig vernichtet, sondern müsse als offene Stadt geordnet übergeben werden. Zugleich tat er jedoch alles, um in Hamburg wie im Berliner Führerhauptquartier den gegenteiligen Eindruck zu erzeugen – eine äußerst riskante Strategie.

Das damit verbundene, tödliche Risiko konnte er dem Wehrmachtsbericht vom 18. März 1945 entnehmen: „Durch Standgericht wurden der Major Strobel von einem Pionierregimentsstab, der Major Scheller, Adjutant eines Armeekorps, der Major Kraft von einem Landespionierbataillon, der Oberleutnant Peters, Führer der zum Schutz der Rheinbrücke Remagen eingesetzten Flakkräfte, und in Abwesenheit der Hauptmann Brathke, Kampfkommandant von Remagen, teils wegen Feigheit, teils wegen schwerer Dienstpflichtverletzung im Felde zum Tode verurteilt, weil sie es fahrlässig unterlassen hatten, die Rheinbrücke bei Remagen rechtzeitig zu sprengen oder entschlossen zu verteidigen. Die Urteile an Strobel, Scheller, Kraft und Peters wurden sofort vollstreckt."

Mit diesen Hinrichtungen hatte Hitler den Verlust der einzigen damals noch intakten Rheinbrücke ahnden lassen, auf der am 7. März 1945 amerikanische Einheiten den Fluss überquerten. Wie Kaufmann erfuhr auch Rüstungsminister Albert Speer am 18. März von der Vollstreckung der Todesurteile gegen die vier Offiziere, die ein „fliegendes Standgericht" unter dem Vorsitz des fanatischen Generalleutnants Rudolf Hübner abgeurteilt hatte. In seinen „Erinnerungen" notierte Speer dazu, kurz vorher habe ihm der Feldmarschall Model noch gesagt, die Offiziere seien am Verlust der Brücke unschuldig gewesen. Speer: „Der ‚Remagenschreck', wie er genannt wurde, saß vielen Verantwortlichen bis zum Kriegsende in den Gliedern." Für Kaufmann galt das sicherlich auch.

Der „Nero-Befehl"
Hitlers Plan von verbrannter Erde

Am 21. März 1945, einem Mittwoch, erhielten die militärischen Kommandobehörden in der Hansestadt über den „Führungsstab Nordküste", der dem kurz zuvor reaktivierten Generalfeldmarschall Ernst Busch unterstand, aus dem Führerhauptquartier in Berlin einen Befehl Adolf Hitlers, den die Empfänger wegen seiner ungeheuerlichen Konsequenzen mit einer Mischung aus Ungläubigkeit und Entsetzen zur Kenntnis nahmen. Es war der zwei Tage zuvor ergangene Führerbefehl über „Zerstörungsmaßnahmen im Reichsgebiet", der den westlichen Alliierten und der Roten Armee nur ein völlig verwüstetes Land preisgeben wollte und dem deutschen Volk damit zugleich jede Grundlage für einen Wiederaufbau genommen hätte. Hitler war diese zwangsläufige Folge nicht etwa gleichgültig, sondern er hatte sie ausdrücklich als Ziel genannt.

Dieser „Nero-Befehl" Hitlers ist in die Zeitgeschichte eingegangen und gilt als das prägnanteste Beispiel für die Entschlossenheit des Diktators, mit dem Ende seiner Herrschaft dem deutschen Volk die Existenzgrundlagen zu nehmen.

Der Befehl hatte folgenden Wortlaut: „Der Kampf um die Existenz unseres Volkes zwingt auch innerhalb des Reichsgebietes zur Ausnutzung aller Mittel, die die Kampfkraft unseres Feindes schwächen und sein weiteres Vordringen behindern. Alle Möglichkeiten, der Schlagkraft des Feindes unmittelbar oder mittelbar den nachhaltigsten Schaden zuzufügen, müssen ausgenutzt werden. Es ist ein Irrtum zu glauben, nicht zerstörte oder nur kurzfristig gelähmte Verkehrs-, Nachrichten-, Industrie- und Versorgungsanlagen bei der Rückgewinnung verlorener Gebiete für eigene Zwecke wieder in Betrieb nehmen zu können. Der Feind wird bei seinem Rückzug uns nur eine verbrannte Erde zurücklassen und jede Rücksichtnahme auf die Bevölkerung fallenlassen.

Ich befehle daher:

1. Alle militärischen, Verkehrs-, Nachrichten-, Industrie- und Versorgungsanlagen sowie Sachwerte innerhalb des Reichsgebietes, die sich der Feind für die Fortsetzung seines Kampfes irgendwie sofort oder in absehbarer Zeit nutzbar machen kann, sind zu zerstören.

2. Verantwortlich für die Durchführung dieser Zerstörung sind die militärischen Kommandobehörden für alle militärischen Objekte einschließlich der Verkehrs- und Nachrichtenanlagen, die Gauleiter und Reichsverteidigungskommissare für alle Industrie- und Versorgungsanlagen sowie sonstige Sachwerte; den Gauleitern und Reichsverteidigungskommissaren ist bei der Durchführung ihrer Aufgabe durch die Truppe die notwendige Hilfe zu leisten.
3. Dieser Befehl ist schnellstens allen Truppenführern bekanntzugeben, entgegenstehende Weisungen sind ungültig."

Verschärft wurde dieser Befehl durch eine zusätzliche Weisung Hitlers, nach der „alle Gebiete, die wir zur Zeit nicht halten können, sondern deren Besetzung durch den Feind vorauszusehen ist, zu räumen" seien. Bis Ende März 1945 wurde Hitlers Zerstörungsbefehl durch penible Anordnungen „über die Durchführung des Führerbefehls" ergänzt, so am 29. März vom Chef des Transportwesens der Wehrmacht: „Ziel ist Schaffen einer Verkehrswüste im preisgegebenen Gebiet". Am 30. März erließ Hitler auf Drängen des Rüstungsministers Albert Speer eine Anordnung zur „einheitlichen Durchführung" seines Befehls vom 19. März, mit der bei Industrieanlagen auch eine „nachhaltige Lähmung" für zulässig erklärt

Reichsrüstungsminister Albert Speer.

und Speer der Erlass von „Durchführungsbestimmungen" übertragen wurde.

In Hamburg war für die Umsetzung, die insbesondere die komplette Zerstörung der bereits durch den Luftkrieg schwer beschädigten Hafenanlagen bedeutet hätte, der Gauleiter Karl Kaufmann als Reichsverteidigungskommissar verantwortlich. Er rief am Tag darauf zunächst die von ihm nach den Bombennächten des Sommers 1943 eingesetzten „Generalkommissare" zusammen. Diese Expertenrunde hatte er für die Leitung jeweils gleicher Sachgebiete der gesamten hamburgischen Verwaltung und bei Bedarf auch der in dem je-

Zerstörungen im Hamburger Hafen.

weiligen Bereich tätigen privaten Betriebe ernannt und sich unmittelbar unterstellt. Das Thema dieser Zusammenkunft: die von Hitler befohlenen Zerstörungen.

Dieser Albtraum war auch der Hauptpunkt einer Sitzung am Tag darauf, an der die verantwortlichen Militärs des Führungsstabes Nordküste, des Generalkommandos, der Kriegsmarine und der Luftwaffe teilnahmen. Es ging um die drängende Frage, wie mit diesem Befehl umzugehen sei. Besonders wichtig war dabei die Haltung des Konteradmirals Hans Bütow, dem die Kriegsmarinedienststelle Hamburg unterstand.

Dem 50-jährigen Marineoffizier, der diesen Posten erst am 22. Februar übernommen hatte, war dieses bedrückende Thema insofern nicht völlig neu, als die schon seit dem Herbst 1944 unter dem Kürzel ARLZ vorbereiteten „Auflockerungs-, Räumungs-, Lähmungs- und Zerstörungsmaßnahmen" in Hamburg Aufgabe seiner Dienststelle waren. Der Konteradmiral hielt Hitlers Zerstörungsbefehl für „Wahnsinn", jedoch wahrte er in dieser Sitzung Zurückhaltung, um sich keine Blößen zu geben, und versuchte den Führerbefehl zu unterlaufen, indem er nach Lage der Dinge kaum erfüllbare Anforderungen für die Umsetzung der aus dem Führerhauptquartier ergangenen Weisungen formulierte. Jedoch war auch diese indirekte Verweigerungshaltung angesichts der zunehmend chaotischer werdenden Gesamtlage und der damit verbundenen unberechenbaren Reaktionen in der militärischen und politischen Führung mit einem hohen persönlichen Risiko verbunden. Die am 18. März bekannt gegebene standrechtliche Erschießung der vier Offiziere im Zusammenhang mit der Brücke von Remagen mahnte auch Bütow zur Vorsicht, doch in seinen Absichten ließ er sich nicht beirren.

Am 24. März spitzte sich die Lage zu. Während britische Truppen den Rhein überschritten und nach Norden vorstießen, wurden in den frühen Morgenstunden in der Hansestadt die Parteiorganisation der NSDAP und die wichtigen militärischen und zivilen Dienststellen in den Bereitschaftsgrad „Erhöhte Aufmerksamkeit" versetzt. Es war die niedrigste von insgesamt vier Alarmstufen, die unter anderem Vorbereitungen zur Vernichtung von Geheimakten und zur Lähmung bestimmter Betriebe umfasste. Die Stadt war zu diesem Zeitpunkt voll von sehr unterschiedlichen Gerüchten, unter anderem über eine unmittelbar bevorstehende Landung der Alliierten an der deutschen oder der dänischen Nordsee-

küste. Sie wurden weiter genährt durch eine Geheimsitzung, zu der sich Kaufmann am 26. März im Haus Wedell in der Neuen Rabenstraße mit mehreren Gauleitern aus Norddeutschland, dem Generalfeldmarschall Ernst Busch und weiteren hohen Offizieren traf. Es ging wieder um Hitlers Zerstörungsbefehl, aber auch um die ebenfalls befohlene Räumung von Gebieten, mit deren Besetzung durch den Feind kurzfristig zu rechnen sei – eine vor allem im Hinblick auf die Hansestadt apokalyptische Vorstellung. In dieser Sitzung verlangte Kaufmanns Stellvertreter für die Leitung der Allgemeinen Verwaltung, der Staatssekretär Georg Ahrens, eine klare Entscheidung, Hamburg nicht zu verteidigen. Anderenfalls müsse mit Panikreaktionen in der Bevölkerung gerechnet werden. Die über den Verlauf dieser Besprechung vorliegenden Zeugenaussagen heben übereinstimmend die misstrauische Reserve aller Beteiligten hervor. Beschlüsse wurden nicht gefasst. Ahrens blieb hartnäckig und forderte Kaufmann in den nächsten Tagen ebenso wie der Präses der Gauwirtschaftskammer, Joachim de la Camp, nachdrücklich auf, der Stadt einen Endkampf zu ersparen. Der Gauleiter legte sich jedoch nicht fest. Er stand vor der Situation, gleich zwei satanische Befehle Hitlers umsetzen zu müssen: die Zerstörungen und die einen Monat zuvor befohlene Verteidigung Hamburgs als Festung, also bis zur letzten Patrone. Ihm war klar, dass er in den nächsten Wochen und Monaten auf einen Kampfkommandanten angewiesen sein würde, den neben militärischen Qualitäten vor allem Nervenstärke und Verlässlichkeit auszeichnen mussten. Seine Wahl fiel auf den Kommandeur der 3. Flak-Division, den Generalmajor Alwin Wolz, dessen Gefechtsstand sich im Befehlsbunker am Rothenbaum befand. Kaufmann war zu der Auffassung gekommen, Wolz sei für die bevorstehenden, äußerst schwierigen Entscheidungen der richtige Mann auf diesem Posten: handfest und zuweilen derb, mutig und zugleich besonnen, vor allem aber mit einem realistischen Urteilsvermögen ausgestattet. Mitte März hatte er dem Oberkommando der Wehrmacht vorgeschlagen, den General zum Kampfkommandanten zu ernennen, war dabei jedoch zunächst auf allerlei Widerstände gestoßen – etwa auf das Argument, mit dieser Aufgabe müsse ein völlig ortsfremder Offizier betraut werden, der durch keinerlei Rücksichten behindert werde, und deshalb komme vor allem der General der Artillerie Sinnhuber in Betracht. Doch Kaufmann beharrte auf seinem Personalvorschlag und konnte sich durchsetzen.

Der 47-jährige, hoch dekorierte Wolz, der am 22. September 1897 im mittelfränkischen Windsfeld geboren wurde und am 15. September 1978 einem Herzinfarkt erlag, hatte den Ersten Weltkrieg als Kriegsfreiwilliger und mehrfach ausgezeichneter Kompaniechef überlebt, war 1919 in die bayerische Landespolizei eingetreten und 1935 als Hauptmann in die Wehrmacht übernommen worden. Als der Krieg begann, war Wolz Oberstleutnant und Kommandeur des Flak-Regiments 25 in Ludwigsburg. Nach gut einem Jahr als Flakführer bei Feldmarschall Erwin Rommel in Afrika, wo er mehrfach ausgezeichnet wurde und wegen seiner überragenden Leistungen sogar den Respekt der britischen Befehlshaber gewann, war Wolz 1943 zunächst Kommandeur der Flak-Brigade XV in Hannover, dann Flak-Einsatzführer Nordwestdeutschland im Gefechtsstand der 1. Jagddivision in Stade. Ende April 1944 wurde er Kommandeur der 3. Flak-Division in Hamburg.

Kaufmann blieb auch Wolz gegenüber zunächst vorsichtig. Gegenseitiges Misstrauen musste abgebaut werden, bevor befreiende Gespräche möglich wurden. Wolz war als Berufssoldat dem Prinzip von Befehl und Gehorsam verpflichtet. Und er war kein Nationalsozialist. Er hatte gelernt, in internationalen Kategorien zu denken, und die Tatsache, dass seine Frau aus den USA stammte (ihre Eltern lebten in New York), mag dabei eine Rolle gespielt haben. Den Krieg hielt er längst für verloren. Und die in dieser verzweifelten Lage sogar von hohen Offizieren noch genährte Hoffnung auf „Wunderwaffen" war in seinen Augen eine verantwortungslose Illusion. Darin war er sich mit Kaufmann einig, dem Rüstungsminister Albert Speer klipp und klar erklärt hatte, dass solche Waffen einsatzfähig nicht vorhanden seien.

Nach den ersten, noch abtastenden Besprechungen kamen Wolz und Kaufmann in einem Gespräch unter vier Augen rasch zu einer übereinstimmenden Lagebeurteilung. Kaufmann hatte dem Oberkommando der Wehrmacht unzweideutig erklärt, Voraussetzung für eine Verteidigung Hamburgs sei die vorherige Evakuierung von rund 600 000 Zivilisten, vor allem Frauen und Kindern, aus der Stadt. Hitlers Räumungsbefehl diente ihm dabei als willkommenes Argument. Schon allein angesichts des Mangels an Transportmitteln war an eine solche Massenevakuierung nicht zu denken, auch wenn Reichsleiter Martin Bormann Hitlers Räumungsbefehl mit der kommentierenden Bemerkung weitergeleitet hatte, zwar seien dem Führer die „ungeheuren Schwierigkeiten, die mit dieser Forderung verknüpft sind, ... nach vielfa-

Generalmajor Alwin Wolz.

cher Schilderung geläufig", doch beruhe diese Forderung „auf genauen, triftigen Erwägungen". Und: „Über die Unerlässlichkeit der Räumung ist gar nicht zu diskutieren."

Ende März kam es zu einer weiteren Kontroverse mit dem Oberkommando der Wehrmacht, als Kaufmann vom Chef des Wehrmachtführungsstabes, Generaloberst Alfred Jodl, kampfkräftige Verbände für die Verteidigung des Küstenraumes verlangte, die Jodl von Großadmiral Karl Dönitz zu beschaffen versprach, ohne diese Zusage halten zu können.

Am 2. April übernahm Wolz im Befehlsbunker am Rothenbaum die Dienstgeschäfte des Kampfkommandanten. Am Tag zuvor, dem Ostersonntag, war er in der Reichsstatthalterei, der vormaligen Villa Budge am Harvestehuder Weg 12, Zeuge eines Auftritts geworden, der die zu diesem Zeitpunkt in den Köpfen der NS-Führung umherspukenden Phantastereien hatte offenbar werden lassen.

Erschienen war der Reichsführer SS, Heinrich Himmler. Vor Gauleiter Karl Kaufmann, der zu dieser Zusammenkunft eingeladen hatte, Feldmarschall Busch, weiteren führenden Militärs und NSDAP-Funktionären hielt Himmler, Befehlshaber des Ersatzheeres und vorübergehender Oberbefehlshaber der Heeresgruppe Weichsel, einen Vortrag von 90 Minuten Dauer – über den bevorstehenden Großeinsatz der neuen Düsenjäger, die endlich die alliierte Luftherrschaft über dem Reichsgebiet beenden würden, über neue U-Boot-

Typen, die immun gegen die feindlichen Radargeräte seien und infolgedessen nunmehr den alliierten Nachschub über See lähmen würden, und vor allen Dingen über den unmittelbar bevorstehenden Bruch der Kriegskoalition zwischen den Westmächten und der Sowjetunion. Das Deutsche Reich stehe in Kürze vor einer völlig neuen Situation, auf die man sich nunmehr bereits einstellen müsse.

Himmlers Auditorium war ziemlich sprachlos – die einen, weil sie diese Neuigkeiten für absolut sensationell hielten, die anderen, weil sie als militärische Fachleute wussten, dass die neuen Waffen sich zwar in der Entwicklung befanden, aber für einen kriegsentscheidenden Einsatz zu spät kommen mussten. Auch Kaufmann war das klar. Er beschloss, sich selbst ein Bild von der Lage im Führerhauptquartier in der Reichskanzlei zu verschaffen und zu Hitler zu fahren.

Karl Kaufmann in Berlin
Die letzte Begegnung mit Hitler

Die Unterredung war so hoffnungslos wie die Lage. Am Dienstag, dem 3. April 1945, wurden Hitler im Führerbunker der Berliner Reichskanzlei zwei hochrangige Besucher aus Hamburg gemeldet: Gauleiter Karl Kaufmann, zugleich Reichsverteidigungskommissar Nordküste, und Generalfeldmarschall Ernst Busch, Oberbefehlshaber der Heeresgruppe Nordwest. Kaufmann hat im Juni 1946 während seiner Internierung im ehemaligen KZ Neuengamme den Verlauf dieses Treffens detailliert beschrieben. Dabei war er sicherlich auch bestrebt, seine eigene Rolle in einem für ihn vorteilhaften Licht darzustellen. Die später von einigen Zeithistorikern ohne jeden Beweis aufgestellte Behauptung, er habe diese Unterredung mit Hitler erfunden, um sich zu entlasten, verkennt völlig seine Situation während der Internierung. Der britische Geheimdienst hatte jede Möglichkeit, die Angaben Kaufmanns zu überprüfen, denn etliche der Teilnehmer dieser Unterredung, die der Ex-Gauleiter genannt hatte, befanden sich in alliierter Haft und konnten zu diesem Thema vernommen werden. Das galt vor allem für Keitel, Jodl, Dönitz und

Speer, die in Nürnberg vor Gericht standen, und es galt für etliche der Adjutanten, die das Ende im Führerbunker überlebt hatten und in britischem Gewahrsam detailliert über die Vorgänge im Führerbunker und der Reichskanzlei während der letzten Kriegswochen befragt wurden. Eine Lüge hätte Kaufmann mühelos nachgewiesen werden können und würde seine Lage als Häftling zweifellos massiv verschlechtert haben. Dessen war er sich mit Sicherheit bewusst. Seine Darstellung des Gesprächsverlaufs in der Berliner Reichskanzlei muss daher in den Kernpunkten als authentisch unterstellt werden.

Hitler empfing die Besucher in Anwesenheit Martin Bormanns, des Chefs der Parteikanzlei, dessen Gegenwart ihm in dieser Endphase seiner Herrschaft offenkundig völlig unentbehrlich war. Kaufmann hasste Bormann und bat daher, Hitler zunächst unter vier Augen sprechen zu dürfen. Das lehnte Hitler ab und gab nach kurzen Eingangsbemerkungen Anweisung, den Chef des Oberkommandos der Wehrmacht, Generalfeldmarschall Wilhelm Keitel, hereinzurufen, ferner Generaloberst Alfred Jodl, Chef des Wehrmachtführungsstabes, General Walter Buhle, Chef der Heeresrüstung, Großadmiral Karl Dönitz, Oberbefehlshaber der Kriegsmarine, sowie Heinrich Himmler, Reichsführer SS und Oberbefehlshaber des Ersatzheeres.

Kaufmann und Busch gaben dieser Runde zunächst einen knapp gehaltenen Bericht über die Lage in Nordwestdeutschland und stellten dann die entscheidende Frage, derentwegen sie gekommen waren – ob „mit weiteren Verteidigungskräften … zu rechnen sei“. Hitlers Antwort war ein klares „Nein“. Angesichts der Bedrohung Berlins müssten alle verfügbaren Kräfte der „Heeresgruppe Wenck“* zur Verfügung gestellt werden, deren Aufgabe die Entlastung der Front an der Oder und die Abschirmung der Reichshauptstadt sei. Dies sei das gegenwärtig vordringlichste Problem. Jedoch wolle er Busch einige Marineeinheiten zur Verfügung stellen.

---

* Die Heeresgruppe Wenck unter dem Befehl des Panzergenerals Walther Wenck (1900–1982), nach einem entsprechenden Befehl Hitlers vom 10. April 1945 die „Armee Wenck“, sollte Berlin von Westen aus der drohenden Umklammerung durch die sowjetischen Truppen befreien, kam jedoch mit einer ihrer aus 16- bis 17-jährigen Offiziersanwärtern und Angehörigen des Reichsarbeitsdienstes zusammengewürfelten Divisionen am 27. April nur bis Ferch südwestlich von Potsdam. Wenck verfolgte das Ziel, so vielen Soldaten und Flüchtlingen wie möglich den Übergang über die Elbe nach Westen freizuhalten.

Kaufmann über den weiteren Verlauf dieser Unterredung mit Hitler:

„Ich sprach dann die Verteidigung Hamburgs an. Der Führer erklärte, Hamburg wäre zur Festung erklärt und der Befehl zur Verteidigung Hamburgs erteilt. Ich wies darauf hin, dass es mir bei der allgemeinen Kriegslage unvertretbar erschiene, Hamburg im Falle der Aufrechterhaltung dieses Befehls den zu erwartenden schweren Angriffen aus der Luft und auf der Erde auszusetzen. Ich machte darauf aufmerksam, dass sich zur Zeit der Unterredung laut Lebensmittelkartennachweis 680 000 Frauen und Kinder in Hamburg befänden. Eine Evakuierungsmöglichkeit für diese Frauen und Kinder bestand nicht, da die Provinz Schleswig-Holstein als einzig in Frage kommendes Aufnahmegebiet für die Aufnahme der deutschen Flüchtlinge aus den deutschen Ostseeprovinzen festgelegt war.“

Hitlers Reaktion war eisig. „Auf das schärfste“, so Kaufmann in seiner Darstellung über das Gespräch, seien seine Einwände zurückgewiesen worden. Hitler habe die „Verteidigung Hamburgs als Eckpfeiler der Linie Elbmündung–Lauenburg, Elbtravekanal–Lübeck“ verlangt. Er selbst sei noch während dieser Sitzung von Hitler als Reichsverteidigungskommissar Nordküste abgelöst und in seiner Zuständigkeit auf den Gau

Rundblick über das zerstörte Hamburg vom Turm des Michels.

Hamburg beschränkt worden.

Diese nachträgliche Darstellung des Ex-Gauleiters steht im Widerspruch zu einem Fernschreiben Kaufmanns vom 12. April 1945, in dem er dem Führerhauptquartier mitteilte, er betrachte seinen Auftrag als Reichsverteidigungskommissar Nordküste als erledigt, da „der Führer in der Praxis von der Bestellung eines Gauleiters oder Reichsverteidigungskommissars keinen Gebrauch macht".

Dieser Dissens lässt sich kaum noch klären. Sicher ist indessen, dass Kaufmann an diesem 3. April nicht als offener Frondeur von Hitler geschieden ist, den er noch immer persönlich verehrte, auch wenn er manche seiner Befehle und Weisungen nicht mehr glaubte nachvollziehen zu können. Es war das letzte Zusammentreffen Hitlers mit Kaufmann, dessen NSDAP-Mitgliedsnummer 95 ihn als „alten Kämpfer" auswies.

Ihre fanatische Entschlossenheit, das gepeinigte Volk zum Widerstand bis zum Äußersten zu zwingen, bekräftigten Hitler und seine Paladine an diesem 3. April 1945 unter anderem durch den von Himmler erlassenen, berüchtigten „Flaggenbefehl", in dem es hieß: „Gegen das Heraushängen weißer Tücher, das Nichtantreten zum Volkssturm u. ä. Erscheinungen ist mit härtester Maßnahme durchzugreifen. Aus einem Haus, aus dem eine weiße Fahne erscheint, sind alle männlichen Personen zu erschießen. Es darf bei diesem Maßnahmen in keinem Augenblick gezögert werden."

Dem „Flaggenbefehl" folgte am 12. April 1945 der ebenso barbarische „Festungsbefehl", der verlangte, die deutschen Städte müssten „bis zum Äußersten verteidigt und gehalten werden, ohne jede Rücksicht auf Versprechungen und Drohungen, die durch Parlamentäre oder feindliche Rundfunksendungen überbracht werden. Für die Befolgung dieses Befehls sind die in jeder Stadt ernannten Kampfkommandanten persönlich verantwortlich. Handeln sie dieser soldatischen Pflicht und Aufgabe zuwider, so werden sie, wie alle zivilen Amtspersonen, die den Kampfkommandanten von dieser Pflicht abspenstig zu machen suchen oder gar ihn bei der Erfüllung seiner Aufgabe behindern, zum Tode verurteilt."

Nach Hamburg zurückgekehrt, suchte Kaufmann das Gespräch mit dem Kampfkommandanten Generalmajor Alwin Wolz. Dessen Lagebeurteilung deckte sich weitgehend mit seiner eigenen. Die von Hitler befohlene Verteidigung der „Festung Hamburg" bis zum letzten Blutstropfen war ein militärisch völlig aussichtsloses Unterfangen. Zwar lagen in der Stadt Truppen aller Art – Heeres-,

Luftwaffen- und Marineeinheiten, dazu in der Kaserne Langenhorn Waffen-SS, doch war ihre Kampfkraft sehr unterschiedlich. Gegen die Verbände der britischen Angreifer standen die beiden Volkssturmdivisionen „Nord" und „Süd", das SS-Bataillon „Panzerteufel", „Panzervernichtungs"- und Marinebataillone aus U-Boot-Besatzungen, im Hafen das Marine-Volkssturm-Regiment Nr. 6, auf verlorenem Posten – alles in allem rund 20 000 Mann.

Am 9. April erfuhr Kaufmann durch ein Fernschreiben des Oberkommandos der Wehrmacht, Hamburg sei „zum Verteidigungsbereich erklärt worden" und werde „nach Maßgabe der sich aus der Lageentwicklung ergebenden personellen und materiellen Möglichkeiten verteidigt werden. Eine gesonderte Zuführung von Kräften zur Verteidigung der Stadt ist nicht möglich." Eine Evakuierung der Bevölkerung werde von der Wehrmacht nicht gefordert. Es müsse „in Kauf genommen werden, dass die Bevölkerung Hamburgs in gleicher Weise wie die Bevölkerung vieler anderer deutscher Städte die Zeit des Kampfes um ihre Stadt innerhalb des Stadtgebietes verbringt".

Am 22. April sollte in Hamburg die „Festungskampfzeit" beginnen. Die Bevölkerung wurde zum Bau von Panzersperren herangezogen. Die

KZ Bergen-Belsen nach der Befreiung: Eine Russin trägt ihr totes Kind zur Beisetzung.

Stimmung in der Stadt war gedrückt, weithin von Mutlosigkeit gekennzeichnet, auch wenn „Durchhalteparolen" hier und da Widerhall fanden. Vorherrschend war die Erwartung, die nationale Katastrophe sei nicht nur unausweichlich, sondern auch nahe, und nicht wenige Hamburger hofften auf eine schnelle Besetzung durch den Feind, dessen raschen Vormarsch – am 15. April befreiten die Engländer das KZ Bergen-Belsen – der tägliche Wehrmachtsbericht selbst mit beschönigender Wortwahl nicht mehr zu bagatellisieren vermochte. Die NS-Partei hatte längst jeden Rückhalt im Volk verloren. Das zeigte sich in offener Kritik am Regime Hitlers, aber auch in abfälligen Bemerkungen über untergeordnete Parteifunktionäre, die in Luftschutzkellern, öffentlichen Verkehrsmitteln und Geschäften fielen, wenngleich offener Widerstand eine seltene Ausnahme blieb.

In der zweiten Aprilhälfte hatte Kaufmann zur „Stimmungspflege", aber offenkundig auch zur Demonstration seiner Entschlossenheit, dem Verteidigungsbefehl Hitlers zu folgen, in der Stadt zusätzliche Mengen an Lebens- und Genussmitteln, aber auch an Kleidung, zum Verkauf freigeben lassen. Die Bevölkerung wertete diese Entscheidung weithin als klares Indiz für eine unmittelbar

bevorstehende „Festungszeit".

Am Nachmittag des 16. April informierte der Gauleiter die von ihm eingesetzten Generalkommissare und ihre engeren Mitarbeiter über die Lage der Stadt. Am Abend ließ er einen Aufruf an „meine Hamburger Volksgenossen" verbreiten, dessen schwülstiges Pathos aus der damaligen Lage gesehen werden muss. Kaufmann bat vor allem um „Eure Gefolgschaft" und bezeichnete es als „die Pflicht aller, darauf zu achten, dass unsere Einheit und Geschlossenheit und der Einsatz für unsere Stadt durch unlautere Elemente und Machenschaften nicht gestört wird". Er fügte hinzu: „Glaubt keinen Gerüchten und keinen falschen Parolen. Was Ihr wissen müsst, erfahrt Ihr durch mich oder meinen Sprecher, Staatssekretär Ahrens" – von den Hamburgern wegen seiner beruhigend wirkenden Stimme „Onkel Baldrian" genannt.

Die Gespräche in Stockholm
Konkrete Pläne für das Ende

Das Papier war prägnant und präzise.

Am Dienstag, dem 10. April 1945, erschien der Schifffahrts-Attaché an der deutschen Gesandtschaft in Stockholm, Dr. Heinrich Riensberg, mittags gegen 12 Uhr in der Enskilda Bank und wurde sogleich zu Dr. Jacob Wallenberg, einem der beiden Chefs des Bankhauses, geleitet. Der Jurist Heinrich Riensberg (1896 – 1984), nach dem Krieg als Teilhaber der Reederei Ernst Russ auch Vorsitzender des Verbandes Deutscher Reeder, war eine Persönlichkeit mit einem ungewöhnlich großen Vertrauenskapital. In Stockholm galt er als äußerst verlässlicher und intelligenter Diplomat. Aus seiner Gegnerschaft zu den Nationalsozialisten machte er kaum einen Hehl. Selbst in der britischen Botschaft in Stockholm genoss er während des Krieges hohes Ansehen. Zu den beiden Bankiers Jacob und Marcus Wallenberg, die als die mächtigsten Männer der schwedischen Finanz- und Industriewelt galten, unterhielt Riensberg überaus vertrauensvolle Beziehungen.

Im Büro von Jacob Wallenberg entnahm er an diesem 10. April seiner Aktentasche ein von ihm verfasstes Memorandum zu einem Thema, das zu diesem Zeitpunkt für einen Deutschen höchst ungewöhnlich war: Es ging um „Vorschläge für militärische Aktionen der Westalliierten im Frühjahr 1945".

In dem in drei Abschnitte gegliederten Schriftstück schilderte Riensberg zunächst die Stimmung der deutschen Bevölkerung in der Endphase dieses Krieges und kam zu dem Schluss:

„Das gesamte deutsche Volk ist von der sicheren Niederlage überzeugt. Mit Ausnahme der fünf Prozent, die als alte Parteigenossen, SS, Gestapo oder Kriegsverbrecher eine Fortsetzung des Widerstandes wünschen, um das eigene Leben zu verlängern, sehnt es den Schluss des Krieges gegen die Engländer und Amerikaner herbei." Nach einem deutlichen Hinweis auf die „furchtbare Verbitterung über die ständige Bombardierung der wehrlosen Zivilbevölkerung" und auf die Verzweiflung über den sinnlosen Einsatz des Volkssturms formulierte Riensberg vier dringende Empfehlungen: Die Westmächte sollten Luftangriffe auf andere als rein militärische Ziele unterlassen, in den besetzten Städten für die „richtige Auswahl von Bürgermeistern" sorgen, „Frontalangriffe" auf Großstädte vermeiden und nicht Bomben, sondern Flugblätter abwerfen.

Ziel müsse es sein, die Bevölkerung davon zu überzeugen, dass die Westmächte keinesfalls die Absicht hätten, die Lebensgrundlagen des deutschen Volkes zu vernichten, und dass Sabotagebefehle der deutschen Führung zur Zerstörung von Industrie- und Versorgungsbetrieben nicht befolgt werden dürften. Der dritte Abschnitt des Dokuments enthielt Hinweise darauf, was geschehen müsse, um in dem noch immer von deutschen Truppen besetzten Dänemark blutige Kämpfe und „riesige Zerstörungen" zu verhindern, die „bereits vorbereitet sind".

Nachdem der Bankier das Papier gelesen hatte, bat Riensberg ihn um die sofortige Weiterleitung an den britischen Botschafter in Stockholm, Sir Victor Mallet, zu dem die Wallenbergs enge Kontakte pflegten. Marcus Wallenberg übernahm es, dem britischen Diplomaten das Papier noch am selben Tag zu übergeben. Der Botschafter kabelte den Inhalt sofort an

Die Enskilda Bank in Stockholm. Hier trafen sich Heinrich Riensberg und die Brüder Wallenberg.

Heinrich Riensberg *Jacob Wallenberg* *Marcus Wallenberg* *Georg Ferdinand Duckwitz*

das Londoner Foreign Office. Dort las der Leiter der Deutschland-Abteilung, C. W. Harrison, die Depesche aus Stockholm, schrieb an den Rand, dass Übermittler die Brüder Wallenberg gewesen seien, und notierte seine Beurteilung dieses Vorgangs wie folgt: „Ich glaube nicht, dass es irgend einen Grund gibt, an ihrer Ehrlichkeit zu zweifeln, indem sie diese Information weitergeleitet haben. Es mag aber en passant bemerkt werden, dass sie zuallererst Geschäftsleute sind, deren Interesse und Hoffnung im frühestmöglichen Abschluss der Feindseligkeiten besteht. In diesem Sinne sind sie natürlich diejenige Art von Leuten, denen die Deutschen eine Geschichte wie diese auftischen können."

Den Anstoß zu seiner Denkschrift hatte Riensberg in den ersten Apriltagen in Hamburg empfangen. Er war am 31. März aus Stockholm abgereist und hatte in der Hansestadt Zustände vorgefunden, die ihn alarmierten und entsetzten. Das betraf nicht nur die Ruinenfelder, sondern auch die psychische Verfassung der Menschen. Er beriet sich mit Freunden und Vertrauten aus der Schifffahrt, so mit Richard Bertram, dem Chef des Norddeutschen Lloyd, der seinerseits enge Arbeitsbeziehungen zu Gauleiter Karl Kaufmann in dessen Funktion als Reichskommissar für die deutsche Seeschifffahrt unterhielt, und dem Reeder Ernst Path. Riensberg, Bertram, Path und andere Schifffahrtskaufleute – in der Hansestadt fand sich ein Kreis einflussreicher Männer zusammen, die jeden Kampf um Hamburg für völlig sinnlos und demzufolge die bedingungslose Kapitulation für den einzig realistischen Weg hielten. In Kopenhagen konnte sich diese Gruppe auf den dortigen deutschen Schifffahrts-Attaché Georg Ferdinand Duckwitz (1904–1973) stützen, der 1943 mehr als 7000 dänische Juden gerettet hatte und später der Bundesrepublik als Staatssekretär im Auswärtigen Amt diente. Er verfügte wie Riensberg über exzellente Verbindungen in ganz Skandinavien.

Das Problem für diesen in Hamburg, Kopenhagen und Stockholm tätigen Kapitulationskreis war, auf welche Weise die Mitglieder untereinander Kontakt halten konnten, um sich auch kurzfristig beraten und abstimmen zu können. Der schwedische Diplomat Leif Leifland hat dazu in einer zeithistorischen Untersuchung über Riensberg und seine Freunde angemerkt: „Die einzige Möglichkeit rascher Kommunikation, von der alles abhing, bildete das Telefon. Alle Telefongespräche konnten jedoch von den verschiedenen Geheimdiensten abgehört werden. Tatsächlich zapfte auch die schwedische Polizei alle über die Telefonzentrale der deutschen Gesandtschaft abgewickelten Verbindungen an. Um mit seinen Freunden relativ frei sprechen zu können, erfand Riensberg einen Code. Die britische Regierung hieß zum Beispiel Gothenburg, und die Bemühungen, Hamburg den vorrückenden britischen Verbänden zu übergeben, galten als Bergungsaktion." Jeweils einige Tage später erhielten die zuständigen Beamten im Stockholmer Außenministerium Abschriften dieser von der schwedischen Abwehr abgehörten Telefonate. Einige dieser

Unterlagen, rund 75 Blatt, sind erhalten geblieben und befinden sich im schwedischen Reichsarchiv. Der von Riensberg und seinen Freunden benutzte Code ist jedoch bis heute nicht vollständig entschlüsselt worden.

Bei seinem Besuch Anfang April 1945 in Hamburg hatte Riensberg den Eindruck gewonnen, Gauleiter Karl Kaufmann stehe keinesfalls auf seiner und der Seite seiner Freunde. Im Gegenteil schien der Reichsverteidigungskommissar für Hamburg alle notwendigen Vorbereitungen zu treffen, um Hitlers Zerstörungsbefehl ausführen zu lassen. Als Konsequenz aus dieser Wahrnehmung hatte Riensberg seinem Konfidenten Wallenberg am 10. April nach einer Schilderung der Lage in der Hansestadt auch erklärt, er habe in Hamburg an Besprechungen teilgenommen, deren Ziel die politische Ausschaltung Kaufmanns gewesen sei.

Der Geheimen Staatspolizei in Hamburg waren die Bestrebungen der Gruppe um Riensberg, die Stadt kampflos den Engländern übergeben zu lassen, nicht verborgen geblieben. Mehrfach hatte die Gestapo den Gauleiter entsprechend informiert und ihn vor diesem Kreis gewarnt. Kaufmann, der in diesen letzten Wochen seiner Herrschaft vielgleisig operierte und sich alle Optionen für eigenes Handeln je nach Lage offen zu halten

Die Gespräche in Stockholm

suchte, zog daraus jedoch keinerlei
Konsequenzen, sondern war nun
auch selbst bestrebt, sich eine verläss-
liche Verbindung zu den auf den
Großraum Hamburg vorrückenden
Engländern zu verschaffen.

Mitte April entsandte der Gauleiter
einen Beamten des ihm unterstehenden Reichskommissariats für die
deutsche Seeschifffahrt, den Ministe-
rialrat Boldt, nach Kopenhagen, um
dort bei dem Reichsbevollmächtigten
für Dänemark, Dr. Werner Best, son-
dieren zu lassen, ob die Verteidigung
oder aber die kampflose Räumung
Dänemarks vorgesehen sei. Und am
17. April bat er den dänischen Generalkonsul in Hamburg, Marinus
L. Yde, zu sich, eröffnete ihm unver-
blümt, er sei bereit, gegenüber den
Engländern zu kapitulieren, und bat
Yde um den Versuch, den Alliierten
eine entsprechende Botschaft zuzulei-
ten. In dieser Mitteilung müsse zum
Ausdruck kommen, dass starke Verbände gegen Hamburg einzusetzen
seien, und zwar „so stark, dass sie
jede mögliche Überraschung beherr-
schen können, sonst werden wir
einen Bürgerkrieg haben". Dieses
Zitat geht aus der erhalten gebliebe-
nen, am 14. Mai 1945 gefertigten
Niederschrift Ydes über das Gespräch
hervor, die sich im Archiv des dänischen Außenministeriums befindet.
Der Generalkonsul lehnte Kaufmanns Vorschlag mit dem Ausdruck

des Bedauerns ab – er habe dazu keinerlei technische Möglichkeiten. Die
Gestapo hörte jedes seiner Telefongespräche ab.

Zwar war dieser Versuch fehlge-
schlagen, doch am nächsten Tag ergab
sich eine neue Chance, mit den Engländern Kontakt aufzunehmen, um
eine kampflose Übergabe Hamburgs
auszuhandeln. An diesem 18. April
traf Duckwitz in Stockholm ein und
berichtete Riensberg von Kaufmanns
Offerte. Für Riensberg war das eine
völlig neue Wendung. Er handelte
unverzüglich und formulierte eine
Nachricht für den britischen Botschafter Sir Victor Mallet, die dem
Diplomaten wieder über den Mittels-
mann Jacob Wallenberg zuging: Kaufmann, so teilte Riensberg mit, neige
nunmehr völlig der Auffassung des
Feldmarschalls Busch zu, dass Hamburg „bedingungslos kapitulieren
muss". Jedoch könne eine solche Kapitulation erst dann stattfinden, wenn
britische Truppen die Ostseeküste erreicht und damit Hamburg abgeschnitten hätten. In der bereits er-
wähnten Untersuchung von Leif
Leiland über diese dramatischen Tage
heißt es zu dieser Mitteilung Riensbergs: „Auf diese Weise könnte verhindert werden, dass eine SS-Divi-
sion nach Hamburg in Marsch
gesetzt würde, um dort den deutschen
Abwehrkampf zu verstärken. Der Kapitulationskreis empfahl den Briten

dringend, rasch auf Lübeck vorzurücken, wobei er voraussetzte, dass deren Truppen keinen Widerstand antreffen würden."

Das Telegramm, mit dem Sir Victor Mallet dem Foreign Office über Riensbergs Mitteilung berichtete, befindet sich in den Aktenbeständen des Public Record Office in London. Der Text zeigt, dass Duckwitz seinen Kollegen und Vertrauten Riensberg über die Entwicklung in Hamburg zutreffend informiert hatte – mit Ausnahme eines Punktes: Generalfeldmarschall Ernst Busch war entgegen der Version, die Riensberg dem britischen Botschafter in gutem Glauben hatte mitteilen lassen, zu diesem Zeitpunkt keinesfalls gewillt, Hamburg kampflos übergeben zu lassen. Am 17. April war in der Hansestadt ein Tagesbefehl des Feldmarschalls an die Soldaten seiner Heeresgruppe veröffentlicht worden, der paradoxerweise mit dem Satz begann: „Die Zeit der großen Reden und Worte ist endgültig vorbei", sodann die „Freiheit der deutschen Erde" propagierte und mit den Worten endete: „Kampf bis zum Ziel!"

Die Hamburger waren entsetzt.

Rettung für das, was noch übrig ist
Konteradmiral Bütows Sorge um den Hafen

Er war der eigentliche Retter des Hamburger Hafens: Konteradmiral Hans Bütow. Am 22. Februar 1945 hatte dieser damals 50-jährige, energische und ungewöhnlich umsichtige Marineoffizier seinen Dienst als „Admiral der Kriegsmarinedienststelle Hamburg" am Harvestehuder Weg angetreten. Im November 1944 war Bütow nach sachlichen Differenzen mit dem Oberkommando der Kriegsmarine (OKM) zunächst beurlaubt worden, nachdem er zuvor vergeblich seinen Abschied beantragt hatte.

Der Konteradmiral war entsetzt, als er nach vierwöchiger Tätigkeit auf diesem Posten, die vor allem der Bereitstellung und Ausrüstung von Transportschiffen für die Rettung von Flüchtlingen aus Ostdeutschland galt, am 23. März über Hitlers „Nero-Befehl" unterrichtet wurde. Gauleiter Karl Kaufmann hatte an diesem Tag in seiner Eigenschaft als Reichsverteidigungskommissar für Hamburg die Vertreter des Führungsstabes Nordküste, des Heeres, der Luftwaffe und der Kriegsmarine zusammengerufen, um die Konsequenzen für die Stadt zu erörtern. Für den Hafen bestanden sie in unverzüglich zu treffenden Vorbereitungen für die restlose Zerstörung sämtlicher Werften und Bunker, der Landungs- und Umschlagsanlagen. Die Wasserfahrzeuge sollten versenkt, die Hafenbecken und das Elbfahrwasser vermint und durch Wracks gesperrt werden.

Es wäre das endgültige Todesurteil für den Hafen gewesen, der in den letzten Kriegswochen ohnehin ein Bild der Verwüstung bot. Die Zerstörungen der Umschlagsanlagen, die nach den Großangriffen vom Juli/August 1943 noch rund 25 Prozent betrugen, stiegen in den folgenden zwölf Monaten auf 35 Prozent und bis zum Kriegsende auf mehr als 80 Prozent. Die Landungsanlagen waren zu 55 Prozent zerstört, die Kaischuppen zu 90 Prozent, die Kräne zu fast 80 Prozent. 70 Prozent der Speicher und mehr als 40 Prozent der Brücken lagen in Trümmern. Das Gleissystem der Hafenbahn war zu knapp 70 Prozent verwüstet. 2300 Wasserfahrzeuge unterschiedlichster Größe lagen als Wracks in den Hafenbecken und im Elbfahrwasser. Die Werft Blohm & Voss gehörte zu den besonders schwer bombardierten Zielen der britischen und amerikanischen Luftflotten. Insgesamt galten

Konteradmiral Hans Bütow

diesem Unternehmen 38 Angriffe mit mehr als 1300 Sprengbomben. Schätzungen amerikanischer Luftkriegsexperten, dass dabei rund drei Dutzend U-Boote verschiedener Typen zerstört worden seien, wurden nach dem Krieg von deutschen Fachleuten als zu hoch zurückgewiesen.

Auf die Hansestadt entfielen rund 45 Prozent der gesamten deutschen U-Boot-Fertigung, die 1944 trotz der in diesem Jahr im großen Stil durchgeführten alliierten Flächenbombardements mit rund 275 300 Tonnen ihren Höchststand erreichte und sich im letzten Kriegsjahr 1945, bis zum 9. Mai, immerhin noch auf fast 55 000 Tonnen belief.

In der Sitzung vom 23. März überdachte der Konteradmiral seine Lage, kalkulierte seine Risiken, und als er aufgefordert wurde, den erschienenen Militärs darzulegen, wie er sich die Ausführung des „Nero-Befehls" aus der Berliner Reichskanzlei vorstelle, behielt er seine klare Einschätzung dieser Katastrophen-Weisung für sich und referierte kühl darüber, welche Kräfte, zum Beispiel Pioniereinheiten, und Sprengmittel erforderlich seien. Übereinstimmend haben nach dem Krieg Teilnehmer dieser Besprechung geschildert, welchen Eindruck diese Argumentation bei ihnen hinterlassen hatte: formale Befolgung, aber faktische Verweigerung des „Nero-Befehls".

Es ging in dieser Konferenz auch um die Frage, wer nun im Einzelnen für welche Maßnahmen zuständig sei. Eine Klärung war zunächst nicht zu erreichen. Sie kam erst am 6. April, nach einer Serie weiterer Besprechungen, zu Stande und besagte, dass der Kriegsmarinedienststelle und damit ihrem Chef Bütow sämtliche Lähmungs- und Zerstörungsmaßnahmen im gesamten Hafengebiet obliegen sollten. Drei Tage später erhielt der Konteradmiral ein geheimes Fernschreiben des Marineoberkommandos Nord, mit dem diese Regelung sanktioniert wurde.

Nach dem alliierten Bombenangriff am 20. März 1945.

Der von ihm verfolgten „Salami-Taktik" entsprechend hatte Bütow jedoch zuvor erreicht, dass darunter nur das Hafengebiet mit den Werften, nicht jedoch sonstige industrielle und gewerbliche Betriebe verstanden wurden. Auch sollten die Kaianlagen nicht gesprengt werden, da sie für die eigene Nutzung im Zuge der von Hitler und Goebbels immer wieder propagierten „Rückeroberung" vom Feind besetzter Gebiete unentbehrlich seien. Die zur Ausrüstung im Hamburger Hafen liegenden U-Boote sollten abgezogen, und zugleich sollte das Elbfahrwasser durch Schiffssperren blockiert und vermint werden. Für beides wurden Schlepper benötigt.

Bütow erreichte es, dass er am Morgen des 7. April eine telefonische Weisung des Oberkommandos der

Rettung für das, was noch übrig ist

Blick über den verwüsteten Hafen.

Kriegsmarine erhielt, mit der ihm der vorzeitige Abzug der U-Boote untersagt wurde. „Bis zur letzten Minute", so teilte ihm der Konteradmiral Wagner mit, seien die Ausrüstungsarbeiten fortzusetzen. Also konnte logischerweise vorher das Elbfahrwasser nicht blockiert werden. Am selben Tag „besorgte" Bütow sich vom Chef der Marinerüstung, Admiral Backenköhler, eine weitere Anweisung: Die Schwimmdocks sollten nicht zerstört, sondern nur gelähmt werden.

Am Abend dieses Tages beantragte das Marineoberkommando Nord beim Oberkommando der Kriegsmarine den Beginn der – intern bereits drastisch reduzierten – Zerstörungsmaßnahmen im Hamburger Hafen. Doch Großadmiral Karl Dönitz, zu diesem Zeitpunkt in seinem Befehlsbunker in Lanke bei Bernau, lehnte ab: Sprengungen auf Werften und sonstige Zerstörungen dürften nur auf der Grundlage von ihm genehmigter OKM-Weisungen vorgenommen werden. Wenige Tage darauf, am 13. April, erhielt Bütow ein geheimes Fernschreiben des Marineoberkommandos Nord, in dem die nunmehr geltende Befehlslage zusammengefasst wurde. Das Fazit: Werften und Werkstätten für Waffen und Gerät seien zu lähmen und nur in bestimmten Fällen zu zerstören.

Konteradmiral Hans Bütow betrachtete dieses Telex als großen Fortschritt. Aber er war sich zugleich darüber im Klaren, dass die Gefahr großflächiger Zerstörungen im Hafengebiet damit noch nicht gebannt war, denn die im Hafen liegenden Schiffe, die Brücken und die Kräne sollten weiterhin versenkt bzw. zerstört werden. Was die Schiffe betraf, so verwies Bütow nun auf den noch gestiegenen Bedarf an Schiffsraum zum Abtransport der Flüchtlinge aus Ostdeutschland, und befahl das Auslaufen. Ob es ihm dagegen gelingen würde, die Kräne, Brücken und vergleichbare Teile der Hafenanlagen zu retten, war ihm zweifelhaft. Er beschloss, die Zerstörungen demonstrativ vorbereiten zu lassen, und hoffte

zugleich, sie damit verhindern zu können.

Diese Vorkehrungen hatten eine unerwartete Folge: Gauleiter Karl Kaufmann rief Rüstungsminister Albert Speer an, der ruhelos in den noch nicht vom Feind besetzten Gebieten umherfuhr, um zu verhindern, dass Hitlers Zerstörungs-Befehl noch in letzter Minute befolgt würde. In der Reichsstatthalterei am Harvestehuder Weg hatte Kaufmann für Speer ein Quartier einrichten lassen. Der Rüstungsminister, der zu diesem Zeitpunkt kein klares Bild über die Lage in der Hansestadt hatte, zwei Jahrzehnte später in seinen Erinnerungen: „… forderte Kaufmann mich dringend auf, nach Hamburg zu kommen, da dort von der Kriegsmarine die Sprengung der Hafenanlagen vorbereitet werde. In einer Sitzung, an der die wichtigsten Vertreter von Industrie, Werften, Hafenverwaltung und Marine teilnahmen, wurde dank der Energie des Gauleiters der Beschluss gefasst, nichts zu zerstören.“

Diese Sitzung fand am Nachmittag des 18. April unter Kaufmanns Vorsitz statt. Bütow wurde als erster Teilnehmer aufgefordert, vorzutragen, und legte dar, was er unternommen, und auch, was er unterlassen hatte. Das war in dieser Runde durchaus nicht ohne Risiko, doch glaubte der Konteradmiral genug Anhaltspunkte für die Annahme zu haben, dass

Speer und Kaufmann ihn decken würden. Die Bestätigung dafür gaben beide ihm nach der Sitzung in einem Gespräch unter sechs Augen.

Der Rüstungsminister und sein Gastgeber zogen sich anschließend in die Gauleitung an der Außenalster zurück und berieten dort, von Kaufmanns Leibwache geschützt, was weiter zu tun sei. Speer: „„Am besten', forderte mich der Gauleiter auf, ,Sie bleiben hier in Hamburg bei uns. Auf meine Leute können wir uns im Notfall verlassen.'" Doch Speer drängte es zurück nach Berlin. Er unterbrach die Rückfahrt in die Hauptstadt in Wohltorf bei Feldmarschall Ernst Busch, dem Oberbefehlshaber der Heeresgruppe Nordwest, dem er die Zusage abrang, die Elbbrücken selbst im Verlauf von Kampfhandlungen unzerstört zu übergeben. Speer: „Er sagte mir gleichzeitig zu, das Torfkraftwerk Wiesmoor im Emsland (15000 kW) nicht als militärischen Stützpunkt zu benutzen. Dieses Kraftwerk war für eine Notversorgung Hamburgs wichtig, da für die nächste Zukunft weder mit Kohletransporten noch mit Überlandversorgung zu rechnen war."

Am frühen Morgen dieses 18. April hatte sich ein Vertrauter und Emissär Kaufmanns auf den Weg nach Lanke zu Großadmiral Karl Dönitz gemacht: Richard Bertram, Chef des Norddeutschen Lloyd. Dönitz

hatte eine Einladung des Gauleiters, sich in Hamburg persönlich über die Lage zu informieren, abgelehnt. Bertram sollte nun versuchen, ihn zur Rücknahme noch bestehender Zerstörungsbefehle zu bewegen. Der Reederei-Chef fuhr auf Umwegen, immer wieder durch nach Westen flutende Trecks und Kolonnen aufgehalten, nach Lanke, wo er am frühen Nachmittag eintraf. Dönitz empfing ihn in Gegenwart des Konteradmirals Wagner in eher frostiger Atmosphäre. Bertram trug dem Großadmiral das zentrale Argument seiner Mission vor: Entweder komme es innerhalb kurzer Zeit zu einer militärischen Wende, oder der Krieg sei verloren. Angesichts dieser Situation brauche man die Häfen nicht restlos zu zerstören, sondern es genüge eine Lähmung für eine bestimmte Zeit.

Bertram hat die bedrückende Unterredung nach Kriegsende aufgezeichnet: „Dönitz wandte sich in ziemlich ausfallender Weise gegen diesen Vorschlag und behauptete, eine nachhaltige Lähmung wäre auf Grund der Erfahrungen in Frankreich überhaupt nicht möglich. Als ich darauf erwiderte, dass er schließlich auch an die eines Tages notwendige Übersee-Versorgung der Überlebenden denken müsse, dass diese aber nur möglich wäre, wenn sie über die Häfen Hamburg und Bremen stattfinden könne, antwortete er brüsk:

Ein versenktes U-Boot am Reiherstieg.

‚Ihrer Ansicht nach ist also der Krieg bereits verloren. Es würde mich interessieren, ob Kaufmann die gleiche Ansicht vertritt.'"

Bertram verzichtete darauf, diese Frage zu beantworten, und verwies auf den Zweck seines Besuches – die restlose Zerstörung der Häfen in Hamburg und Bremen zu verhindern. Das quälende Gespräch, Bertram zufolge immer wieder durch „minutenlanges Schweigen von Dönitz unterbrochen, der in eine Ecke starrte und offensichtlich häufig nicht bei der Sache war", endete mit einem halben Erfolg: Der Großadmiral entließ seinen Besucher mit der Zusage, er werde den Befehl zu einer Zerstörung nur dann erteilen, wenn dies „wirklich aus militärischen Gründen unbedingt erforderlich sein" würde. Immer wieder durch Tieffliegerangriffe aufgehalten, war Bertram am späten Abend wieder in Hamburg und rief sofort Kaufmann an.

Hamburg in der Umklammerung
Mit 16- bis 19-Jährigen gegen die anrückenden Briten

Der Bericht des Emissärs war positiv. Reederei-Chef Richard Bertram schilderte Gauleiter Karl Kaufmann am 18. April 1945 gegen Mitternacht telefonisch den Verlauf des Gesprächs mit Großadmiral Karl Dönitz. Er habe den Eindruck gewonnen, so Bertram, dass Dönitz noch völlig schwanke und nicht wisse, wie er sich entscheiden solle. Doch „kurz nach Mitternacht rief mich Kaufmann von sich aus an, um mir zu meinem Erfolg bei Dönitz zu gratulieren. Er habe soeben einen Anruf von Dönitz erhalten, in dem dieser zugesagt habe, von einer Zerstörung der Häfen Hamburg und Bremen und der Werften Abstand zu nehmen." Bertram, der nach dem Kriegsende sein Gespräch mit Dönitz und die darauf folgenden Telefonate mit Kaufmann schriftlich festgehalten hat, wusste an diesem Abend des 18. April 1945 nicht, dass Konteradmiral Hans Bütow, der Chef der Kriegsmarinedienststelle Hamburg, seinen Vorstoß bei Dönitz auf eigene Faust durch zwei höchst nachdrückliche Telefongespräche mit dem Konteradmiral Wagner, der bei der Unterredung zwischen Dönitz und Bertram anwesend hatte, unterstützt hatte. Es gibt

gute Gründe für die Annahme, dass diese beiden Telefonate den Ausschlag für den Anruf des Großadmirals kurz nach Mitternacht bei Kaufmann gegeben haben.

In den beiden fernmündlichen Unterredungen mit Wagner, die erste gegen 21 Uhr, die zweite zwei Stunden später, hatte Bütow erregt auf die nicht mehr lösbaren Probleme hingewiesen, die in der Hansestadt entstehen müssten, wenn die noch verbliebene Hafeninfrastruktur entsprechend den Befehlen aus dem Führerhauptquartier vernichtet würde. Bütow forderte Wagner auf, Dönitz diese Folgen unverzüglich vor Augen zu führen und zu versuchen, die von Hitler verlangten Zerstörungen durch vorübergehende Lähmungen zu ersetzen. Wagner erklärte Bütow zunächst, das sei unmöglich, die Mission Bertrams sei gescheitert. Jedoch zeigte er sich in dem zweiten Telefongespräch den von Bütow vorgetragenen Argumenten zugänglicher und versprach, mit Dönitz darüber zu reden. Das geschah kurz vor Mitternacht und hatte den bereits geschilderten Anruf des Großadmirals bei Kaufmann zur Folge. Dönitz gab Anweisung, den Inhalt auch schriftlich nach Hamburg zu übermitteln. Am nächsten Vormittag ging bei der Kriegsmarinedienststelle in Hamburg ein als Geheime Kommandosache gekennzeichnetes Fernschreiben ein, mit dem eine neue, den Forderungen Bütows weitgehend entsprechende Befehlslage hergestellt wurde.

In der Nacht vom 19. auf den 20. April zwang der rasche Vormarsch der Roten Armee Dönitz und seinen Stab, den Befehlsbunker in Lanke aufzugeben und nach Plön auszuweichen. In derselben Nacht fiel im Oberkommando der Wehrmacht die Entscheidung, für das gesamte Gebiet der Hansestadt die Befehlsstufe „Alarm Küste" auszulösen. Feldmarschall Montgomerys Verbände hatten den nördlichen Teil der Lüneburger Heide erreicht. Im deutschen Wehrmachtsbericht hieß es am 20. April: „Auch in der Lüneburger Heide setzten die Briten ihre Angriffe auf breiter Front nach Norden fort und stießen mit Panzerrudeln bis in die Elbe-Niederung nördlich Lüneburgs vor. An der Elbe eroberten unsere Grenadiere einige Ortschaften östlich Barby zurück und warfen südlich davon eine über den Fluss gesetzte Kampfgruppe auf das Westufer zurück."

Um die Aussichtslosigkeit der Lage für die Verteidiger ermessen zu können, muss man sich vor Augen halten, wer die Angreifer waren: Der britische Feldmarschall Bernard Law Montgomery führte die 21. britische Heeresgruppe mit der 1. kanadischen Armee und der britischen 2. Armee unter Generalleutnant Miles C. Dempsey. Die Kanadier kämpften im Weserraum, die Engländer westlich von Bremen und in der Lüneburger Heide. Stoßrichtung: Hamburg. Dempsey befehligte vier Korps, von denen vor allem das 12. Korps unter Generalleutnant Ritchie zum Einsatz kam. Zu den vier Divisionen dieses Korps gehörte die 7. Panzerdivision unter Generalmajor Lyne. Eine ihrer beiden Brigaden, die 131. Infanteriebrigade mit drei Bataillonen, stand unter dem Kommando von Brigadegeneral Spurling.

Montgomerys Gegenspieler auf deutscher Seite war Generalfeldmarschall Ernst Busch, Oberbefehlshaber der schwer angeschlagenen Heeresgruppe Nordwest, zu der die 25. Armee mit zwei Korps, die 1. Fallschirmarmee unter Generaloberst Kurt Student sowie die erst Anfang April 1945 aufgestellte „Armee Blumentritt" gehörten – so genannt nach ihrem Befehlshaber, dem General der Infanterie Günther Blumentritt. Diese Armee bestand aus dem „Korps Ems" unter dem General der Infanterie Siegfried Rasp mit der 480. Division und der 2. Marine-Infanterie-Division, ferner aus den Überresten der Mitte April im Ruhrkessel zerschlagenen 3. Panzergrenadier-Division sowie mehreren Kampfgruppen unterschiedlicher Stärke und Kampfkraft. In den letzten Kriegstagen unterstand Blumentritt zusätzlich das II. Fallschirmkorps. Zunächst für den Abwehrkampf im Nordwesten vorgesehen, zog sich die „Armee Blumentritt" schließlich unter dem starken Druck der 2. britischen Armee kämpfend in das Hamburger Umland zurück.

„Unsere Grenadiere" – was diese Formulierung im Wehrmachtsbericht vom 20. April tatsächlich bedeutete, hat der Infanterie-General Günther Blumentritt nach der Kapitulation in seinen Aufzeichnungen über die Schlussphase des Krieges präzise beschrieben: „Große Teile der Truppen bestanden aus 16- und 19-jährigen Buben mit vier bis sechs Wochen Ausbildung ohne Schanzzeug, Verbandspäckchen, Fahrzeuge pp., oft mit langen Hosen. Die anderen Teile waren Trümmer alter Divisionen, erledigt, fertig. Artillerie nur wenig, Panzer ebenfalls, in der Luft alle drei bis vier Tage ein paar deutsche Jäger. PAK und FLAK oft angehängt an Bauernwagen, die von schweren Bauernpferden im Schritt, gelenkt durch Bauern, bewegt wurden. Aufklärung aus der Luft fiel allmählich aus. Eigene Panzerspähwagen fehlten fast ganz." Die Gräberreihen der deutschen Soldatenfriedhöfe im südlichen

Hamburger Umland legen dazu ein stummes und dennoch beredtes Zeugnis ab.

Am 18. April war Lüneburg in britischer Hand – unverteidigt, obwohl das Parteiorgan „Lüneburger Zeitung" zwei Tage zuvor noch eine „Klarstellung zu einer allgemein besprochenen Frage" veröffentlicht und auf den berüchtigten „Städte-Befehl" Himmlers und Keitels verwiesen hatte. Seine Befolgung wäre das Todesurteil auch für Lüneburg mit seinen unersetzlichen Kulturschätzen gewesen. Dass es anders kam, war dem Mut, dem Verantwortungsbewusstsein und der Umsicht einer Gruppe von Offizieren um den Wehrmacht-Oberstleutnant Helmuth von Bülow, Chef des Wehrmeldeamtes und nun Leiter des Einsatzstabes, zu verdanken. Bülow konnte zwar einige Brückensprengungen nicht verhindern, der Stadt aber den Kampf bis zur letzten Patrone gegen einen weit überlegenen Gegner ersparen. Er sorgte dafür, dass Lüneburg trotz entgegenstehender Befehle auch des Generals Blumentritt, deren Nichtbefolgung das Risiko standrechtlicher Erschießung einschloss, faktisch als „offene Stadt" nach dem Kriegsvölkerrecht behandelt wurde. Der Volkssturm schickte seine miserabel bewaffneten und ausgebildeten Jünglinge und Veteranen nach Hause. Gegen 14.30 Uhr rollte der erste bri-

Hitler-Junge bei der Ausbildung an der Waffe.

tische Panzer in die Stadt hinein – mit einem deutschen Zivilisten, dem Wachmann eines Umspannwerks, als „Pfadfinder". Während die britischen Panzer das Rathaus umstellten und Verwaltungschef Hans Hauschildt in Vertretung des zur Wehrmacht eingezogenen Oberbürgermeisters Wilhelm Wetzel britischen Offizieren die Stadt übergab, telefonierte im Gebäude der Bezirksregierung der Gendarmeriemajor Alfred Sehrt, Polizeichef der Stadt, eine Stunde lang mit seiner vorgesetzten Dienststelle in Hamburg. Thema des Gesprächs: der Einmarsch der Engländer. Sehrt schilderte das Ereignis nach Art eines Polizeibeamten – en detail.

In der Hansestadt begann am frühen Morgen des 20. April als Folge des Befehls „Alarm Küste" in den Partei- und Staatsdienststellen, insbesondere bei der Gestapo, die für diesen Fall befohlene Vernichtung umfangreicher Aktenbestände. In der Kriegsmarinedienststelle erhielt Konteradmiral Hans Bütow ein weiteres, als „Geheime Kommandosache" gekennzeichnetes Fernschreiben vom Marineoberkommando Nord. Er wurde angewiesen, die abschleppfähigen Fahrzeuge aus dem Hafen bringen zu lassen, für die „Verblockung" und Verminung der entbehrlichen Hafenbecken zu sorgen und bei nicht benutzten Hafenanlagen technische

Lähmungsmaßnahmen einzuleiten.

Mit dem Abzug der Fahrzeuge begann der Konteradmiral sofort. Bis zum 23. April verließen 70 Handelsschiffe, acht Überwasser-Einheiten und 15 U-Boote der Kriegsmarine das Hafengebiet. Den zweiten Teil des Befehls, die „Verblockung" und Verminung von Hafenbecken allerdings gedachte Bütow der Stadt zu ersparen. Zur „Verblockung" sollten Schiffe versenkt werden. Sie befanden sich jedoch nicht mehr im Hafen. Zudem fehlte es an Minen. Bütow sorgte dafür, dass die vorhandenen Minen nicht mehr verteilt wurden. Es gelang ihm, im Verlauf eines hektischen Tages – der Hafen lag bereits unter britischem Artilleriebeschuss – einen Funkspruch des Oberkommandos der Kriegsmarine zu erwirken, mit dem Dönitz befahl, im Hamburger Hafen sei unter allen Umständen bis zum letzten Augenblick weiterzuarbeiten, und Zerstörungsmaßnahmen bedürften seiner ausdrücklichen Zustimmung. Der Hafen war fast gerettet.

Kapitulation im Todeslager
Das Grauen von Bergen-Belsen

Am 14. April 1945, einem Sonnabend, erhielten die Kommandanten aller noch nicht befreiten Konzentrationslager einen satanischen Geheimbefehl Himmlers zum „Verhalten bei Feindannäherung". Das Telex des Reichsführers-SS lautete: „Die Übergabe kommt nicht in Frage. Das Lager ist sofort zu evakuieren. Kein Häftling darf lebendig in die Hände des Feindes fallen." Zwar ist der Adressatenkreis in der zeithistorischen Forschung umstritten, doch an der Authentizität des Textes gibt es keinerlei Zweifel.

Nur der Kommandant des Konzentrationslagers Bergen-Belsen in der Nähe von Celle, der SS-Hauptsturmführer Josef Kramer, erhielt diesen Befehl nicht. Längst hatte das Chaos des Zusammenbruchs auch dieses Lager erfasst. Kurz zuvor, am 11. April, hatte Himmler dem von ihm zum „Reichssonderkommissar für die Angelegenheiten aller jüdischen und politischen Gefangenen" ernannten SS-Standartenführer Kurt Becher die Vollmacht erteilt, das Gebiet um Bergen-Belsen vor den britischen Streitkräften kapitulieren zu lassen. Becher hatte Himmler zuvor über die katastrophalen Zustände in

diesem ursprünglichen „Aufenthaltslager" für bestimmte Gruppen europäischer Juden berichtet.

Am 13. April handelten die drei deutschen Wehrmachtsoffiziere Oberst Hanns Schmidt, Oberst Gerhard Grosan und Oberst Karl Harries mit dem Stabschef des britischen VIII. Panzerkorps, Brigadier Taylor-Balfour, die Kapitulation aus. Vom Wachpersonal des Konzentrationslagers blieben rund 50 SS-Männer und 30 SS-Aufseherinnen im Lager zurück. Am Nachmittag des 13. April übernahm die Wehrmacht die Bewachung. Es dauerte noch zwei Tage, bis die britischen Truppen Bergen-Belsen erreichten – längst ein riesiges Totenlager.

Ein britischer Feldwebel, der am 15. April mit den ersten Sherman-Panzern in das KZ einfuhr, beschrieb im September 1945 im Lüneburger Militärgerichts-Prozess gegen die Wachmannschaften von Bergen-Belsen im Zeugenstand und unter Eid, was er damals sah: „Zwei Kilometer vor dem Lager trafen wir auf der Straße zwei Männer. Sie schwenkten eine weiße Flagge. Es waren ein deutscher Soldat und ein ungarischer Offizier. Sie kündigten uns an, dass das

Lager nahebei sei. An der Straße lasen wir Schilder: Achtung Typhus! Wir bogen um eine Ecke und befanden uns vor dem Lagertor. Eine kleine Gruppe von Offizieren in SS-, Wehrmachts- und ungarischen Uniformen wartete auf uns. Die Offiziere grüßten. Ein hochgewachsener, vierschrötiger Mann, der eine Kampfjacke trug, trat vor und erklärte, er sei der Kommandant des Lagers. Er hieß Josef Kramer. Er warnte uns vor dem Betreten des Lagers. Beinahe alle Insassen seien typhuskrank. Wir befahlen ihm, die Tore zu öffnen. Er begleitete uns auf dem Trittbrett eines Jeeps stehend. Wir fuhren die Lagerstraße entlang."

Ebenfalls unter Eid sagte in diesem Verfahren Dr. Glyn Hughes aus, der Bergen-Belsen als erster britischer Militärarzt betrat: „Die Zustände im Lager waren wirklich unbeschreiblich. Kein Bericht, keine Fotografie kann den grauenhaften Anblick hinreichend wiedergeben. Die furchtbaren Bilder im Inneren der Baracken waren viel schrecklicher. An zahlreichen Stellen waren die Leichen zu Stapeln von unterschiedlicher Höhe aufgeschichtet. Einige dieser Leichenstapel befanden sich außerhalb des Stacheldrahtzaunes, andere innerhalb der Umzäunung zwischen den Baracken. Überall im Lager verstreut lagen verwesende menschliche Körper. Die Gräben der Kanalisation

waren mit Leichen gefüllt. In den Baracken selbst lagen zahllose Tote. In einigen Baracken, aber nicht in vielen, waren Bettstellen vorhanden. Sie waren überfüllt mit Gefangenen in allen Stadien der Auszehrung und der Krankheit. In den Blocks, die am stärksten überfüllt waren, lebten 600 bis 1000 Menschen auf einem Raum, der normalerweise nur für 100 Platz geboten hätte."

Insgesamt fanden die britischen Truppen in Bergen-Belsen rund 13 000 Leichen vor – umgebrachte, verhungerte, von Seuchen dahingeraffte Opfer. Bis Ende April starben trotz aller Hilfsmaßnahmen weitere 9000 Häftlinge, bis Ende Juni 1945 noch einmal 4000 Insassen.

KZ-Kommandant Josef Kramer hatte dem größten Teil des Lagerstabes am 12. und 13. April befohlen, Bergen-Belsen zu verlassen und sich nach Neuengamme zu begeben. Dieses Konzentrationslager vor den Toren Hamburgs war im Dezember 1938 als Außenkommando des Konzentrationslagers Sachsenhausen errichtet worden. 100 Gefangene waren anfangs in einer stillgelegten Ziegelei inhaftiert, in der die SS die Produktion von „erstklassiger Klinkerware" für die pompösen Pläne Hitlers zur städtebaulichen Umgestaltung Hamburgs plante. Zu diesem Zweck wurde die Belegung mit Häftlingen schrittweise erweitert. Im Frühjahr 1940 entstand das eigentliche KZ Neuengamme mit rund 1000 Insassen, das ab Juni 1940 als organisatorisch selbstständiges Lager geführt wurde.

Während der Kriegsjahre trat das ursprüngliche Ziel der Klinkerherstellung in den Hintergrund. Die Häftlinge wurden im Stammlager und in zahlreichen Außenlagern in ganz Norddeutschland für die Kriegsproduktion, nach den Großangriffen vom Sommer 1943 auf Hamburg vermehrt auch für die Bergungs- und Aufräumungsarbeiten eingesetzt. Systematische Ausrottungsmaßnahmen, brutale Behandlung der Gefangenen durch SS-Mannschaften und miserable hygienische Verhältnisse führten dazu, dass von den 101 000 in den Lagerlisten aufgeführten Gefangenen aus mehr als 20 Nationen und weiterer etwa 4000 Insassen rund 55 000 den Tod fanden. Diese Zahl enthält Schätzungen über Häftlinge, die in den offiziellen Gefangenenbestand des Lagers nicht aufgenommen und entweder auf der Grundlage von Todesurteilen hingerichtet oder auf Weisung der Gestapo ohne jegliches Gerichtsverfahren exekutiert wurden. Zum KZ Neuengamme gehörte eine von der Gestapo eingerichtete Abteilung für Personen in Polizeihaft als Dependance für das Polizeigefängnis Fuhlsbüttel.

Im KZ Neuengamme herrschten zwar nicht die gleichen katastrophalen Zustände wie in Bergen-Belsen, doch befanden sich in diesem Lager rund 10 000 Häftlinge, als der Lagerkommandant Max Pauly Himmlers Evakuierungsbefehl erhielt. Pauly gehorchte und veranlasste zunächst die Vernichtung aller Karteien und Unterlagen über den Häftlingsbestand, insbesondere der Hinrichtungsakten, die in den Öfen des Lagerkrematoriums verbrannt wurden. Die Exekutionsstätten wurden beseitigt oder getarnt, soweit das in der Eile möglich war. Am 19. April eröffnete Pauly den SS-Wachmannschaften den Befehl zur sofortigen Räumung des Lagers. Unterdessen liefen die zwischen Himmler und dem schwedischen Grafen Folke Bernadotte vereinbarten Rückführungsaktionen skandinavischer Häftlinge mit den „Weißen Bussen" des schwedischen Roten Kreuzes an. Hier der Wortlaut des entsprechenden Lagerdokuments, unwesentlich gekürzt:

„Befehl des Kommandanten KL Neuengamme.

Am 20. 4. 1945 ab 6 Uhr früh rollen sämtliche Skandinavienhäftlinge ab, stündlich ca. 400. Heute nacht noch sind sämtliche Listen zu erstellen, streng getrennt nach Norwegern und Dänen … Zuerst werden transportiert die Älteren und die Kranken, aber immer streng getrennt nach Norwegern und Dänen. Es dürfen in keinem Omnibus Norweger und

Dänen zusammensitzen.

Neuengamme, den 19.4.1945.
Der Standortarzt Neuengamme
Gez. Dr. Trzebinski"

Die übrigen Insassen wurden zu Transporten mit Zielorten in Norddeutschland, insbesondere nach Lübeck, zusammengestellt, um auf Schiffe in der Lübecker Bucht gebracht zu werden.

Die lange Liste nationalsozialistischer Gewaltverbrechen verlängerten SS und Gestapo unterdessen um zwei der schlimmsten Mordtaten: Im Einvernehmen mit Heinrich Himmler hatte der Internist und SS-Sonderführer Dr. Kurt Heissmeyer im Krankenrevier des Lagers Neuengamme eine Tuberkulose-Versuchsstation eingerichtet. Sie diente vor allem Experimenten an sowjetischen Kriegsgefangenen. Auf Anforderung von Heissmeyer ließ Himmler Ende 1944 auch zwanzig jüdische Kinder im Alter zwischen fünf und zwölf Jahren aus dem Konzentrationslager Auschwitz nach Neuengamme transportieren. Nach der Ankunft wurden die Begleiterinnen sofort liquidiert. Heissmeyer ließ die Versuche fortsetzen.

Um angesichts der vorrückenden britischen Truppen die Spuren dieser Verbrechen zu beseitigen, wurden die Kinder am Abend des 20. April mit vier Erwachsenen in ein Außenkommando des Lagers in der Schule am Bullenhuser Damm geführt. In einem besonderen Raum erhielten sie zunächst durch den SS-Arzt Dr. Trzebinski Betäubungsinjektionen und wurden dann erhängt. Gleichzeitig wurden die beiden holländischen Häftlingspfleger Deutekom und Hölzl sowie die beiden Häftlingsärzte, der französische Röntgenologe Dr. Quenouille und der französische Biologieprofessor Dr. Florence, die die Kinder zu retten versucht hatten, gehenkt. Im Neuengamme-Prozeß vor einem britischen Militärgericht behauptete der SS-Arzt Dr. Trzebinski 1946, die Exekutionen seien „aus Berlin" befohlen worden.

Mit einem weiteren Verbrechen endete die Tätigkeit der SS-Lagerführung in Neuengamme. Während der Abtransport der skandinavischen Häftlinge vorbereitet wurde, lieferte ein SS-Trupp am 18. April eine Gruppe von Gefangenen aus dem überfüllten Gestapo-Gefängnis Fuhlsbüttel ein – 13 Frauen und 58 Männer, die von der Gestapo in die Polizeihaftabteilung des Lagers überstellt wurden, weil sie als „besonders gefährlich" eingestuft wurden. Der Lagerkommandant Pauly erhielt den Befehl, diese 71 Häftlinge umbringen zu lassen, und war abermals gehorsam: Am Abend nach dem Kindermord und nach der Abfahrt der Skandinavien-Transporte, die in Aumühle von den „Weißen Bussen" des schwedischen

Das frühere KZ Neuengamme wurde nach der Besetzung zum britischen Internierungslager.

Roten Kreuzes übernommen werden sollten, wurden zunächst die Frauen in zwei Gruppen nebeneinander gehenkt, an den beiden folgenden Tagen ein Teil der Männer. Die übrigen Todeskandidaten wurden in Bunker gepfercht. Doch es kam zu einem dramatischen Zwischenfall, als eine Gruppe dieser Häftlinge den stellvertretenden Lagerkommandanten im Bunker zusammenschlug, ihm die Pistole entriss und auf den Flüchtenden schoss. Daraufhin holte der SS-Offizier Verstärkung. Die SS-Männer versuchten die von den Häftlingen verbarrikadierten Bunkertüren aufzubrechen. Als das nicht gelang, warfen sie Handgranaten in die Zellen. Die übrigen Delinquenten wurden erschossen.

Lagerkommandant Max Pauly behauptete vor dem britischen Militärgericht, er habe den Befehl zur Exekution dieser 71 Häftlinge von dem Höheren SS-und Polizeiführer Henning von Bassewitz-Behr erhalten, der diese Darstellung natürlich bestritt. Andere Angeklagte dieses Verfahrens versuchten sich mit der Behauptung zu entlasten, die 71 Opfer seien ohnehin zum Tode verurteilt gewesen. Doch es handelte sich um eine substanzlose Ausrede. Gegen keines der Opfer waren Urteile ergangen oder auch nur Verfahren eröffnet worden.

Die Evakuierung des Konzentrationslagers Neuengamme, die am 3. Mai 1945 in der Neustädter Bucht ein furchtbares Ende fand (wir schildern diese Tragödie auf den Seiten 118 bis 121), ging auf Befehle der SS und der Gestapo zurück. Viele Häftlinge haben nach dem Krieg den Gauleiter und Reichsstatthalter Karl Kaufmann als den Hauptschuldigen bezeichnet. Sicher ist, dass Kaufmann als Reichskommissar für die Seeschifffahrt mindestens den schwer beschädigten Frachter „Thielbek" für die Evakuierung der Häftlinge be-

schlagnahmen ließ und auch an der Bereitstellung der „Cap Arcona" und des Frachtschiffs „Athen" für den selben Zweck beteiligt war. Die Räumung des Lagers Neuengamme war ganz in seinem Sinne, denn sie erleichterte die Kapitulation.

Stichhaltige Beweise dafür, dass Kaufmann der Urheber des Evakuierungsplans war, dass er seine Durchführung bis in die Einzelheiten überwacht und geleitet hat, und dass ihm überdies die Absicht hoher SS-Führer bekannt war, die Schiffe mit den Häftlingen in der Ostsee zu versenken, sind nicht erbracht worden. Auch der Prozess gegen Pauly und Angehörige des Lagerstabs, der 1946 im Curio-Haus stattfand, hat diese Fragen nicht zweifelsfrei geklärt. Pauly, der SS-Standortarzt und weitere Angeklagte wurden zum Tode verurteilt und hingerichtet.

Das frühere KZ Neuengamme ist Gedenkstätte. Mahnmal und Dokumentenhaus erinnern an die Leiden und das Sterben. Auch 60 Jahre danach bleibt die bedrückende Frage: Was haben die Hamburgerinnen und Hamburger über dieses Lager gewusst? Sicher waren der Bevölkerung, von Ausnahmen abgesehen, die Grausamkeiten nicht bekannt, die in Neuengamme verübt wurden. Aber über die Existenz des Lagers waren viele informiert, und über das Ziel, das die NS-Führung damit verband, ebenfalls. Die Häftlinge waren für die Bewohner der Umgegend ein täglicher Anblick, wenn sie zur Zwangsarbeit geführt wurden. Und in den Trümmerfeldern der Stadt selbst, bei der Leichenbergung, bei der Blindgängerbeseitigung, konnten viele Hamburger sie sehen.

Es gab sogar die Möglichkeit, das KZ Neuengamme zu besichtigen. Ein makabres Dokument darüber trägt das Datum des 21. September 1942. Unter dem Aktenzeichen 207-21.9.42 teilte der hamburgische Landgerichtspräsident in einem Schreiben an „alle Richter des Landgerichts (soweit im Dienst)" Folgendes mit:

„Betr. Führungen durch das Konzentrationslager Neuengamme. Es besteht die Möglichkeit, unter sachkundiger Führung das Konzentrationslager Neuengamme zu besichtigen. Die Führungen sollen im Oktober/November 1942 in Gruppen von je etwa acht Richtern und Staatsanwälten stattfinden. Die Teilnehmer werden sich um etwa 15 Uhr in Bergedorf versammeln und von dort mit dem Autobus nach Neuengamme fahren. Die Besichtigung wird längstens zwei Stunden in Anspruch nehmen. Die Rückfahrt geschieht auf demselben Wege. Ich ersuche die Richter (die beiden Worte ‚und Staatsanwälte' sind gestrichen, d.Verf.), die an den Führungen teilnehmen wollen, um umgehende Mitteilung unter Angabe, welche Tage in Frage kommen."

25 Richter des Landgerichts, so ergibt sich aus den Unterlagen, waren an einer solchen Besichtigung interessiert. Sie fand auch statt. Was mag die Lagerverwaltung den Teilnehmern bei dieser „sachkundigen Führung" gezeigt haben – den Schießstand der SS, der auch für Hinrichtungen genutzt wurde? Die Zustände im Klinkerwerk? Wurden diese Juristen darüber aufgeklärt, was „Sonderbehandlung" bedeutete? Gewiss nicht. Gefangene, die mit diesem Vermerk nach Neuengamme überstellt wurden, tauchten nicht in den Unterlagen über den Häftlingsbestand auf. Sie wurden in der Regel aus dem Transportwagen in den Bunker gezerrt und sofort gehenkt. Angehörige der Wehrmacht wurden auf dem Gelände hinter der Klärgrube erschossen. Von Ausnahmen abgesehen, waren die Namen und die Nationalität dieser Opfer nicht mehr zu ermitteln.

„Im Übrigen wird Hamburg verteidigt!"
Die letzten 14 Tage des Nazi-Regimes

Der Marschall kam zum General. Am Montag, dem 23. April 1945, kurz vor 15 Uhr, fuhr Generalfeldmarschall Ernst Busch, Oberbefehlshaber der Heeresgruppe Nordwest, begleitet von zwei Stabsoffizieren vor dem Gefechtsstand des hamburgischen Kampfkommandanten Generalmajor Alwin Wolz an der Rothenbaumchaussee vor. Wie nahe der deutsche Zusammenbruch war, ergab sich auch an diesem Tag schon allein aus den amtlichen Verlautbarungen – so aus einer Meldung, die der Rundfunk ausstrahlte: „Der Führer hat den Oberbefehl über die Verteidigungskräfte von Berlin übernommen. Er hat angeordnet, dass alle Verteidigungskräfte, die noch zur Verfügung stehen, gegen den Bolschewismus einzusetzen sind …"

Auch der offizielle Wehrmachtsbericht, den das Oberkommando der Wehrmacht am 23. April veröffentlichen ließ, zeigte deutlich das bevorstehende Ende. Die Lage im Osten: „In der Doppelschlacht zwischen den Sudeten und dem Stettiner Haff schwere Kämpfe. Nordwestlich Görlitz wurde eine Frontlücke durch erfolgreiche Gegenangriffe geschlossen. Die Besatzung von Bautzen leistete

Widerstand. Nach Westen vorstoßend, drang der Feind in Bischofswerda und Königsbrück ein. In Cottbus und Fürstenwalde Straßenkämpfe. Östlich und nördlich Berlins schob der Feind seine Linie bis an die äußerste Verteidigungszone der Reichshauptstadt heran. In der Linie Lichtenberg–Niederschönhausen–Frohnau wird erbittert gekämpft. An der Oderfront konnte der Gegner seine Brückenköpfe zwischen Greifenhagen und Stettin zunächst ausweiten, wurde aber durch deutsche Gegenangriffe wieder zurückgeworfen."

Über die Lage an der Westfront meldete das OKW: „Der Feind setzte zwischen Ems und unterer Elbe seine Angriffe mit starken Kräften fort. Der Verlust von Papenburg wird bestätigt. Übersetzversuche des Feindes über die Elbe bei Wittenberg und Tangermünde wurden zerschlagen. Im Abschnitt Dessau-Bitterfeld wechselvolle Kämpfe. Bitterfeld ging verloren. Die in das Elster- und Fichtelgebirge eingedrungenen feindlichen Kräfte wurden von deutschen Sperrtruppen in der Linie Asch–Marktredwitz aufgefangen. Zwischen Neumarkt in der Fränkischen Alb und

Die Hochbahnstrecke im Stadtteil Hammerbrook.

dem Raum von Crailsheim scheiterten erneute Durchbruchsversuche der Amerikaner nach einigen Kilometern Bodengewinn. Der Zusammenhang der Front blieb gewahrt. Im Großraum Stuttgart nahmen die Kämpfe mit den zur Umfassung der Stadt angesetzten feindlichen Divisionen ihren Fortgang. Die von Göppingen und aus dem Raum nördlich Tübingen angreifenden Amerikaner gewannen weiter an Boden. Auch im Schwarzwald und in der Rheinebene schwere Kämpfe mit den auf Rottweil und gegen den Kaiserstuhl vordringenden französischen Verbänden."

Generalfeldmarschall Ernst Busch erschien am 23. April nicht unangemeldet bei Generalmajor Alwin Wolz. Am Vortag hatte er sich durch den Stabschef der Armee Blumentritt, Oberst Manthey, bei Wolz ansagen lassen. Busch, der eine Woche zuvor die ihm unterstehenden Soldaten in einem pathetischen „Durchhalte-Befehl" zum „Kampf bis zum Ziel" aufgerufen hatte, war in großer Sorge. Vor der Fahrt nach Hamburg hatte er in seinem Hauptquartier in Wohltorf Gauleiter Karl Kaufmann empfangen und aus dieser Unterredung den Eindruck gewonnen, der Reichsverteidigungskommissar für die Hansestadt sei nicht mit der von ihm für erforderlich gehaltenen Härte und Konsequenz entschlossen, Hitlers Festungsbefehl zu befolgen.

Am 22. April um null Uhr hatte für Hamburg offiziell die „Festungskampfzeit" begonnen. Der Generalfeldmarschall, für den soldatischer Gehorsam auch in dieser Endphase des Krieges ein unantastbarer Grundsatz war, wollte nun bei dem Kampfkommandanten den Stand der Verteidigungsvorbereitungen inspizieren. Wolz hatte sich auf diesen Besuch sorgfältig vorbereitet. Seine Stabsoffiziere hatten Karten, Pläne und weitere Unterlagen zusammengestellt. Major Kurt Niermann, der Augen- und Ohrenzeuge der Unterredung zwischen Wolz und Busch war, hat ihren Verlauf nach der Kapitulation schriftlich festgehalten und diese Darstellung durch mündliche Informationen ergänzt.

Das Gespräch begann freundlich. Der Feldmarschall würdigte zunächst die Leistungen der im Hamburger Umland gegen die überlegenen britischen Streitkräfte kämpfenden Truppe und lobte Wolz, weil er den Kampf möglichst weit südlich gesucht und so einen massiven Artilleriebeschuss Hamburgs hinausgezögert habe. Dann ließ er sich von dem Kampfkommandanten über den Zustand der Verteidigungskräfte, die Stimmung in

der Bevölkerung, und über die vorbereiteten Maßnahmen informieren. Nachdem er diese Fragen beantwortet hatte, nutzte Wolz die Gelegenheit und schilderte Busch die klaffenden militärischen Defizite auf deutscher Seite: die geringe Kampfkraft des Volkssturms, die bei aller Tapferkeit doch mangelhafte infanteristische Fronterfahrung der U-Boot-Besatzungen, die nun zu „Panzervernichtungseinheiten" zusammengefasst worden waren, die Folgen der drückenden alliierten Luftüberlegenheit, das drohende artilleristische Trommelfeuer der Briten. Eindringlich hielt Wolz dem Feldmarschall die unabsehbaren Folgen einer Verteidigung Hamburgs vor: „Meine Flak-Division kann die Fliegerwarnung infolge Vorverlegung der feindlichen Flugplätze nur noch zehn Minuten vor Erscheinen der feindlichen Bomber vornehmen. Die Bevölkerung braucht aber zwanzig Minuten, um in die Bunker zu kommen. Folglich ist sie zehn Minuten und teilweise länger schutzlos den Angriffen ausgesetzt."

Ruhig, aber eindringlich, seinen Oberbefehlshaber fest im Blick, fuhr Wolz fort: „Wer, Herr Feldmarschall, gibt mir die Fahrzeuge, um die Toten und Verwundeten abzutransportieren? Wohin lege ich die Verwundeten? Wie verhüte ich Seuchen, die unzweifelhaft ausbrechen werden? Ich, Herr Feldmarschall, kann die

Verantwortung nicht übernehmen. Und wenn ich sie übernehmen muss, dann schieße ich mir eine Kugel in den Kopf, denn im Gedanken an diese Opfer kann ich nicht weiterleben."

Busch, der bis dahin schweigend zugehört hatte, verlor bei diesen Worten die Beherrschung, schlug mit der Faust auf den Tisch und fuhr den Generalmajor zornig an: „Dies, Wolz, ist eine billige Art, sich der Verantwortung zu entziehen! Sie müssten mit der Panzerfaust in der Hand dem Feind entgegentreten und kämpfen! Wenn Sie dann fallen, so ist das ehrenvoll! Hamburg wird verteidigt! Das ist mein Befehl!"

Wolz blieb bei diesem Ausbruch ruhig, warf seinen Offizieren einen vielsagenden Blick zu und entgegnete: „Herr Feldmarschall, ich habe doch wohl als Soldat meine offene und ehrliche Meinung sagen dürfen. Im übrigen wird Hamburg verteidigt." Einer der Offiziere zog bei diesen Worten Hitlers „Mein Kampf" aufgeschlagen aus der Schreibtischschublade hervor und schob das Buch Wolz zu. Der Generalmajor blickte auf einen Passus des neunten Kapitels: „In einer Stunde, da ein Volkskörper sichtlich zusammenbricht und allem Augenscheine nach der schwersten Bedrückung ausgeliefert wird, dank des Handelns einiger Lumpen, bedeuten Gehorsam und Pflichterfüllung diesen gegenüber

doktrinären Formalismus, ja reinen Wahnwitz, wenn andererseits durch Verweigerung von Gehorsam und ‚Pflichterfüllung' die Errettung eines Volkes vor seinem Untergang ermöglicht würde." Der Kampfkommandant verzichtete darauf, seinem Oberbefehlshaber diese Erkenntnisse Hitlers vorzulesen, und der Feldmarschall forderte ihn auch nicht auf, es zu tun, sondern stand abrupt auf und verließ den Raum, ohne sich zu verabschieden, um dann auf dem Korridor minutenlang erregt auf und ab zu gehen. Wolz reagierte darauf mit der ironischen Bemerkung: „Niermann, wir müssen uns wohl mal um ihn kümmern." Aber zugleich hatte er in diesen eineinhalb Stunden begriffen, dass der Oberbefehlshaber Nordwest den Versuch, Hamburg den „Endkampf" zu ersparen, nicht nur nicht unterstützen, sondern solchen Bestrebungen mit allen Mitteln entgegentreten würde. Wolz sah auch sein persönliches Risiko. Nach der deutschen Kapitulation, am 10. Juni 1945, schrieb er in einem Bericht über sein Gespräch mit Busch: „Ich habe daher von diesem Zeitpunkt an nur mehr den wilden Mann gespielt, damit ich nicht abgelöst und irgend jemand anderes als Kampfkommandant von Hamburg eingesetzt würde." Vermutlich um einer solchen Ablösung zu entgehen, befahl Wolz am 25. April im südlichen Umland der Hansestadt zwei Angriffe auf die beiden bereits von den Engländern eingenommenen Ortschaften Hoopte und Vahrendorf, die unter hohen deutschen Verlusten schon nach wenigen Stunden abgebrochen werden mussten. Wolz hat diese blutigen Operationen später mit der Notwendigkeit begründet, noch für ein paar Tage „Handlungsfreiheit" zu behalten, da die Kapitulation Hamburgs „unweigerlich die Aufgabe von Schleswig-Holstein und Dänemark und daher erhebliche militärische und politische Folgen nach sich ziehen würde". Militärisch waren beide Nachtangriffe zum Scheitern verurteilt und konnten, wenn überhaupt, nur aus übergeordneten Gesichtspunkten gerechtfertigt werden.

Im 60 Kilometer entfernten Lübeck kam es am 23. April 1945 zu einer Begegnung ganz anderer Art: In einer Villa an der Eschenburger Straße 23, einer Außenstelle der schwedischen Gesandtschaft, traf sich Heinrich Himmler, der langjährige Herrscher über den gesamten Terror- und Vernichtungsapparat des NS-Regimes, am späten Abend mit Graf Folke Bernadotte, dem Neffen des schwedischen Königs und Präsidenten des Schwedischen Roten Kreuzes. Himmler war vom Chef der Auslandsabteilung des Reichssicherheitshauptamtes, Walter Schellenberg, begleitet. Es war nicht die erste Begegnung zwischen Himmler und Bernadotte. Schon im Februar und im April waren sie zusammengetroffen – der eine, um Möglichkeiten für humanitäre Aktionen insbesondere zu Gunsten skandinavischer Häftlinge zu erkunden, der andere, um über das neutrale Schweden Verhandlungslinien in das feindliche Ausland zu eröffnen.

Himmler hatte um das Gespräch in Lübeck gebeten. Er wollte die Möglichkeiten für einen Sonderfrieden mit den Westmächten ausloten. Bernadotte, der gerade im Begriff stand, Deutschland zu verlassen, hatte sich nur widerstrebend bereit erklärt. Das Treffen hatte kaum begonnen, als die Gesprächsteilnehmer durch heulende Alarmsirenen in den Luftschutzkeller getrieben wurden. Das war insbesondere deshalb fatal, weil sie dort von Angestellten und anderen Personen gesehen werden mussten – die Geheimhaltung war nicht mehr gewährleistet.

Als die Unterredung fortgesetzt werden konnte, erklärte Himmler ohne Umschweife, Deutschland habe den Krieg verloren. Zugleich bat er Bernadotte um seine Vermittlung bei der Einleitung von Kapitulationsverhandlungen mit ihm, dem Reichsführer-SS, jedoch nicht gegenüber der Sowjetunion. Auf die Frage nach der Haltung Hitlers dazu beeilte Himmler sich zu versichern, der Führer sei wegen schwerer Krankheit nicht mehr handlungsfähig und möglicherweise auch nicht mehr am Leben. Bernadotte reagierte kühl. Er könne Himmlers Wünschen sowohl aus sachlichen wie aus persönlichen Gründen nicht entsprechen. Himmler, der sich zu diesem Zeitpunkt in der Wahnvorstellung befand, er allein sei für die Alliierten der Garant für eine möglichst schnelle Wiederherstellung geordneter Verhältnisse in Deutschland, und deshalb werde man auf ihn und seine Dienste nicht verzichten können, insistierte und wollte wissen, um welche persönlichen Gründe es sich handele, denn gegenwärtig sei er allein auf deutscher Seite der Inhaber realer Macht. Bernadotte gab ihm eine ausweichende Antwort: Es gehe nicht um die Machtverhältnisse, sondern um andere Hinderungsgründe. Erst jetzt begriff Himmler, dass diese Gründe in seiner Person lagen.

Um dem Treffen eine halbwegs konstruktive Wende zu geben, brachte Bernadotte nun seine Befürchtungen zur Sprache, es werde noch zu einem Kampf um Dänemark und Norwegen kommen, und fragte Himmler und Schellenberg, ob sie zu dem Versuch bereit seien, das zu verhindern. Beide bejahten dies. Im Gegenzug erklärte Bernadotte sich bereit, Himmlers Vorschläge für eine Teilkapitulation gegenüber den Westmächten an die Vertretungen der Vereinigten Staaten und Großbritanniens in Stockholm weiterzuleiten. Die alliierten Diplomaten erhielten die entsprechenden Papiere.

„Wir zählten die Stunden"
Die Front ist in Hamburg

In der „Hamburger Zeitung", der „Kriegsarbeitsgemeinschaft" der drei Tageszeitungen „Hamburger Anzeiger", „Hamburger Fremdenblatt" und „Hamburger Tageblatt", erschien am 26. April 1945 der folgende, erkennbar zur Beschwichtigung der Bevölkerung verfasste Beitrag über die Lage in der Hansestadt:

„Die dem Hamburger von jeher nachgerühmte Ruhe und Besonnenheit hat sich in diesen Tagen angesichts der Tatsache, dass wir nun in unserer Stadt an der Front leben, erneut bewährt. Als am Freitagvormittag kurz nach elf Uhr der näher gerückte Feind die ersten Granaten auf Randbezirke des Stadtgebietes südlich der Elbe streute, dabei eine alte ländliche Mühle in Brand schoss und eine umgehende Antwort aus deutschen Geschützen erhielt, ging in den meisten Teilen der Stadt das Leben unverändert weiter. Als es sich dann herumgesprochen hatte, was diese Schüsse zu bedeuten hatten, da hatten die aus den zurückliegenden Kriegsjahren und dem Luftkrieg mit ganz anderen artilleristischen Lautstärken vertrauten Hamburger auch schon den richtigen Maßstab für die neuen und nur im ersten Augenblick

ungewohnten Äußerungen des neuen Kriegsalltags gefunden … Was den weniger berechenbaren Artilleriebeschuss angeht, so müssen wir es auf die jeweils ersten Schüsse, von denen außerdem in der Regel nicht jeder Schuss trifft, ankommen lassen und uns dann darüber klar sein, dass in dem gefährdeten Gebiet bei einsetzendem Beschuss der Keller oder Luftschutzraum der sicherste Aufenthaltsraum sind. Wird man vom Beschuss unterwegs überrascht, oder will man in den Feuerpausen aus dringenden Gründen seinen Weg fortsetzen, so bewege man sich an der Hinterhangseite der Häuser, das heißt an der Straßenseite, die im Feuerschatten liegt. Wer noch unsicher in diesen Dingen ist, halte sich an die, die aus diesem oder dem vorigen Kriege ihre Erfahrungen über das Verhalten bei Artilleriebeschuss haben."

Ganz andere Probleme hatte in den letzten Apriltagen 1945 der Kreis um die beiden Schifffahrtsexperten Dr. Heinrich Riensberg und Georg Ferdinand Duckwitz, der sich die kampflose Übergabe Hamburgs an die britischen Streitkräfte zum Ziel gesetzt hatte. Duckwitz, später

Staatssekretär im Bonner Auswärtigen Amt, erinnerte sich an diese dramatischen Tage, in denen er mit Riensberg und anderen Vertrauten in Stockholm und Hamburg auf Reaktionen aus London wartete – Antworten auf die dringenden Vorstellungen dieses Kreises, die Bombenangriffe auf deutsche Städte endlich einzustellen und militärische Rahmenbedingungen für eine möglichst rasche deutsche Kapitulation herzustellen: „Wir zählten nicht mehr die Tage, wir zählten die Stunden. Niemals vergingen die Tage so langsam, und niemals wurden uns die Nächte so lang. Wir fluchten, und wir beteten; wir schimpften, und wir hofften. Es ging ja nicht nur um unser armseliges Schicksal, es ging um viel mehr. Wir wussten es, und wir konnten doch nichts tun, um den Gang des Schicksals zu beschleunigen. Die abenteuerlichsten Pläne wurden geboren und wieder verworfen. Unser Tatendrang stand im verzweifelten Gegensatz zu der uns aufgezwungenen Passivität."

Zu den Voraussetzungen für ein schnelles Ende der Kampfhandlungen in Norddeutschland gehörte nach Auffassung des „Kapitulationskreises" der rasche Vorstoß der Briten zur Ostseeküste und insbesondere die Besetzung Lübecks, um der Roten Armee den Weg nach Schleswig-Holstein und nach Dänemark zu verlegen. Übermittler dieser von Tag zu Tag drängender formulierten Botschaften an die Adresse der britischen Regierung waren die beiden schwedischen Großbankiers Jacob und Marcus Wallenberg und der britische Botschafter in Stockholm, Sir Victor Mallet. Doch im Londoner Foreign Office ließ sich der zuständige Abteilungsleiter C. W. Harrison Zeit. Premierminister Winston Churchill fand den Vorgang sehr viel interessanter, und er handelte sofort, als ihm die Unterlagen vorgelegt wurden: Er schaltete seinen Militärberater, General Ismay, ein und schrieb ihm dazu, wie die einschlägigen Akten im Londoner „Public Record Office" ausweisen: „Ich setze voraus, dass die Stabschefs demgemäß verfahren und dass General Eisenhower auch informiert ist." Die Akte trägt Churchills Paraphe W.S.C. und das Datum 19.4.45. Der britische Kriegspremier war von steigendem Misstrauen gegenüber den wahren Zielen Stalins erfüllt und drängte unverzüglich auch seinen Außenminister Anthony Eden: Es sei äußerst wichtig, dass die Verbände des Feldmarschalls Montgomery so schnell wie möglich Lübeck besetzten, um zu verhindern, dass die Russen Dänemark eroberten.

Doch auch die nächsten Vorstöße des „Kapitulationskreises" in Hamburg und Stockholm, der angesichts der am südlichen Elbufer verharrenden britischen Streitkräfte immer ungeduldiger zur Eile drängte, wurden auf britischer Seite routinemäßig behandelt: Botschafter Sir Victor Mallet berichtete, Abteilungsleiter Harrison bearbeitete, Premier Winston Churchill las und drängte, die Stabschefs erhielten Kopien. Eisenhower und Montgomery wurden informiert. Nur die Brüder Wallenberg und ihre Konfidenten Riensberg und Duckwitz blieben ohne Antwort. Im Londoner Foreign Office empfahl Abteilungsleiter Harrison stattdessen vorsichtig: „Ich denke, wir sollten gegenwärtig die Russen außen vor lassen, jedoch unsere Botschaft in Washington ermächtigen, das State Department (das Außenministerium der USA, d.Verf.) zu informieren."

Am 27. April trafen im Foreign Office zwei neue Telegramme aus Stockholm ein. Sie zeigten, dass Botschafter Sir Victor Mallet längst begriffen hatte, was auf dem Spiel stand, und Verständnis für die Ungeduld auf deutscher Seite hatte. Der Botschafter kabelte, der „Kapitulationskreis" in Hamburg könne „nicht verstehen, warum wir zögernd vorrücken, und argwöhnt, wir warteten darauf, dass die Russen die Elbe erreichten. In einem solchen Fall ist er bereit, weiterzukämpfen ... Er befürchtet, dass sein Code bald entschlüsselt sein wird, und ist zutiefst beunruhigt über unser Zögern, auf

Lübeck vorzurücken. Heute morgen wurde eine weiterte Nachricht empfangen, worin der Informant in Deutschland bittet, bis zum 28. April mittags darüber benachrichtigt zu werden, ob er versuchen sollte, diese Verbindung aufrechtzuerhalten. Er fügt hinzu, dass sein eigenes Leben in Gefahr geraten ist und dass darüber hinaus Gefahr besteht, dass die ‚Kapitulationsgruppe' enttarnt wird."

Die Antwort aus London ging am 29. April bei Sir Victor Mallet in Stockholm ein. Sie war niederschmetternd. Das für die militärischen Operationen der westlichen Alliierten zuständige und verantwortliche Hauptquartier des Obersten Befehlshabers, General Dwight D. Eisenhower, wolle „gegenwärtig nichts unternehmen, da es die Verbindung als unzuverlässig und (Gauleiter, d. Verf.) Kaufmanns Handlungsspielraum als fragwürdig ansieht."

Der Botschafter solle aber, „wenn möglich", den Kontakt zum Hamburger „Kapitulationskreis" aufrechterhalten.

Sir Victor war über das Telegramm aus London entsetzt und beschloss, sich mit dieser Reaktion nicht zufrieden zu geben. Der Diplomat schickte ein neues Telegramm: „Die Meinung hier unter den am besten informierten Schweden ist, dass, wenn russische Verbände vor uns nach Kiel gelangen, die Deutschen in Dänemark heftig Widerstand leisten werden. Wenn jedoch britische Verbände Dänemark abschneiden, werden die Deutschen dort wahrscheinlich bald kapitulieren, und dies wird auf Norwegen übergreifen. Alles deutet hier darauf hin, dass die Deutschen derartig beeindruckt sind über das, was vom Verhalten der Roten Armee erzählt wird, vor allem hinsichtlich ihrer Frauen, dass sie ihr gegenüber Widerstand bis zum letzten leisten werden."

Am folgenden Tag, Montag, 30. April, konnten die Menschen in der Hansestadt, die nun Frontgebiet geworden war, der „Hamburger Zeitung" entnehmen, dass die alliierten Militärs endlich begriffen hatten, was auf dem Spiel stand. Die Schlagzeile lautete: „Elbübergang bei Lauenburg". Zur „Lage im Raum Hamburg und den benachbarten Räumen" teilte die „zuständige militärische Kommandobehörde" der Wehrmacht mit: „Im Abschnitt Lauenburg seit dem

29. April 1945: Britische Panzer rollen durch Lauenburg.

28. April, 23 Uhr, starkes feindliches Artilleriefeuer bei Artlenburg, westlich von Lauenburg. Am Sonntag, dem 29. April, um 5.30 Uhr hat der Gegner, unterstützt durch Granatwerferfeuer, die Elbe überschritten. Im Laufe des Tages fühlte der Gegner auf Krümmel, Grünhof, Gülzow und Lütau vor." Es war Montgomerys Operation „Enterprise" – der Angriff des britischen VIII. Korps mit der 15. schottischen Infanteriedivision an der Spitze über die Elbe bei Lauenburg.

Ebenfalls am 30. April kabelte Sir Victor Mallet eine neue Botschaft nach London, die offenkundig mit Verantwortlichen auf deutscher Seite abgesprochen war: „Hamburg hat eine Aufforderung von einem Lyne erhalten, der die Stadt aufruft, zu kapitulieren. (Generalfeldmarschall, d.Verf.) Busch weiß nicht, wer Lyne oder was dessen Rang ist, aber notfalls würde er vermutlich kapitulieren. Er meint, es sei besser, abzuwarten, bis Dänemark durch unseren Vorstoß auf Lübeck abgeschnitten ist, denn dies würde es Busch ermöglichen, die Kapitulation Schleswig-Holsteins ebenfalls zu befehlen. Es gibt keine ernsthafte Absicht zu kämpfen, sondern nur den Wunsch, eine ordnungsgemäße Kapitulation in die Wege zu leiten …"

Der Generalfeldmarschall sollte sehr schnell erfahren, wer „Lyne" war, und welchen Rang dieser Gegner hatte.

Kampf oder Kapitulation
„Wie verhält man sich als Parlamentär?"

Ein Kinderarzt erbat sich Rat von einem Völkerrechtler.

Am Sonnabend, dem 28. April 1945, erschien in der Wohnung des international renommierten Juristen Professor Dr. Rudolf von Laun am Woldsenweg 11 in Eppendorf der Stabsarzt Professor Dr. Hermann Burchard. Die Herren hatten eine dringliche Frage zu besprechen: Wie verhält man sich als Parlamentär? Burchard, als „Divisionsarzt Süd" des Volkssturms in Harburg eingesetzt, benötigte eine schnelle Antwort. Denn das Volkssturm-Reservelazarett, das er Ende 1944 in den Kellern der Harburger Phoenix-Werke eingerichtet hatte, war in den letzten Tagen durch britische Artillerie beschossen worden. Zum Schutz der deutschen Verwundeten und auch einiger britischer Soldaten, die verletzt in deutsche Gefangenschaft geraten waren, hatte Burchard auf dem Dach des Verwaltungsgebäudes ein großes rotes Kreuz anbringen lassen – eine Maßnahme, mit der der Chef des Unternehmens, Generaldirektor Albert Schäfer, ganz und gar nicht einverstanden gewesen war: Er befürchtete angesichts der in einigen Teilbereichen noch aufrechterhalte-

nen Produktion einen Verstoß gegen die Genfer Konvention. Es kam zu einem scharfen Zusammenstoß, bei dem Burchard Schäfer vorwarf, er bringe umgekehrt die Verwundeten im Lazarett in größte Gefahr, weil er im Werk weiterarbeiten lasse.

Der Streit ging ins Persönliche, bis schließlich Dr. Werner Lochmann, Leitender Arzt des Volkssturms, als Ausweg vorschlug, den Feind durch Parlamentäre zu ersuchen, das Lazarett und damit auch das Werk nicht weiter zu beschießen. Burchard und Schäfer gingen sofort darauf ein und erklärten sich zugleich bereit, sich an einem solchen humanitären Unternehmen zu beteiligen. Über die Rechte und Pflichten eines Parlamentärs nach dem Kriegsvölkerrecht aber konnte niemand kompetenter Auskunft geben als Professor Rudolf von Laun, ein Gelehrter von weltweitem Ruf. Er gab die erbetenen Ratschläge und machte den Besucher mit einem seiner Söhne, dem Leutnant Otto von Laun, bekannt, der mit seiner Einheit erst vor einigen Tagen aus Holland in die Hansestadt verlegt worden war und nun zum Stab des Kampfkommandanten Generalmajor Wolz gehörte. Der Leutnant, ein examinierter

Militärdolmetscher, erbot sich, Burchard zu begleiten, falls der Kampfkommandant dies genehmige.

Stabsarzt Burchard handelte unverzüglich. Er suchte zunächst Generalmajor Wolz auf und trug seinen Plan vor. Wolz sah darin auch die Chance, eine Verhandlungslinie zum Feind zu eröffnen, gab seine Zustimmung und ließ die Parlamentäre noch am selben Abend mit Sonderausweisen ausstatten, die sie bevollmächtigten, mit den zuständigen britischen Stellen über die Verschonung des Lazaretts in den Phoenix-Werken von weiterem Artilleriebeschuss zu verhandeln. Es war also ein eng begrenzter Auftrag. Burchard sollte die Delegation leiten, Schäfer wurde als ortskundiger Sachverständiger und Leutnant von Laun war als Dolmetscher aufgeführt.

Am nächsten Morgen, es war Sonntag, der 29. April, stiegen Burchard und von Laun vor dem Gefechtsstand des Kampfkommandanten an der Rothenbaumchaussee in einen Wagen der Wehrmacht und fuhren nach Harburg, wo zur Verblüffung von Launs Phoenix-Generaldirektor Schäfer zustieg – Burchard hatte ihn darüber nicht informiert. Während 50 Kilometer östlich, nahe Lauenburg, britische Einheiten über die Elbe nach Norden vorstießen, fuhr die Delegation aus Hamburg auf der Bremer Chaussee,

der heutigen B 75, nach Süden. Bei Appelbüttel erreichte sie die deutschen Linien und meldete sich bei dem örtlichen Kommandeur, dem SS-Sturmbannführer Peinemann, der die Kampfgruppe „Panzerteufel" befehligte.

Der SS-Offizier wies die drei Parlamentäre in den Frontverlauf ein, sicherte ihnen zu, dass die Bremer Chaussee, in deren Verlauf sie die feindlichen Linien zu erreichen hofften, bis in das Niemandsland hinein nicht vermint sei und auch nicht vermint werde, und ließ sie über den Panzergraben und durch die eigenen Sperren geleiten. Durch eine große weiße Fahne in den Händen des Leutnants von Laun als Parlamentäre gekennzeichnet, gingen die drei Unterhändler auf der Chaussee auf die englischen Linien zu, wichen streckenweise, um weiterhin gesehen zu werden, auf einen Acker neben der Straße aus und wurden plötzlich südlich von Lürade beschossen. Daraufhin setzten sie ihren Weg auf der Chaussee fort und wollten in einem Gehöft Schutz suchen, als britische Soldaten aus einem nahen Gebüsch hervorstürmten und sie mit schussbereiten Waffen umringten. Der Leutnant trug immer noch die weiße Fahne, und der Stabsarzt hatte laut gerufen, man komme als Parlamentäre – es half wenig.

Die drei Deutschen wurden wie

Die Parlamentäre Hermann Burchard, Albert Schäfer und Otto von Laun

Gefangene zur nächsten britischen Feldwache geführt. Der Leutnant, dem die Dienstpistole abgenommen wurde, verlangte sogleich eine Erklärung dafür, weshalb trotz deutlich sichtbarer weißer Fahne auf die Delegation geschossen worden war. Die britischen Soldaten suchten das mit dem Hinweis zu rechtfertigen, in der vorangegangenen Nacht habe die SS eine weiße Fahne zu einem Spähtrupp-Unternehmen missbraucht, und auf britischer Seite habe man geglaubt, dies wiederhole sich jetzt. Dies sei der alleinige Grund für die Schüsse.

Stabsarzt Professor Burchard erläuterte seinen Auftrag und verlangte nachdrücklich, zu einem höheren Stab gebracht zu werden. Der junge Offizier, dem er dies vortrug, war dazu zunächst nicht bereit und gedachte, die deutsche Delegation zurückzuschicken. Als Burchard energisch auf seiner Forderung bestand, gab der Offizier nach, telefonierte und ließ die drei Deutschen mit verbundenen Augen zum Gefechtsstand des 1st/5th Bataillon „The Queens Regiment" an der westlichen Ortsgrenze von Tötensen fahren.

Nachdem den drei Parlamentären im Inneren des Gebäudes die Augenbinden abgenommen worden waren, wurde Burchard in einen großen Raum gerufen, nach wenigen Minuten jedoch hinausgeworfen – er hatte dem anwesenden britischen Major dienstlich korrekt, aber höchst undiplomatisch den seit dem 21. Juli 1944 in der Wehrmacht vorgeschriebenen „Deutschen Gruß" mit erhobenem Arm entboten. Der Major fühlte sich provoziert und jagte Burchard mit einem lauten Schrei ins Freie. Die Briten ließen die drei Emissäre zu-

An diesem Tisch im Gasthof „Hoheluft" wurden die Verhandlungen geführt.

nächst warten. Dann wurde von Laun hereingerufen. Er beschränkte sich auf ein leichtes Kopfnicken als Gruß und trug dann den Auftrag der Delegation vor. Das Klima war äußerst kühl. Der Major lehnte das Ersuchen ab, die Bitte um Verschonung des Lazaretts von weiterem Artilleriebeschuss weiterzuleiten. Es entspann sich ein gereizter Wortwechsel, in dessen Verlauf der Major kategorisch erklärte, die deutsche Artillerie habe Lazarette auch nicht geschont, und die Deutschen müssten ihre Verwundeten eben anderweitig unterbringen. Gerade noch rechtzeitig besann von Laun sich darauf, dass sich in dem Harburger Lazarett auch verletzte britische Kriegsgefangene befanden, die ihm Briefe zur Weiterleitung an ihre Familien mitgegeben hatten. Dieser Hinweis stimmte den Major um. Er rief seine vorgesetzte Dienststelle an und erhielt den Befehl, die Parlamentäre unverzüglich weiterzuleiten.

Burchard, Schäfer und von Laun wurden erneut die Augen verbunden. Nach stundenlanger Fahrt auf einem Armeelastwagen, die sie auch durch Jesteburg führte, wurden ihnen in einem geräumigen Gebäude die Augenbinden abgenommen. Captain Thomas Martin Lindsay, Feindlage-Offizier der britischen 7. Panzerdivision, deren Gefechtsstand sich hier befand, nahm die Deutschen sehr höflich in Empfang und geleitete sie in ein Zimmer im ersten Stock. Den Parlamentären wurden Speisen, Getränke und Zigaretten angeboten. Burchard betrachtete eine Tasse genauer, entdeckte den Schriftzug „Hoheluft" und wusste, wo er sich befand

– im Gasthaus „Hoheluft" in der Nähe von Meilsen, direkt an der Bremer Chaussee.

Die Verhandlungen über die Schonung des Lazaretts in Harburg verliefen zügig. Das Klima war zuvorkommend und konstruktiv. Leutnant von Laun übergab die Briefe der verwundeten britischen Kriegsgefangenen. Dann zog Schäfer Pläne der Phoenix-Werke hervor, auf denen die Lage des Lazaretts eingezeichnet war, und versicherte, es gebe keinerlei kriegswichtige Produktion. Lindsay reagierte positiv und versprach, für eine Schonung des Lazaretts zu sorgen, forderte aber als Gegenleistung die Entfernung von Flakgeschützen zur Sicherung der Elbbrücken. Die Parlamentäre sagten das auf eigene Faust zu und erwarteten erleichtert, nunmehr die Rückfahrt zu den deutschen Linien antreten zu können. Doch es kam zunächst ganz anders.

Rettung in letzter Minute
Die Briten empfangen die Unterhändler

Captain Thomas Martin Lindsay war so höflich wie hartnäckig. Der Feindlage-Offizier im Stab der britischen 7. Panzerdivision, im Zivilberuf Musikprofessor in Oxford, ließ die drei Parlamentäre aus Hamburg von Soldaten bewirten. Auch bot er ihnen in fließendem Deutsch an, als Gegenleistung für die empfangenen Briefe britischer Verwundeter im Harburger Lazarett Briefe der drei Deutschen weiterzuleiten. Phoenix-Chef Albert Schäfer machte davon gern Gebrauch – Frau und Kinder befanden sich auf einem Bauernhof in der Nähe von Hanstedt, im bereits britisch besetzten Gebiet. Und auch der Stabsarzt Burchard nutzte die Gelegenheit: Ihm unterstand das Ausweich-Krankenhaus in Wintermoor, das ebenfalls hinter den britischen Linien lag.

Lindsay ließ beide Briefe noch am selben Tag durch Kradmelder zustellen. Nur eines tat er nicht: Er machte keine Anstalten, der Delegation die Rückkehr in die Hansestadt zu ermöglichen. Stattdessen suchte er mit jedem der drei Parlamentäre das Gespräch unter vier Augen – zunächst mit Leutnant Otto von Laun: Aus seinem Soldbuch, so begann Lindsay die

Unterredung, gehe hervor, dass nur er zum Stab des Hamburger Kampfkommandanten Generalmajor Wolz gehöre. Das gebe ihm Veranlassung zu der Frage, ob die Vernunft es nicht gebiete, die Hansestadt kampflos, aber mit militärischen Ehren, der britischen 7. Panzerdivision zu übergeben, um sinnlose Opfer zu vermeiden.

Dann wurde der Captain konkreter und stellte im Auftrag seines Divisionskommandeurs, Generalmajor Lyne, die Frage, ob der Kampfkommandant in Hamburg nach seiner, von Launs, Beurteilung einer Aufforderung zur Kapitulation entsprechen würde. Der Leutnant antwortete mit einer Gegenfrage: „Was ist in dieser Situation konkret unter einer Kapitulation mit militärischen Ehren zu verstehen?"

Lindsay: „Nun, Hamburg könnte nach schwerem Artilleriefeuer kapitulieren, sodass niemand dem Kampfkommandanten daraus einen Vorwurf machen könnte."

Leutnant Otto von Laun dachte an den eng begrenzten Auftrag der Delegation und fand, er gerate in eine schwierige Situation. Diplomatisch entgegnete er, über die Einstellung des Kampfkommandanten wisse er zu wenig, da er erst seit ein paar Tagen zu dessen Stab gehöre. Deshalb könne er zu dieser Frage auch nur seine persönliche Meinung sagen, und die sei: Jedenfalls zum gegenwärtigen Zeitpunkt könne Generalmajor Wolz aus politischen Gründen einer Kapitulationsaufforderung keinesfalls Folge leisten. Jedoch halte er den Kampfkommandanten für sehr realistisch, und unter diesem Gesichtspunkt sei er überzeugt, dass Wolz nur das tun werde, was als militärisch vernünftig angesehen werden könne.

Captain Lindsay nahm das mit Interesse zur Kenntnis und ging noch einen Schritt weiter. Er fragte von Laun rundheraus, ob er bereit sei, dem Kampfkommandanten eine schriftliche Kapitulationsaufforderung zu überbringen. Der Leutnant verwies auf die eng begrenzte Verhandlungsvollmacht der Parlamentäre, die sich nur auf die Verschonung des Harburger Lazaretts erstrecke, und lehnte Lindsays Ersuchen ab, bot aber im Gegenzug an, persönlich einen britischen Parlamentär zu Wolz zu geleiten, und verbürgte sich für dessen korrekte Behandlung.

Der Captain wollte das nicht allein entscheiden, nahm mit seinem Divisionskommandeur Rücksprache, und dessen Reaktion war negativ. Immerhin kam es zu einer Absprache, nach der von Laun dem Kampfkommandanten die Kapitulationsaufforderung

mündlich überbringen sollte. Auch wurde für einen Frontabschnitt in der Nähe von Meckelfeld eine 48-stündige Waffenruhe vereinbart, damit Parlamentäre beider Seiten ohne Gefahr durch die gegnerischen Linien gelangen konnten.

Das nächste Einzelgespräch führte Lindsay, allerdings ohne Hoffnung auf sonderlichen Erfolg, mit Burchard, von dem die Engländer nicht nur wegen seines zwar dienstlich korrekten, aber im Übrigen undiplomatischen Auftretens in der Anfangsphase dieser humanitären Aktion den Eindruck gewonnen hatten, er sei ein ziemlich linientreuer Nazi. Der Stabsarzt zeigte sich völlig unzugänglich, bestand auf seinem begrenzten Verhandlungsauftrag und lehnte jedes darüber hinaus gehende Gespräch mit Nachdruck ab.

Lindsay war sich sehr wohl darüber im Klaren, dass von Laun und Burchard sich insoweit völlig korrekt verhalten hatten, und versuchte nun, seinem Ziel, der Kapitulation Hamburgs, in einem Vier-Augen-Gespräch mit dem Phoenix-Generaldirektor Albert Schäfer näher zu kommen, der als „ortskundiger Sachverständiger" zwar Mitglied der Delegation, aber nicht in die militärische Hierarchie eingebunden war, also auch nicht unter dem Zwang stand, Befehlen gehorchen zu müssen. Schäfer konnte demzufolge sehr viel aufgeschlossener reagieren und tat das auch. Lindsay schilderte ihm die militärische Lage, insbesondere im Hinblick auf die Stadt Hamburg, und hielt ihm das Beispiel Bremens vor, das nicht kampflos übergeben, sondern von britischen Truppen erobert worden sei. Der Widerstand der deutschen Wehrmacht sei sinnlos geworden. Solange er fortgesetzt werde, komme es zu Verlusten. Auf britischer Seite sei man nicht länger bereit, immer noch das Leben der eigenen Soldaten aufs Spiel setzen zu müssen. Hamburg stehe vor der Entscheidung, entweder sehr kurzfristig zu kapitulieren oder durch alliierte Bomberflotten endgültig dem Erdboden gleichgemacht zu werden.

Nachdem er Schäfer diese Alternative vor Augen geführt hatte, erkundigte Lindsay sich detailliert nach der Stimmung in der Bevölkerung, nach der Lagebeurteilung der führenden Männer in der Stadt und speziell nach der Haltung des Gauleiters Kaufmann. Schäfer gab bereitwillig Auskunft: Die Bevölkerung sei kriegsmüde und wünsche nichts sehnlicher als ein Ende des Blutvergießens. Das gelte auch für die leitenden Persönlichkeiten in der Stadt. Was Kaufmann betreffe, so habe der Gauleiter vor einigen Tagen gegenüber Wirtschaftsführern zu erkennen gegeben, dass er nicht gegen die wohlverstandenen Interessen der Be-

völkerung handeln werde, und dies sei wohl so zu interpretieren, dass er an eine ernsthafte Verteidigung der Festung Hamburg nicht denke.

Nach diesem Gespräch sahen sich die drei Parlamentäre abermals in ihrer Hoffnung getäuscht, nun zurückkehren zu können. Stattdessen wurde ihnen ein geräumiges Zimmer zugewiesen. Sie erhielten reichlich Verpflegung, Getränke, Zigaretten, Lektüre, Spielkarten und Bettzeug. Ein britischer Posten trat ins Zimmer, zog sich aber bald auf den Flur zurück. Die Behandlung blieb höflich. Ein Offizier und ein Unteroffizier schauten hin und wieder herein und erkundigten sich nach eventuellen Wünschen. Mittlerweile war es später Nachmittag. Burchard, Schäfer und von Laun sprachen über den bisherigen Verlauf dieses Tages, auch über ihre jeweiligen Unterredungen mit Captain Lindsay, und in diesem Zusammenhang äußerte Schäfer sich, wenn auch vorsichtig, über die britische Kapitulationsaufforderung. Das führte zu einem für die Lage bezeichnenden Eklat: Burchard als Delegationsleiter warf Schäfer erregt Eigenmächtigkeit vor. Er habe den klar definierten Verhandlungsauftrag weit überschritten.

Captain Lindsay ließ sich erst am frühen Abend wieder blicken. Er eröffnete den Parlamentären, da ihnen die Augen nicht unmittelbar nach

Überschreiten der britischen Linien verbunden worden seien, sondern erst nach einer Wegstrecke von drei Kilometern, hätten die beiden Offiziere Burchard und von Laun militärisch wichtige Informationen über die britischen Stellungen gewinnen können, und deshalb sei ihre Rückkehr zur Zeit noch nicht möglich. Schäfer hingegen könne, da er Zivilist sei, am nächsten Tag den Rückweg antreten.

Burchard entgegnete, Lindsays Argumente seien unzutreffend. Die Augen seien den drei Parlamentären bereits nach wenigen hundert Metern verbunden worden. Doch sein mündlicher Protest blieb fruchtlos, und so wiederholte er ihn schriftlich: Als Delegationsleiter schrieb er dem britischen Generalmajor Lyne einen Brief, in dem er um seine und von Launs unverzügliche Entlassung ersuchte und sich zugleich verpflichtete, nach der Rückkehr keinerlei Informationen über seine – ohnehin nur unbedeutenden – militärischen Wahrnehmungen zu geben. In einem zweiten Brief an Wolz, den Schäfer am nächsten Tag mitnehmen sollte, informierte der Stabsarzt den Kampfkommandanten über die „erfolgte Übermittlung des Auftrages", jedoch „werden wir noch festgehalten wegen einer technischen Schwierigkeit. Es geht uns gut, und wir werden zuvorkommend behandelt. Die Rücksendung wird vermutlich bald erfolgen."

Am nächsten Morgen bat Captain Lindsay den Phoenix-Generaldirektor um ein weiteres Gespräch unter vier Augen, dessen Verlauf Schäfer im Januar 1947 in einem Brief schilderte: „Ich wurde dann von dem Herrn (Lindsay, d. Verf.) über den Hof in ein dort stehendes Zelt geführt. In diesem Zelt eröffnete er mir, dass während der Nacht Verhandlungen mit dem britischen Hauptquartier stattgefunden hätten und dass er einen Brief habe, den er mir anvertrauen wolle und den ich mit Sicherheit dem Kampfkommandanten, Herrn General Wolz, überbringen müsse. Es war die formelle Aufforderung zur kampflosen Übergabe der Hansestadt."

Dieser Brief hatte folgenden Wortlaut:

„Der Kommandeur der alliierten Truppen

O.U., den 29. April 1945
Herrn Generalmajor Wolz
Kampfkommandant von Hamburg
Herr General!

1. Der Reichsführer-SS hat schon den Alliierten im Westen eine bedingungslose Kapitulation angeboten. Dieses Angebot ist durch Graf Bernadotte in Stockholm gemacht worden.

2. Vor dem Angriff auf Bremen forderten wir die Übergabe der Stadt. Da dieses Angebot abgeschlagen worden ist, gab es keinen Ausweg, als mit Artillerie und Luftstreitkräften anzu-

greifen. Bremen ist innerhalb von 24 Stunden gefallen, nicht ohne viel unnötiges Blut zu vergießen.

3. Herr General, im Namen der Menschlichkeit verlangen wir die Übergabe von Hamburg. Ihnen als Soldat kann keine Schmach daraus erwachsen, wenn Sie dem Beispiel berühmter Deutscher Generäle folgen – z.B. Gen.d.Pz.Tr. Josef Harpe, Befehlshaber der 5. Pz Armee, sowie Genlt. Fritz Bayerlein, Befehlshaber des LIII. Armeekorps und vieler anderer, die sich mit ihren Truppen zusammen ergeben haben. Von dem politischen Standpunkt, dem Beispiel des Reichsführers SS folgend, kann keine Rede von Ehrlosigkeit auf Sie zurückfallen.

4. Wir bitten Sie deshalb, Herr General, einen als Parlamentär bevollmächtigten Offizier in unsere Linien zu senden. Unseren Truppen in der HKL ist schon bekanntgegeben, ihn zu erwarten und nicht auf ihn zu schießen. Er wird im Sinne des Genfer Abkommens behandelt und nach der Besprechung wieder in die eigene Linie geführt. Nachdem eine Übereinstimmung erreicht worden ist, werden die drei Parlamentäre, die zuvor zur Regelung der Lazarettfrage gekommen sind, freigelassen, um sich dann dahin begeben zu können, wohin sie wollen.

5. Die Bevölkerung von Hamburg kann ihren ersten Großangriff von über 1000 schweren Bombenflugzeu-

gen nicht leicht vergessen haben. Wir verfügen jetzt über einen fünf- bis zehnmal stärkeren Bomberverband, der von nahen Flugplätzen heranfliegt. Nach dem Krieg will das Deutsche Volk leben und muss ernährt werden: je mehr die Hafenanlagen von Hamburg beschädigt sind, um so leichter sind die Möglichkeiten für eine Hungersnot in Deutschland vervielfacht.

6. Im Falle einer Verweigerung dieses Angebotes haben wir keine Wahl, als Hamburg mit allen uns zur Verfügung stehenden Streitkräften anzugreifen.

L.O.Lyne
Generalmajor"

Der Briefumschlag trug die Aufschrift:
    „DRINGEND
    Generalmajor Wolz
    Kampfkommandant von Hamburg"

In dem Bericht Schäfers vom Januar 1947 heißt es weiter: „Er (Lindsay, d. Verf.) gab mir noch die mündliche Erklärung dazu ab, dass die britische Militärregierung kurzfristig jeden Moment bereit sei, in mündliche Verhandlungen einzugehen. Dann wünschte er mir Glück zu dieser Friedensmission, schenkte sich und mir ein Glas Whisky ein, welches wir dann auf baldiges Gelingen der Kapitulationsverhandlungen leerten. Zum

Generalmajor L. O. Lyne (2. von rechts) erörtert mit seinen Stabsoffizieren die Lage.

Schluss erklärte er mir, dass er mich selbst bis an die Linie fahren werde, bat um Entschuldigung, dass er leider verpflichtet wäre, mir die Augen zu verbinden, ließ mich aber nicht von einem Soldaten berühren, sondern verband mir die Augen selbst und fuhr mich dann persönlich zurück in die Kampflinie. Er stellte mich alsdann auf die Straße, nahm mir die Binde ab und reichte mir eine Zigarette. Dann gab er mir die weiße Fahne, klopfte auf meine Schultern und sagte: ‚Nehmen Sie sich aber vor Ihren eigenen deutschen Minen in acht, welche überall auf Ihrem Wege zu den deutschen Linien gelegt sind.' Ich bin dann mit äußerster Vorsicht, mich vor der Berührung mit jedem Draht hütend, den Weg zwischen den beiden Linien zurückgegangen und wurde auf der anderen Seite von einem deutschen Posten in Empfang genommen."

Den Brief des Generalmajors Lyne an den Generalmajor Wolz und ein Schreiben Lindsays an Wolz, in dem der Captain die mündliche Zusage zur Schonung des Ortslazaretts in Harburg noch einmal formell bestätigte, hatte Schäfer unter der Einlegesohle seines Schuhs versteckt – aus Sorge, auf deutscher Seite könne irgendein von Durchhalte-Parolen beeinflusster Offizier diese Papiere bei einer überraschenden Kontrolle finden und vernichten.

Es war Montag, der 30. April, 11 Uhr vormittags.

In der Hansestadt hatte an diesem Tag der Stab des Kampfkommandanten Generalmajor Wolz Folgendes mitzuteilen (ein entsprechender Bericht erschien am nächsten Tag in der „Hamburger Zeitung", der kriegsbedingten Gemeinschaftsausgabe der drei Hamburger Tageszeitungen):

„Der feindliche Brückenkopf bei Lauenburg wurde nicht wesentlich erweitert. Der Feind stößt über Schwarzenbek in Richtung Trittau vor. Geesthacht und Worth sind in Feindeshand. Gestern nachmittag sind im Raum Bleckede-Boizenburg auf dem rechtselbischen Ufer feindliche Luftlandetruppen mit Lastenseglern gelandet, unter anderem bei Bahlen, Gothmann und Blücher. Es handelt sich um Teile einer nordamerikanischen Luftlande-Division. Im Raum südlich Harburg wurden Truppenbewegungen des Gegners in west-östlicher Richtung entsprechend den Schwerpunktbildungen an der Elbe bei Lauenburg und weiter östlich festgestellt. Unter den nachgeschobenen Einheiten befinden sich auch ka-

nadische Truppen aus dem Raum westlich der Weser."

Weiter erfuhren die Leser der „Hamburger Zeitung":

„Nachdem der Gegner bei Tespe eine zweite Pontonbrücke geschlagen hat, reicht der Brückenkopf an der Elbe im Abschnitt Lauenburg von Krümmel bis zum Elb-Trave-Kanal. Die Orte Hamwarde, Kollow, Lütau, Schwarzenbek und Basedow begrenzen ihn gegen Osten. Mit wenigen Panzern fühlte der Feind nach Nordwesten auf Geesthacht vor. Weiteres Vordringen des Gegners am Elb-Trave-Kanal wurde durch eigene Gegenangriffe verhindert. Es kann angenommen werden, dass der Gegner nach Fertigstellung der zweiten Brücke Panzereinheiten in den Brückenkopf nachschiebt und mit Schwerpunkt nach Norden und mit schwächeren Teilen nach Nordwesten anzugreifen versucht. Südlich Hamburg dauerte Granatwerfer- und Artillerie-Störungsfeuer an. Zwischen Weser und Elbe besetzte der Feind am 29. April mit starken Infanteriekräften und 30 Panzern Tarmstedt. Von hier aus drängte er gegen den Hamme-Oste-Kanal und auf Bremervörde vor. Hesedorf südostwärts Bremervörde, Wedel südwestlich Stade und Horneburg wurden vom Feind nach hartem Kampf genommen."

Der Krieg in der Heimat stand vor dem Ende.

Bach und die Briefe im Schuh
Sondierungsgespräche über Hamburgs Zukunft

Dem Besucher fiel ein Stein vom Herzen.

Phoenix-Generaldirektor Albert Schäfer meldete sich am späten Mittag des 30. April 1945 nach der Rückkehr von der humanitären Mission, die ihn am Vortag gemeinsam mit Stabsarzt Professor Hermann Burchard und Leutnant Otto von Laun hinter die britischen Linien geführt hatte, bei dem hamburgischen Kampfkommandanten Generalmajor Alwin Wolz im Befehlsbunker an der Rothenbaumchaussee. Im Schuh hatte er die schriftliche Kapitulationsaufforderung des Kommandeurs der britischen 7. Panzerdivision, Generalmajor Lyne, und ein weiteres Schreiben versteckt, in dem Captain Lindsay darlegte, weshalb die beiden Parlamentäre Burchard und von Laun noch nicht hätten zurückkehren können. Schäfer, der nicht wusste, wie der Kampfkommandant den Brief des britischen Divisionskommandeurs aufnehmen würde, schilderte die Reaktion des Generals 1947: „General Wolz saß mit seinem Stab in einer Besprechung, als ich ihm gemeldet wurde. Er empfing mich sofort und öffnete in meiner Gegenwart den Brief, dessen Inhalt ich selbstver-

ständlich nicht kannte. Es ging ein befriedigtes Lächeln über seine Züge. Er sagte in seiner süddeutschen Mundart: ‚Das können die Herren Engländer bald haben‘ und entließ mich mit einem freundlichen Händedruck."

Im Gasthaus „Hoheluft" warteten unterdessen die beiden zurückgebliebenen Parlamentäre, Stabsarzt Professor Burchard und Leutnant Otto von Laun, weiter auf die Erlaubnis zur Rückkehr. Schon am Abend zuvor war es zu intensiven Gesprächen mit britischen Offizieren und Mannschaften über die Kriegslage gekommen. Im Verlauf dieser Unterhaltungen, die Burchard und von Laun in Abwesenheit Schäfers fortsetzten, wurden die Deutschen mit Fotos aus dem Konzentrationslager Bergen-Belsen konfrontiert, die Soldaten der britischen 7. Panzerdivision bei der Befreiung des Lagers Mitte April aufgenommen hatten. Burchard reagierte auf diese grausigen Aufnahmen mit der Bemerkung, von derartigen Greueln habe „der Führer sicher nichts gewusst", und es könne sich eigentlich nur um einen Einzelfall handeln, der durch die Wirren des Zusammenbruchs zu erklären sei. Die britischen Offiziere blieben höflich und taktvoll. Captain Lindsay berührte das Thema KZ überhaupt nicht.

Die weiteren Ereignisse beschrieb Burchard im Februar 1947 wie folgt: „Am Abend des 30. April wurde uns das Ehrenwort abgenommen, keine Aussagen über militärische Einrichtungen zu machen und uns die Rücksendung für den nächsten Tag in Aussicht gestellt. Captain Lindsay brachte uns sodann am Morgen des 1. Mai an die Stelle unseres Übertritts." Auf dem Weg zu diesem Gelände, rund 500 Meter nördlich vom Ortsausgang Tötensen, hatte Burchard gedankenverloren einige Takte aus einer Bach-Kantate gesummt. Zu seiner und von Launs Verblüffung war Lindsay in die Melodie eingefallen – er hatte in England einige Jahre einem Bach-Chor angehört.

Der Captain gab von Laun die Dienstpistole zurück, entschuldigte sich dafür, dass ihm die Waffe abgenommen worden war, und wiederholte nun noch einmal mündlich die Aufforderung, der hamburgische Kampfkommandant möge innerhalb der nächsten 24 Stunden einen Parlamentär zu Übergabeverhandlungen entsenden. Andernfalls werde die britische Luftwaffe die Stadt vernichtend angreifen, während man den Straßenkampf den Russen überlassen werde. Dann wies Lindsay die Parlamentäre an, nach 20 Sekunden die

Augenbinden abzunehmen und ohne einen Blick zurück auf die deutschen Stellungen zuzumarschieren. Burchard weiter: „Wir gingen los, und nach einiger Zeit entdeckte Herr von Laun in der Ferne einen deutschen Posten. Ich sagte gerade: ‚Hoffentlich bekommen wir jetzt nicht noch einen Bauchschuss.' Im gleichen Augenblick ertönte ein betäubender Knall, und ich wurde umgeworfen."

Der Stabsarzt war an einen Spanndraht geraten und hatte die Explosion mehrerer Tellerminen ausgelöst, war aber mit leichten Verletzungen davongekommen und konnte mit Leutnant von Laun, der sich sofort in Deckung geworfen hatte, den Rückmarsch fortsetzen. Die britischen Posten hingegen dachten, die beiden Deutschen seien durch die Minenexplosion ums Leben gekommen. Ein britischer Spähtrupp, der ihr Schicksal klären sollte, kehrte unverrichteter Dinge zurück.

In dem Bericht Burchards aus dem Jahr 1947 heißt es dazu: „Vor dem Hinweg war uns ausdrücklich versichert worden, dass alle Minen entschärft seien. Durch den Wechsel der Truppen und in Unkenntnis unserer bevorstehenden Rückkehr waren die Minen jedoch inzwischen geschärft worden. Außer einer Verletzung des Trommelfells und der Kopfhaut geschah mir erstaunlicherweise nichts. Herr von Laun ging weiter links auf einem Felde und blieb unverletzt. Das Überraschendste war, dass wir nun zehn Meter vor uns einen etwa 16-jährigen Waffen-SS-Angehörigen entdeckten, der in seinem Schützenloch trotz unseres Rufens und Winkens so verwirrt gewesen war, dass er uns nicht vor der Mine gewarnt hatte."

Am 1. Mai gegen 15 Uhr meldeten die beiden Parlamentäre sich bei dem Kampfkommandanten, berichteten über den Verlauf ihrer Mission und übermittelten die abermalige Kapitulationsaufforderung. Burchard: „General Wolz erklärte die Sache mit den Russen für einen Bluff." Diese Beurteilung des Generals war zutreffend, und zwar nicht nur im Hinblick auf die angedrohte Eroberung der Stadt durch die Rote Armee. Auch die erneute massive Bombardierung Hamburgs für den Fall, dass die Kapitulationsaufforderung zurückgewiesen werde, beabsichtigte das britische Oberkommando keinesfalls, da für die Versorgung der Besatzungstruppen eine halbwegs intakte oder zumindest reparaturfähige Infrastruktur zu Recht als unerlässlich angesehen wurde.

Unverzüglich nach der Rückkehr des Phoenix-Generaldirektors Albert Schäfer am 30. April mittags hatte Generalmajor Wolz mit Gauleiter Karl Kaufmann über die britische Kapitulationsaufforderung beraten.

Beide waren zu dem Schluss gekommen, dass nun keinerlei Zeit verloren werden dürfe, um die kampflose Übergabe der Stadt in die Wege zu leiten. Kaufmann versuchte zunächst erneut, den in der Hansestadt akkreditierten dänischen Generalkonsul Marinus Yde als Unterhändler zu gewinnen. Das scheiterte, da der Diplomat die erforderliche Genehmigung seiner Regierung nicht erhielt. Daraufhin bat der Gauleiter den Bürgermeister a. D. Wilhelm Burchard-Motz zu sich, einen Bruder des Stabsarztes Burchard. Bei diesem Gespräch in der Reichsstatthalterei am 30. April nachmittags – zu dieser Stunde hatten Hitler und Eva Braun im Führerbunker der Reichskanzlei gerade ihrem Leben ein Ende gesetzt – schilderte Kaufmann seinem Besucher, der als langjähriges Mitglied der Deutsch-Englischen Gesellschaft mit der angelsächsischen Mentalität gut vertraut und überdies als Reserveoffizier auch in militärischen Fragen bewandert war, zunächst sein Gespräch mit Hitler vom 3. April, die weiteren Kontakte mit Vertretern der bisherigen politischen Führung, und eröffnete ihm dann seine Absicht, Hamburg kampflos zu übergeben. Der Kampfkommandant sei darin mit ihm einig und werde für die militärischen Fragen einen Unterhändler bestimmen. Es gehe nun darum, auch einen Bevollmächtigten der politischen

Führung zu benennen, der erforderlichenfalls auch mit britischen Regierungsinstanzen verhandeln könne. Burchard-Motz erklärte sich nach anfänglichem Zögern bereit, diese Aufgabe zu übernehmen.

An diesem 30. April hatte Kaufmann in einem Fernschreiben an Großadmiral Karl Dönitz zum dritten Mal dessen Aufforderung abgelehnt, sich zu einem Gespräch über das weitere Vorgehen im gesamten norddeutschen Raum in seinem Hauptquartier in Plön, einem Barackenlager am Plöner See, einzufinden. Der Gauleiter begründete das mit der Feststellung, er sei angesichts der Lage in Hamburg unabkömmlich. Kaufmann bezog sich dann auf einen Funkspruch Hitlers vom 25. April, nach dem der Kampf gegen die Rote Armee absoluten Vorrang vor allen anderen militärischen Maßnahmen haben sollte, und stellte Dönitz die Frage, „ob die militärische Führung beabsichtigt, Städte und Ortschaften gegenüber dem Westgegner unter allen Umständen weiter zu verteidigen". Durch eine „solche Maßnahme" werde „der Westgegner ... nur vorübergehend aufgehalten, während die Bolschewisten widerstandslos in den mecklenburgischen Raum eindringen".

Dönitz erhielt dieses Fernschreiben, als er sich gerade anschickte, in Begleitung seines Adjutanten Walter Lüdde-Neurath nach Lübeck abzufahren, um sich dort mit Heinrich Himmler zu treffen. Denn am frühen Vormittag hatte er einen Funkspruch des Reichsleiters Martin Bormann aus der Reichskanzlei in Berlin erhalten, demzufolge Himmler über den Grafen Bernadotte in Schweden den Westmächten die deutsche Kapitulation angeboten habe. Hitler erwarte nun, dass Dönitz gegen Himmler „und alle Verräter blitzschnell und stahlhart" vorgehe. In Lübeck gab sich Himmler sehr selbstsicher – offenkundig glaubte er, von Hitler als Nachfolger eingesetzt zu werden. Die Kontakte zu den Westmächten stritt er ab und bekundete Zustimmung zu der von Dönitz ausgesprochenen Mahnung, in dieser Lage sei nichts so gefährlich wie Uneinigkeit.

Lüdde-Neurath fertigte unterdessen den Entwurf einer Antwort an Kaufmann. Die Bereitschaft des Gauleiters zur Kapitulation Hamburgs, über die er auch aus anderen Quellen informiert war, hatte Dönitz zutiefst beunruhigt, weil er darin eine Gefahr für den weiteren Abtransport von Flüchtlingen aus Mecklenburg sah. Der Großadmiral wehrte mehrfache Versuche Himmlers ab, Einfluss auf die Antwort zu nehmen. Nach Plön zurückgekehrt, fand er den um 18.15 Uhr in Berlin abgesetzten und um 18.35 Uhr in Plön aufgenommenen Funkspruch Bormanns vor, nach dem

Hitler Dönitz als seinen Nachfolger eingesetzt habe. Von Hitlers Tod wusste der Großadmiral zu diesem Zeitpunkt noch nichts. Um 21 Uhr wurde das Fernschreiben an Kaufmann, dem nun, nach der Ernennung zum Nachfolger Hitlers, eine erhöhte Bedeutung zukam, abgesetzt. Es hatte folgenden Wortlaut:

„KRMBGL 770 30/42100 – Geheim
    KR Gauleiter Hamburg
    Auf Ihr FS v. 30.04. antworte ich:
    1. Hauptsorge der militärischen Führung in der augenblicklichen Situation ist die Rettung deutschen Landes und deutschen Volkstums vor dem Bolschewismus. Der Schwerpunkt der Kampfführung liegt daher eindeutig im Osten. Es wird militärisch alles nur Mögliche getan, den russischen Vormarsch im Mecklenburger Raum abzustoppen oder zumindest solange als möglich aufzuhalten, um den Abfluss der deutschen Menschen zu ermöglichen.
    2. Dieser Abfluss ist nur möglich, solange ein Tor über die in Jalta vereinbarte Grenzlinie der Besatzungszone offen bleibt. Wird der Elb-Trave-Kanal jetzt durch die Engländer versperrt, geben wir sieben Millionen wertvoller deutscher Menschen der russischen Willkür preis.

    3. Es ist daher unumgänglich notwendig, die Elbe-Stellung mit äußerster Zähigkeit gegen den Westen zu verteidigen. Wo durch diese Kampfaufgabe Sachwerte zerstört werden, wird dies durch die Rettung deutschen Blutes im Osten tausendfach gerechtfertigt. Eine darüber hinausgehende Zerstörung von Hafen- oder Industrieanlagen ist nicht beabsichtigt und muss unter allen Umständen verhindert werden.
    4. Durch rückhaltlose Unterstützung vorstehender Kampfaufgaben können Sie und die Stadt Hamburg den besten Beitrag im Schicksalskampf unseres Volkes leisten.
    Heil Hitler. Dönitz, Großadmiral
    ++2355EINS(1)PARBST/SVHS"

Handschriftlich: „An den Reichsstatthalter persönlich"

In den Abendstunden zog Dönitz weitere Konsequenzen aus der in Kraft getretenen Nachfolge-Regelung: Er bestellte Himmler und den Chef des Oberkommandos der Wehrmacht, Generalfeldmarschall Wilhelm Keitel, zu Gesprächen über die nun eingetretene Situation in sein Plöner Hauptquartier. Himmler weigerte sich zunächst. Er erschien gegen Mitternacht.

Hitler ist tot!

Hamburgs Schicksal entscheidet sich am Plöner See

Es war eine gespenstische Szene. In der Nacht zum 1. Mai 1945, eine halbe Stunde nach Mitternacht, betrat Heinrich Himmler, formell noch immer Reichsführer SS und Chef der deutschen Polizei, in einer Baracke am Plöner See das Arbeitszimmer des Großadmirals Karl Dönitz, dem Hitler in seinem Politischen Testament das Amt des Reichspräsidenten übertragen hatte. Dönitz hatte sich auf die Besprechung, um die er Himmler ersucht hatte, sorgfältig vorbereitet. Die Baracke war durch ein verstärktes Kommando aus zuverlässigen, Dönitz ergebenen Marinesoldaten gesichert. Der Großadmiral hatte auf seinem Schreibtisch eine entsicherte Pistole deponiert, die unter Papieren verborgen war.

Den Verlauf dieser nächtlichen Unterredung hat Dönitz später beschrieben: „Ich sprach Himmler in meinem Zimmer allein. Ich hielt es nun doch für besser, mir meinen Browning griffbereit auf den Schreibtisch unter einen Bogen Papier zu legen. Ich gab ihm das Telegramm (vom Vorabend über die Nachfolge Hitlers, d. Verf.) zu lesen. Er wurde blass. Er überlegte. Dann stand er auf und beglückwünschte mich. Er sagte

dann: ‚Lassen Sie mich dann der zweite Mann im Staate sein.' Das lehnte ich ab. Es folgte dann eine etwa einstündige Unterredung, in der ich ihm die Absichten und Gründe einer möglichst unpolitischen Staatsführung, solange solche überhaupt noch in Frage kam, auseinandersetzte, er mir aber die großen Vorteile pries, die ich mit seiner Person gewinnen würde. Es überraschte mich hierbei sein Glaube, dass er im Ausland eine große Resonanz hätte. Er schied dann zwischen 2.00 und 3.00 Uhr morgens mit dem Bewusstsein, dass er von mir in keiner führenden Stellung verwandt werden würde. Andererseits konnte ich mich aber nicht ganz von ihm trennen, weil er die Polizei in seiner Hand hatte. Wohlgemerkt, von den KZ-Greueln und Judenvernichtungen wusste ich damals noch nichts." Himmler und seine Begleitung verließen Plön am 1. Mai um 2.30 Uhr. Der Funkspruch aus der Reichskanzlei, den Dönitz Himmler zur Kenntnis gegeben hatte, lautete wie folgt:

„FRR Großadmiral Dönitz

Anstelle des bisherigen Reichsmarschalls Göring setzte der Führer Sie, Herr Großadmiral, als seinen Nachfolger ein. Schriftliche Vollmacht unterwegs. Ab sofort sollen Sie sämtliche Maßnahmen verfügen, die sich aus der gegenwärtigen Lage ergeben. Bormann (Abgesetzt in Berlin 18.15 Uhr, aufgenommen 18.35 Uhr am 30. April 1945)"

In Hamburg hatte der Kampfkommandant, Generalmajor Wolz, unterdessen am späten Nachmittag des 30. April im Einvernehmen mit Gauleiter Karl Kaufmann die Vorbereitungen für die kampflose Übergabe der Stadt an die britischen Streitkräfte begonnen. In seinem Befehlsbunker an der Rothenbaumchaussee hatte der General zwei Antwortbriefe an den Kommandeur der britischen 7. Panzerdivision, Generalmajor Lyne, formuliert. Das erste dieser beiden Schreiben hatte folgenden Wortlaut:

„Der Kampfkommandant von Hamburg
Hamburg, den 30. April 1945
Herrn Generalmajor L. O. Lyne
Kommandeur der britischen
Truppen
Herr General!
1. Für die liebenswürdige Berücksichtigung meines Vorschlages hinsichtlich Schonung des als Truppenlazarett eingerichteten Gebäudes der Phönix-Fabrik in Harburg danke ich Ihnen. Ich wäre Ihnen zu noch größerem Danke verpflichtet, wenn Sie

noch weitere Vorschläge, die ich Ihnen durch den Überbringer dieses Schreibens, den Major im Generalstab Andrae, vortragen lasse, in Erwägung ziehen könnten.

2. Ferner ist Major Andrae von mir beauftragt, Ihnen einen weiteren Brief zu übergeben, sofern Sie die Zusicherung geben, dass über die Tatsache und den Inhalt dieses Briefes vor Beendigung der Feindseligkeiten keinerlei Kenntnis an die Öffentlichkeit gegeben wird.
Wolz
Generalmajor"

Dieser zweite Brief lautete:
„Der Kampfkommandant von Hamburg
Hamburg, den 30. April 1945
Herrn Generalmajor L. O. Lyne
Kommandeur der alliierten
Truppen
Herr General!
Die Gedanken, die Sie in Ihrem Schreiben vom 29. April 1945 in so klarer Weise zum Ausdruck gebracht haben, sind bei der derzeitigen militärischen und politischen Situation naturgemäß auch von zahlreichen verantwortlichen Führern und mir in Erwägung gezogen worden. Eine etwaige Übergabe Hamburgs würde weitreichende militärische und politische Folgen für das ganze noch unbesetzte norddeutsche Gebiet und Dänemark haben. Infolgedessen

entbehrt der mir erteilte strikte Befehl, Hamburg bis zum letzten Manne zu halten, nicht einer inneren Berechtigung. Trotzdem bin ich und ein bevollmächtigter Vertreter des Herrn Reichsstatthalters und Gauleiters Kaufmann bereit, mit auf militärischem und politischem Gebiet autorisierten Vertretern des Herrn Oberbefehlshabers der 2. englischen Armee das Problem einer etwaigen Übergabe der Stadt Hamburg und der sich daraus ergebenden weitreichenden Konsequenzen zu besprechen. Ich darf Sie bitten, den Herrn Oberbefehlshaber der 2. englischen Armee hiervon in Kenntnis zu setzen und um Festsetzung des Ortes und der Zeit der Besprechung zu bitten.

    Wolz

    Generalmajor"

Major Andrae und der gleichfalls zum Stab des Kampfkommandanten gehörende Hauptmann Dr. Link, der als Dolmetscher vorgesehen war, sollten diese beiden Schreiben im Hauptquartier der britischen 7. Panzerdivision übergeben. Zunächst wollte der Kampfkommandant jedoch die Rückkehr der beiden Parlamentäre, Stabsarzt Professor Hermann Burchard und Leutnant Otto von Laun, abwarten, die zu diesem Zeitpunkt noch immer im Gasthaus „Hoheluft" an der Bremer Chaussee festgehalten wurden und erst am Vormittag des

1. Mai zu den deutschen Linien zurückkehren konnten. Als die beiden Offiziere sich am 1. Mai nachmittags bei Generalmajor Wolz zurückmeldeten und die erneuten, nunmehr mündlichen Kapitulationsaufforderungen des britischen Generalmajors Lyne überbrachten, stand der Kampfkommandant noch unter dem Eindruck eines Gespräches, das er wenige Stunden zuvor geführt hatte. Im Gefechtsstand an der Rothenbaumchaussee war der ihm gegenüber weisungsberechtigte General der Infanterie Günther Blumentritt, Oberbefehlshaber der aus zusammengewürfelten Verbänden bestehenden „Armee Blumentritt", mit dem kategorischen Befehl erschienen, Hamburg um jeden Preis zu verteidigen. Wolz legte ihm ausführlich dar, weshalb das nach seiner Lagebeurteilung nicht möglich sei. Über seine Absicht, die Stadt kampflos zu übergeben, und über die Vorbereitungen, die er dafür getroffen hatte, schwieg er.

Blumentritt beharrte auf dem Befehl zur Verteidigung, und Wolz erklärte, er werde ihn befolgen. Immerhin zeigte sich der Armeeoberbefehlshaber jedoch von den Argumenten des Kampfkommandanten so beeindruckt, dass er seinen Vorgesetzten, Generalfeldmarschall Busch, den Oberbefehlshaber der Heeresgruppe Nordwest, anrief, um eine Rücknahme des Verteidigungsbefehls durch das Oberkommando der Wehrmacht herbeizuführen. Busch versuchte das, jedoch ohne Erfolg. Daraufhin fuhr Blumentritt zum Hauptquartier des Feldmarschalls, um dem Oberbefehlshaber die Zusage abzuringen, er werde persönlich bei Dönitz die Genehmigung beantragen, dass die Hansestadt kampflos übergeben werden dürfe. In Anwesenheit Blumentritts ließ Busch sich während dieser Besprechung mit dem Großadmiral verbinden, doch Dönitz war nicht bereit, den Verteidigungsbefehl aufzuheben.

Zu diesem Zeitpunkt wusste Dönitz, dass Hitler nicht mehr am Leben war. Er hatte dies durch zwei weitere Funksprüche aus der Berliner Reichskanzlei erfahren. Dieser zweite enthielt in indirekter Form die Mitteilung über den Tod Hitlers:

„FRR Großadmiral Dönitz. (Chefsache)

Testament in Kraft. Ich werde so schnell als möglich zu Ihnen kommen. Bis dahin m. E. Veröffentlichung zurückstellen. Bormann. (Abgesetzt in Berlin 7.40 Uhr, aufgenommen 10.53 Uhr am 1. Mai in Plön)"

Erst der dritte Funkspruch enthielt klare Angaben, verschwieg jedoch die Tatsache, dass Hitler Selbstmord verübt hatte:

„FRR Großadmiral Dönitz (Chefsache! Nur durch Offizier!)

Führer gestern 15.30 Uhr verschieden. Testament vom 29. 4. überträgt Ihnen das Amt des Reichspräsidenten, Reichsminister Goebbels das Amt des Reichskanzlers, Reichsleiter Bormann das Amt des Parteiministers, Reichsminister Seyss-Inquart das Amt des Reichsaußenministers. Das Testament wurde auf Anordnung des Führers an Sie, an Feldmarschall Schörner und zur Sicherstellung für die Öffentlichkeit aus Berlin herausgebracht. Reichsleiter Bormann versucht, noch heute zu Ihnen zu kommen, um Sie über die Lage aufzuklären. Form und Zeitpunkt der Bekanntgabe an Truppe und Öffentlichkeit bleibt Ihnen überlassen.

Eingang bestätigen.

Goebbels, Bormann

(Abgesetzt in Berlin 14.46 Uhr, aufgenommen 15.18 Uhr am 1. Mai 1945 in Plön)"

Dönitz befahl seinem Adjutanten, dem Korvettenkapitän Walter Lüdde-Neurath, beide Funksprüche niemandem zu zeigen und sie sicher zu verwahren. Er befürchtete, ein unkontrolliertes Bekanntwerden würde die ohnehin bereits chaotische Lage politisch und militärisch noch weiter erschweren. Die Ereignisse in Berlin sollte die Weltöffentlichkeit durch ihn, nicht aber durch alliierte oder sowjetische Rundfunksender erfahren. Im Übrigen beschloss der Großadmiral, sich bei den von ihm für notwendig erachteten Maßnahmen an seiner eigenen Lagebeurteilung, nicht aber an Hitlers Testament zu orientieren.

Im Befehlsbunker an der Rothenbaumchaussee war Kampfkommandant Wolz unterdessen in den Mittagsstunden darüber unterrichtet worden, dass er von seinem Posten abgelöst werden solle und sein Nachfolger, der Luftwaffengeneral Köhler, bereits auf dem Weg sei, um den Posten zu übernehmen. Wolz traf diese Entwicklung nicht unvorbereitet, denn der seinem Stab angehörende Hauptmann Dr. Gerhard Link hatte in Form einer verschlüsselten Botschaft („Schwester erkrankt") einen entsprechenden Wink aus dem Stab des Feldmarschalls Busch erhalten. Wolz beschloss, die Kommandoübergabe an seinen Nachfolger so lange wie irgend möglich hinauszuzögern, und war sogar eigener Bekundung zufolge bereit, diesen General notfalls verhaften zu lassen, falls er sich einer kampflosen Übergabe Hamburgs widersetzen sollte.

In der Reichsstatthalterei am Harvestehuder Weg bereitete Gauleiter Karl Kaufmann unterdessen mit seinem politischen Unterhändler, Bürgermeister a.D. Wilhelm Burchard-Motz, die zu führenden Kapitulationsverhandlungen vor und empfing dann den Besuch des Präses der Gauwirtschaftskammer, Joachim de la Camp, und des Phoenix-Generaldirektors Albert Schäfer. Dieses Gespräch begann überaus frostig, da Kaufmann von Schäfer Rechenschaft darüber verlangte, wieso er als Parlamentär eigenmächtig in Sachen Kapitulation Hamburgs tätig geworden sei. Der Phoenix-Chef, der das erwartet hatte, ließ sich davon jedoch nicht beeindrucken, schilderte den Verlauf seiner Mission und schloss seinen Bericht mit der lapidaren Feststellung, nach den noch geltenden Bestimmungen könne der Gauleiter als Reichsverteidigungskommissar ihn, Schäfer, ja nun aufhängen lassen. Daraufhin solidarisierte de la Camp sich spontan mit Schäfer und erklärte, dann wolle er ebenfalls aufgehängt werden. Kaufmann lächelte, erhob sich und entließ beide mit einem freundlichen Händedruck.

Für 17 Uhr hatte der Gauleiter an diesem 1. Mai eine offizielle Lagebesprechung anberaumt. Zu den Teilnehmern gehörten der Kampfkommandant, Generalmajor Alwin Wolz, der Staatssekretär Georg Ahrens, der Höhere SS- und Polizeiführer Henning Graf von Bassewitz-Behr und hohe Verwaltungsbeamte. Kaufmann eröffnete dieser Runde, die Besetzung der Stadt durch die britische 7. Panzerdivision stehe bevor. Vor diesem Hintergrund war das wichtigste

Thema der Sitzung, ob die geplante kampflose Übergabe Hamburgs in buchstäblich letzter Minute noch durch Großadmiral Karl Dönitz oder Generalfeldmarschall Ernst Busch verhindert werden könnte. Es herrschte Einigkeit darüber, solche Befehle mit allen Mitteln zu unterlaufen und auf jeden Fall zu kapitulieren. Kaufmann zog in diesem Kreis, so der Bericht eines Teilnehmers, des Vizepräsidenten Dr. Bock von Wülfingen, eine Bilanz des nun endgültig verlorenen Krieges und erklärte, „das Einzige, was er als Nationalsozialist erhoffe, (sei) das Weiterbestehen der nationalsozialistischen Idee im Volke … Der Reichsstatthalter war zum Schluss so bewegt, dass er kaum mehr zu uns weiter sprechen konnte und nur dadurch, dass er das Zimmer verließ, konnte er sich vor dem Zusammenbruch retten."

Um 20.30 Uhr kündigte der Reichssender Hamburg eine in Kürze zu erwartende wichtige Mitteilung an. Sie wurde auf Anweisung von Dönitz am späten Abend, um 22.26 Uhr, ausgestrahlt:

„Aus dem Führerhauptquartier wird gemeldet, dass unser Führer Adolf Hitler heute nachmittag in seinem Befehlsstand in der Reichskanzlei, bis zum letzten Atemzug gegen den Bolschewismus kämpfend, für Deutschland gefallen ist. Am 30. April hat der Führer den Großadmiral Dönitz zu seinem Nachfolger ernannt."

An dieser Meldung war zweierlei falsch: Sie verschwieg den Selbstmord Hitlers und gab für seinen Tod einen unrichtigen Zeitpunkt an. Über den Suizid des Ehepaares Hitler war Dönitz nicht informiert, wohl aber über die Todeszeit, denn der am 1. Mai um 15.18 Uhr in Plön aufgenommene Funkspruch von Goebbels und Bormann begann mit den Worten: „Führer gestern 15.30 Uhr verschieden". Einen Soldatentod Hitlers konnte der Großadmiral aus diesem Text wahrlich nicht entnehmen. Die von ihm veranlasste Rundfunkmeldung über das Ende Hitlers war unter diesem Gesichtspunkt eine erneute, eine letzte Irreführung der Öffentlichkeit.

Mit weißer Fahne Richtung Meckelfeld
Die Unterhändler bringen die Kapitulationspost

Das Pathos entsprach den Phrasen. Großadmiral Karl Dönitz und Gauleiter Karl Kaufmann, der eine noch in seinem Plöner Hauptquartier, der andere in der Reichsstatthalterei am Harvestehuder Weg, nahmen die am 1. Mai 1945 um 22.26 Uhr über den Sender Hamburg ausgestrahlte Nachricht vom Tod Hitlers zum Anlass für sofortige, unmittelbar danach gesendete Würdigungen des durch Selbstmord geendeten Diktators, die schon damals unerträglich wirkten. Dönitz behauptete in einem Aufruf: „In tiefster Trauer und Ehrfurcht verneigt sich das deutsche Volk." Und in seinem Tagesbefehl an die Wehrmacht, ebenfalls vom Abend des 1. Mai, hieß es, mit Hitler sei „einer der größten Helden deutscher Geschichte dahingegangen. In stolzer Ehrfurcht und Trauer senken wir vor ihm die Fahnen." Hamburgs Gauleiter verkündete den „Parteigenossen, Volksgenossen", es sei die „schwerste Stunde unseres Volkes, wenn uns heute die Nachricht erreicht, dass unser Führer kämpfend in des Reiches Hauptstadt gefallen ist". Er fügte hinzu: „Was er uns alten Nationalsozialisten gewesen ist, was er für sein Volk erstrebt hat, das wird die Geschichte einmal von ihm künden." Hitlers Hinterlassenschaft sei „die unsterbliche Idee des nationalsozialistischen Reiches".

Nicht mit dieser, sondern mit der entsetzlichen realen Hinterlassenschaft des Feldherrn Hitler hatten sich unterdessen an diesem Abend des 1. Mai die beiden Parlamentäre des hamburgischen Kampfkommandanten Generalmajor Wolz zu befassen. Major Andrae und Hauptmann Dr. Link, der als Dolmetscher vorgesehen war, hatten gegen 18 Uhr ein ziviles Kraftfahrzeug bestiegen, an dem eine große weiße Fahne befestigt war. Gegen 19 Uhr hatten sie jenen Frontabschnitt in der Nähe von Meckelfeld erreicht, der von beiden Seiten für den Übergang von Parlamentären vereinbart worden war.

Kurz nach 19 Uhr beobachteten britische Posten, wie aus dem Kriegstagebuch des 9th Bataillon The Durham Light Infantry vom 1. Mai 1945 hervorgeht, wie die beiden Offiziere das im Niemandsland liegende Glüsingen passierten. Ein Offizier dieses Bataillons fuhr ihnen entgegen. Nachdem ihnen über Lautsprecher freies Geleit zugesichert worden war, überschritten der Major und der Hauptmann die britischen Linien und

Am Abend des 1. Mai 1945: Die deutschen Parlamentäre auf dem Weg zum Hauptquartier der britischen 7. Panzerdivision.

erklärten, ihr Auftrag sei die Fortsetzung der Verhandlungen über das Harburger Ortslazarett. Die britischen Offiziere nahmen diese Mitteilung mit Verwunderung auf, denn die Schonung dieses Lazaretts war den Deutschen bereits zugesichert, und diese Zusage war auch eingehalten worden.

Mit verbundenen Augen wurden Andrae und Dr. Link zunächst zum Gefechtsstand des Bataillons in Hittfeld, dann zur 131st Infantry Brigade nach Klecken gefahren. Beide verlangten jedoch nachdrücklich, zum Kommandeur der 7. Panzerdivision, Generalmajor Lyne, gebracht zu werden, und verwiesen wieder auf ihren Auftrag. Da sie jedoch den Vorhalt der britischen Offiziere nicht widerlegen konnten, das Thema Ortslazarett Harburg sei doch inzwischen erledigt, kam es zu einer längeren Befragung, in deren Verlauf sie schließlich ihren wahren Auftrag offenbarten – die Übermittlung des Angebots, Hamburg kampflos zu übergeben.

Erst nachdem darüber Klarheit

herrschte, wurden die Parlamentäre von dem britischen Divisionskommandeur empfangen. Generalmajor Lyne studierte zunächst sorgfältig die beiden Briefe des Hamburger Kampfkommandanten, die Andrae und Dr. Link übergeben hatten, und erklärte ihnen dann, er sei bevollmächtigt, über eine Kapitulation Hamburgs zu verhandeln. Die Kapitulationsbedingungen seien bereits formuliert, und er werde sie nun verlesen. Major Andrae zückte sein Notizbuch, und Dr. Link übersetzte. Der Divisionskommandeur fügte hinzu, falls Generalmajor Wolz diese Bedingungen akzeptieren wolle, werde er für den nächsten Tag zu einer Unterredung über die Details der Kapitulation erwartet und möge am Abend des 2. Mai in der Nähe von Meckelfeld die Front passieren; ein britischer Offizier werde ihn dort erwarten. Andrae und Dr. Link baten nun um eine Verlängerung dieser Annahmefrist um weitere 24 Stunden. Lyne erhob sich, telefonierte mit dem Hauptquartier von Feldmarschall Montgomery und kehrte mit dem Bescheid zurück, diese Fristverlängerung werde gewährt, und innerhalb dieses Zeitraums würden die britischen Truppen in diesem Frontabschnitt nicht angreifen.

Unmittelbar nach ihrer nächtlichen Rückkehr informierten Major Andrae und Hauptmann Dr. Link den Kampf-

kommandanten über das Verhandlungsergebnis. Generalmajor Wolz reagierte sofort und befahl den ihm unterstehenden Truppen, Feindberührungen zu vermeiden und sich langsam zurückzuziehen. Da er befürchtete, dass einige an der Südfront eingesetzte Marineeinheiten einem Kapitulationsbefehl nicht folgen würden, befahl Wolz ihre Herauslösung aus der Front. Als Konteradmiral Bütow, der Chef der Kriegsmarinedienststelle Hamburg, davon erfuhr, versuchte er zunächst, durch den zum Befehlsbunker an der Rothenbaumchaussee entsandten Korvettenkapitän Lippold Klarheit über die Pläne des Kampfkommandanten zu gewinnen. Das scheiterte jedoch, da Lippold keine Gelegenheit hatte, Wolz zu sprechen. Der Konteradmiral ließ daraufhin unverzüglich die übrigen Marinetruppen von der Front abziehen.

Als weitere Vorsichtsmaßnahme befahl Wolz an diesem Vormittag des 2. Mai den Abzug der Waffen-SS-Einheiten von der Front. Das betraf vor allem das Bataillon „Panzerteufel". Eine dramatische Zuspitzung der Lage drohte jedoch, als sich um 10 Uhr ein Stabsoffizier der 8. Fallschirmjägerdivision, Major Bode, bei dem Kampfkommandanten meldete. Diese Division, die sich an diesem Tag in Schönningstedt befand und gegen die vom Lauenburger Brückenkopf

nach Norden zur Ostsee vorstoßen-
den britischen Verbände eingesetzt
werden sollte, unterstand Wolz nicht
und hätte durch einen Einmarsch in
die Stadt jegliche Kapitulation verhindern können.

Wolz kannte den Major, der früher
einmal seinem Stab angehört hatte,
und vertraute ihm. Er weihte ihn in
seine Kapitulationspläne ein und war
erleichtert, als Bode zu erkennen gab,
dass er mit dieser Lagebeurteilung
voll übereinstimmte und zusagte, er
werde tun, was ihm möglich sei, um
einen Einmarsch der Division in die
Stadt zu verhindern.

Ebenfalls am späten Vormittag erschien im Befehlsbunker der General
der Flieger Köhler, der Wolz als
Kampfkommandant ablösen sollte
und nun die Dienstgeschäfte übernehmen wollte. Wolz hielt ihn zunächst mit dem Hinweis auf dringend
zu erledigende Angelegenheiten hin
und schilderte ihm dann die Lage der-
art drastisch, dass der General es sehr
schnell vorzog, abzuwarten.

Gegen 13 Uhr wurde dem Kampfkommandanten allerdings ein Vorgang gemeldet, der geeignet war, alle
beharrlichen Bemühungen um die
kampflose Übergabe Hamburgs auf
einen Schlag scheitern zu lassen. Im
Schaufenster der „Hamburger Zeitung" am Gänsemarkt wurde auf un-
geklärte Weise – auch spätere Unter-
suchungen blieben ohne greifbares

Ergebnis – ein Exemplar eines seit
Tagen vorbereiteten Aufrufs ausge-
hängt, mit dem Kaufmann am näch-
sten Tag um 11 Uhr an verschiedenen
Stellen in der Stadt seine Absicht zur
Kapitulation bekannt geben wollte.
Hier der Wortlaut:

„Hamburger!

Nach heldenhaftem Kampf, nach
unermüdlicher Arbeit für den deutschen Sieg und unter grenzenlosen
Opfern ist unser Volk dem an Zahl
und Material überlegenen Feind ehrenvoll unterlegen.

Der Feind schickt sich an, das Reich
zu besetzen und steht vor den Toren
unserer Stadt. Verbände der Wehrmacht und des Volkssturmes haben
sich gegenüber dem vielfach überlegenen Gegner vor unserer Stadt tap-
fer geschlagen. Unerschütterlich
haben die Hamburger an der Front
und in der Heimat ihre Pflicht erfüllt;
zäh und unerschüttert nahmt Ihr auf
Euch, was der Krieg von Euch forderte.

Der Feind schickt sich an, Hamburg auf der Erde und aus der Luft
mit einer ungeheuren Übermacht anzugreifen. Für die Stadt und ihre
Menschen, für Hunderttausende von
Frauen und Kindern, bedeutet dies
Tod und Zerstörung der letzten Exis-
tenzmöglichkeiten. Das Schicksal des
Krieges kann nicht mehr gewendet
werden; der Kampf aber in der Stadt

bedeutet ihre sinnlose restlose Vernichtung.

Wem soldatische Ehre gebietet, weiterzukämpfen, hat hierzu Gelegenheit außerhalb der Stadt. Mir aber gebietet Herz und Gewissen, in klarer Erkenntnis der Verhältnisse und im Bewusstsein meiner Verantwortung, unser Hamburg, seine Frauen und Kinder vor sinn- und verantwortungsloser Vernichtung zu bewahren.

Ich weiß, was ich hiermit auf mich nehme. Das Urteil über meinen Entschluss überlasse ich getrost der Geschichte und Euch. Hamburger! Meine ganze Arbeit und Sorge haben stets nur Euch und der Stadt und damit unserem Volke gehört. Das wird so bleiben, bis mich das Schicksal abruft.

Dieser Krieg ist eine nationale Katastrophe für uns und ein Unglück für Europa. Mögen dies alle erkennen, die Verantwortung tragen.

Gott schütze unser Volk und unser Reich!

Karl Kaufmann"

Die in diesem Aufruf enthaltenen Phrasen interessierten niemanden, doch der Kapitulationsplan verbreitete sich in der Stadt mit Windeseile. Kaufmann und Wolz, die über ihre Absichten nur ihre engsten Mitarbeiter informiert hatten, kamen in Erklärungszwang, denn zahlreiche Dienststellen der Verwaltung, der

NSDAP und anderer Bereiche verlangten nun Weisungen, wie sie sich zu verhalten hätten. Wolz hat nach der Kapitulation beschrieben, wie ihm in diesen Stunden zumute war: „Ich wundere mich heute noch, wie ich für jeden eine Erklärung bereit hatte, die er schließlich glaubte. Insbesondere mein Nachfolger, der ja alles mit anhörte, und der Führer der in Langenhorn liegenden SS-Verbände, der bei mir persönlich erschien und fragte, wie er einzugreifen habe. Die hauptsächlichste Ausrede war die, dass der Aufruf vorbereitet sei für den möglichen Fall, dass die Reichsregierung selbst auf einen Kampf in Hamburg verzichten und die Kapitulation Hamburgs bzw. nach der Gesamtlage des ganzen nordwestdeutschen Raumes anordnen würde."

Am frühen Nachmittag erfuhr Großadmiral Karl Dönitz, der sich in Plön gerade darauf vorbereitete, mit seinem Hauptquartier vor den rasch vorrückenden britischen Verbänden nach Flensburg auszuweichen, von dem Inhalt des vorzeitig in Hamburg ausgehängten Aufrufs. Er ließ sich sofort mit Kaufmann verbinden, der ihm in Anwesenheit des Rüstungsministers Albert Speer kühl erklärte, er werde seine Stadt auf jeden Fall kampflos übergeben. Als Dönitz zunächst aufbegehrte, übernahm Speer das Gespräch und verlangte von Dönitz, der Übergabe der Stadt zuzu-

Aushang der „Hamburger Zeitung" mit dem Aufruf Kaufmanns.

stimmen; andernfalls stehe er, Speer, für keinerlei Regierungstätigkeit mehr zur Verfügung.

Dönitz gab nach – auch unter dem Eindruck der letzten Lagebesprechung in Plön, die ergeben hatte, dass Montgomerys Verbände nach Lübeck durchgestoßen waren und die Amerikaner in Wismar ebenfalls die Ostsee erreicht hatten. Korvettenkapitän Walter Lüdde-Neurath hatte während der Lagebesprechung mit dem Draeger-Werk in Lübeck telefoniert: „Ich wunderte mich über den anomalen Stimmaufwand meines Gesprächspartners, zu welchem dieser mich gleichfalls aufforderte mit der Erklärung, ‚Ich kann überhaupt nichts verstehen, es ist ein solcher Lärm auf der Straße, da fährt ein Panzer nach dem anderen vorbei – jawohl, alles englische – wollen Sie mal hören?' und ließ mich am Telefon das Rasseln der Ketten vernehmen."

Damit war klar: Das letzte deutsche Tor zwischen Ost und West war nunmehr doppelt versperrt, und der Abwehrkampf nach Westen, der dieses Tor nach dem Willen von Dönitz offen halten sollte, war auch politisch sinnlos geworden. Dönitz ordnete die sofortige Einleitung von Kapitulationsverhandlungen an. Zwischen 16 und 17 Uhr ging im Befehlsbunker an der Rothenbaumchaussee telefonisch der Befehl des Großadmirals ein, die Hansestadt kampflos zu räu-

men. Der Kampfkommandant solle auf seinem Posten bleiben und Hamburg am 3. Mai, 13 Uhr, übergeben. Wenige Stunden später, um 20.28 Uhr, folgte ein zunächst ebenfalls telefonischer, von Generalfeldmarschall Keitel unterzeichneter Befehl des Oberkommandos der Wehrmacht, der noch darüber hinaus ging und folgenden Wortlaut hatte:

„GKdos.420 – 2.Mai 1945 20.28 Uhr
Durchsage von General Praun
1.) An Kampfkommandant Hamburg
2.) An Gauleiter Kaufmann, Hamburg
3.) Oberbefehlshaber Nordwest
1.) Es ist nicht beabsichtigt, Hamburg zu verteidigen, um Stadt und Bevölkerung vor der restlosen Vernichtung zu bewahren.
2.) Daher ist entsprechend dem englischen Angebot am 03.05., 8.00 Uhr vormittags ein Parlamentär zu entsenden, der Vollmachten hat zu vereinbaren
a) Hamburg wird nicht verteidigt
b) die deutsche Truppe setzt sich kampflos über die Elbe ab.
Ankündigung des Parlamentärs hat noch heute zu erfolgen.
Gleichzeitig mit diesem Parlamentär wird eine Delegation des OKW entsandt, die ebenfalls noch heute anzukündigen ist. Sie besteht aus 2 Admirälen, einem General mit Begleiter

Mit weißer Fahne Richtung Meckelfeld 103

in 4 Kraftfahrzeugen. Die Delegation hat den Auftrag, weitergehende Fragen zu erörtern. Die Bereitschaft zum Empfang dieser Delegation am 03.05 vormittags durch den Oberbefehlshaber der 21. englischen Heeresgruppe und der Ort des Empfangs ist herbeizuführen.

Gez. Keitel
Generalfeldmarschall"

Eine Stunde später wurde Hamburg durch das folgende Fernschreiben des Generalfeldmarschalls Ernst Busch, des Oberbefehlshabers der Heeresgruppe Nordwest, an den Kampfkommandanten, das Wehrkreiskommando X und Gauleiter Karl Kaufmann offiziell zur Offenen Stadt nach dem Kriegsvölkerrecht erklärt:

„+ 2205 Eins Goller HKHB
Mit Vorrang befördern – GEHEIM
–
+KR BLITZ – HPPX 9912/23 2.5.
2130
Kampf-Kdt. Hamburg=
W.Kr.Kdo Roem.10=
Gauleiter Kaufmann=
1.) Hamburg wird ab sofort vom Verteidigungsbereich zur Offenen Stadt überführt. Mitteilung an den Feind erfolgt durch eine Kommission des Obersten Befehlshabers der Wehrmacht.

2.) Aufgabe des GenMaj Wolz ist es, die Truppen aller Wehrmachtsteile beschleunigt, aber in voller Ordnung und Disziplin aus Hamburg herauszuziehen und in die Linie Elmshorn–Barnstedt–Aveslohe (gemeint sind Barmstedt und Alveslohe, d.Verf.), die zu halten ist, zurückzuführen.

3.) Der Volkssturm ist zu entwaffnen, seine Waffen und Gerät ebenfalls zurückzuführen.

4.) GenMaj Wolz ist in Verbindung mit O Qu/NW und W.Kr.Kdo Roem. 10 dafür verantwortlich, dass die in Hamburg befindlichen Lager außer den Verpflegungsbeständen, die der Stadt Hamburg zu übergeben sind, nach Möglichkeit zurückgeführt werden.

Der Oberbefehlshaber Nordwest (Busch) Generalfeldmarschall
Roem 1a Nr. 964/45 Geh.+"

Die militärische und politische Vernunft hatte endlich gesiegt.

Hamburg in britischer Hand
Die politische Übergabe der Stadt

Eile war geboten. Nachdem am Abend des 2. Mai um 20.28 Uhr der fernmündliche Befehl des Oberkommandos der Wehrmacht eingegangen war, Hamburg kampflos zu übergeben und den britischen Streitkräften „noch heute" einen deutschen Parlamentär anzukündigen, drängte der Kampfkommandant zum Aufbruch. Kurz nach 21 Uhr bestiegen Generalmajor Alwin Wolz, Bürgermeister a.D. Dr. Wilhelm Burchard-Motz, Major Andrae und Hauptmann Dr. Link eine feldgraue Wehrmachtslimousine und verließen die Stadt. Nachdem die Delegation Harburg hinter sich gelassen und bei Meckelfeld die vordersten deutschen Stellungen erreicht hatte, wurde an dem Fahrzeug eine große, beleuchtete weiße Fahne angebracht. Langsam rollte der Wagen auf die vorderste britische Stellung zu. Im Scheinwerferlicht tauchte eine Gestalt auf: Oberstleutnant Mogg, Kommandeur des 9th Bataillon The Durham Light Infantry. Er nahm die Delegation in Empfang und bat Generalmajor Wolz und Burchard-Motz, in seinem Wagen Platz zu nehmen. Ein britischer Soldat setzte sich ans Steuer der Wehrmachts-Limousine. Nachdem ihnen die Augen verbunden worden waren, wurden die Deutschen zunächst zum Hauptquartier der 131st Infantry Brigade, einem Landhaus in Klecken, gefahren. Dort wurden ihnen die Augenbinden abgenommen. Britische Offiziere geleiteten sie zum Kommandeur, Brigadegeneral Spurling, der sie, von einem Dolmetscher und mehreren Stabsoffizieren umgeben, in einem kärglich möblierten Raum empfing.

In einem im Oktober 1946 niedergeschriebenen Bericht schilderte Burchard-Motz den schwierigen Auftakt der Verhandlungen: „Wir wurden gefragt, was der Zweck unseres Besuches wäre. General Wolz erklärte: ‚Die Übergabe Hamburgs.' Der General fragte, ob es sich um ‚unconditional surrender' handele, nur in diesem Falle würde er sich auf eine Unterhaltung einlassen können. Die Frage wurde von General Wolz bejaht. Daraufhin erklärte General Spurling, die weiteren Verhandlungen wären von (Divisionskommandeur, d. Verf) General Lyne zu führen, er lasse bei ihm anfragen, ob er uns empfangen würde. Währenddessen ging das Gespräch weiter. General Spurling sprach zunächst als martialischer Soldat und betonte die Tüchtigkeit seiner Truppen und die geringe Qualität der unsrigen. Dabei verschärfte der Dolmetscher diese Kennzeichnung, indem er übersetzte: Unsere Truppen wären doch nur so ein Haufen, wozu von uns wegen nicht korrekter Übersetzung Verwahrung eingelegt wurde."

Nachdem Generalmajor Lyne seine Zustimmung erteilt hatte, wurden die Deutschen zum Gefechtsstand des Divisionskommandeurs gefahren. Er erwartete die Emissäre in einem Wohnwagen, gab sich mit seinen Offizieren reserviert, aber höflich, und stellte Wolz zunächst noch einmal die Frage, ob er gekommen sei, um die bedingungslose Kapitulation anzubieten. Der Kampfkommandant bejahte das und fügte hinzu, Großadmiral Dönitz habe ihn angewiesen, einen Termin für den Empfang einer Delegation von zwei Admirälen und einem General zu vereinbaren, die am nächsten Morgen an der Hauptkampflinie eintreffen würden, um über eine Teilkapitulation der deutschen Streitkräfte im nordwestdeutschen Raum zu verhandeln. Generalmajor Lyne ließ diese Mitteilung sofort an das Hauptquartier des Feldmarschalls Montgomery durchgeben.

Nach diesen Präliminarien kamen beide Seiten rasch zur Sache. Es wurde mündlich vereinbart, dass die OKW-Delegation am nächsten Morgen um 8 Uhr die britischen Linien passieren sollte. Wolz wurde gebeten, sie zu begleiten. Der Kampfkommandant verpflichtete sich, für den 3. Mai ein Ausgehverbot für die Zeit vom Einmarsch der britischen Streitkräfte um 13 Uhr bis 19 Uhr zu erlassen, für die Beseitigung der deutschen Minen auf den Vormarschstraßen nach Harburg und für den sofortigen Ausbau der Pioniersprengladungen an den Brücken über die Süder- und die Norderelbe zu sorgen. Besprochen wurde überdies die Besetzung dieser Brücken, der militärisch wichtigen Punkte in der Hamburger Innenstadt sowie der Ausfallstraßen durch britische Einheiten.

Um 14 Uhr sollten Gauleiter Karl Kaufmann in seiner Funktion als Reichsstatthalter und Bürgermeister Carl Vincent Krogmann im Rathaus Brigadegeneral Spurling offiziell empfangen. Die deutschen Unterhändler wurden in diesem Zusammenhang mit dem britischen Major Morrison bekannt gemacht, dessen präzise Kenntnis der hamburgischen Verwaltung sie überraschte. Der Offizier war für den Aufbau der britischen Militärregierung in der Hansestadt vorgesehen.

Gegen ein Uhr nachts war diese Verhandlungsrunde beendet. Die Delegation kehrte zum Befehlsstand des Brigadegenerals Spurling zurück. Während dieser Fahrt kam es zu einer Unterhaltung zwischen dem Brigadegeneral und Burchard-Motz, der darüber detailliert berichtet hat: „Nach einigen einleitenden Redewendungen bemerkte ich, dass es für ihn doch nicht nötig gewesen wäre, eine unfreundliche Bemerkung über unsere jetzigen Truppen zu machen, die doch nicht mehr dieselben sein könnten wie die, die er von uns z. B. in Afrika kennengelernt hätte, wo übrigens auch General Wolz unter Rommel gefochten hätte, und er wisse doch, wie die Verhältnisse bei uns lägen. Er murmelte etwas Entschuldigendes über die nicht ganz korrekte Wiedergabe durch den Dolmetscher. General Spurling sagte dann, ich würde wohl verstehen, wie zufrieden er heute sei, und zwar als Soldat, mit Politik habe er nichts zu tun, er wäre in Dünkirchen dabeigewesen, wo wir ihn ‚defeated' hätten, und ich müsste doch nun zugeben, dass jetzt sie uns ‚completely defeated' hätten, und so etwas wäre für einen Soldaten – und er wäre eben nur Soldat – eine sehr schöne Sache, was ich sicher verstehen würde. Ich sagte, ich müsste zugeben, dass wir jetzt von den Alliierten ‚completely defeated' wären und könnte mir seine Zufriedenheit darüber vorstellen, dass Hamburg nun zur Schonung von Frauen und Kindern ohne Kampf übergeben würde."

Das Gespräch nahm nun eine noch bedrückendere Wendung. Burchard-Motz weiter: „Er fragte mich dann, ob ich Belsen kennte. Ich fragte ihn, was Belsen wäre; da ich den Namen nie gehört hatte, glaubte ich, es handele sich um irgend ein Tätigkeitswort oder Substantiv, das ich nicht kannte. Er gab dann seinem Erstaunen Ausdruck, dass kein Deutscher etwas von Belsen gehört hätte. Natürlich glaube er es mir, aber es wäre gar nicht zu verstehen. Er nannte es dann im Zusammenhang mit Bergen, von dem ich, als von einem Konzentrationslager, ebenfalls nie etwas gehört hatte. Er schilderte, was er dort mit eigenen Augen gesehen hätte und was sie vielen Tausenden ihrer Soldaten gezeigt hätten. Seine Soldaten wären gutmütige, friedliebende Leute, sie wären aber durch das, was sie gesehen hätten, in solche Wut und Aufregung geraten, dass er nicht wüsste, wie sie sich in Hamburg benehmen würden und ob sie nicht die Bevölkerung beim Einmarsch das entgelten lassen würden." Jedoch klang die Unterhaltung versöhnlich aus: Burchard-Motz sagte dem Brigadegeneral, er könne nicht glauben, dass sich britische Soldaten undiszipliniert verhielten, und Spurling entgegnete, er hoffe, „dass ich in Hamburg sein Gast zum Lunch oder Essen sein würde".

Auf seinem Befehlsstand hatte Brigadegeneral Spurling die deutschen

Unterhändler nicht mehr, wie noch wenige Stunden zuvor, in einer der spärlich möblierten hinteren Zimmer, sondern nun in einen der vorderen Räume geführt, den Burchard-Motz als „sehr behaglich hamburgisch mit Ledermöbeln usw. ausgestattet" beschrieb: „Wir setzten uns an einen runden Tisch, und die weiteren Verhandlungen fanden zwanglos unter Austausch von Zigaretten statt. Sie waren um $1/2$ 4 Uhr beendet, und wir fuhren im Mercedes zurück, bis in die Hauptkampflinie – unter Begleitung eines Engländers." Es war wieder der Bataillonskommandeur Oberstleutnant Mogg, der die Delegation in Empfang genommen hatte und sie nun zurück ins Niemandsland geleitete. Burchard-Motz: „Bei der Fahrt durch unsere Linien hatten wir keine Führung. An einer Ecke waren wir zunächst im Zweifel, welcher Weg der richtige war und welcher, nach Mitteilung auf der Hinfahrt, sogleich auf ein Minenfeld führen würde, die Bedrückung durch das Erlebte und Bevorstehende war doch so stark, dass man auch das Letzte hingenommen hätte. Etwa um 5 Uhr waren wir wieder in Hamburg, nachdem General Wolz noch in Harburg und Wilhelmsburg die nötigen Befehle gegeben hatte."

Nach einem hastigen Frühstück musste der Kampfkommandant am 3. Mai frühmorgens bereits wieder aufbrechen, um mit Major Andrae die avisierte Delegation des Oberkommandos der Wehrmacht zu Generalmajor Lyne zu geleiten: Generaladmiral von Friedeburg, zwei Tage zuvor zum Oberbefehlshaber der Kriegsmarine avanciert, Konteradmiral Wagner, General Kinzel, Chef des Stabes der Heeresgruppe Nordwest, und Major Friedel. Kurz vor 9 Uhr wurden auch diese Unterhändler von Oberstleutnant Mogg erwartet – an der Hittfelder Landstraße in Fleestedt. Er führte sie zu Brigadegeneral Spurling. Gegen 10 Uhr trafen sie im Hauptquartier von Generalmajor Lyne ein.

Generalmajor Wolz hielt zu diesem Zeitpunkt seine Aufgabe als Begleiter der Delegation für erledigt und äußerte den Wunsch, nach Hamburg zurückkehren zu können, um dort die letzten Vorbereitungen für den in drei Stunden beginnenden Einmarsch treffen zu können. Zu seiner Empörung wurde ihm dies verwehrt. Stattdessen wurde er mit der OKW-Delegation in das Hauptquartier der 2. britischen Armee nach Häcklingen bei Lüneburg gebracht. Dort, in dem Landhaus des Brauereidirektors Dr. Alexander Möllering, mussten die Deutschen zunächst warten. Dann wurde Generaladmiral von Friedeburg zu einer kurzen Besprechung mit dem Befehlshaber der Armee, General Miles C. Dempsey, gebeten.

Gegen 12.30 Uhr teilten britische Offiziere dem hamburgischen Kampfkommandanten mit, er könne auch jetzt noch nicht zurückkehren, sondern müsse die Kapitulationsurkunde hier im Armeehauptquartier unterzeichnen.

Wolz reagierte auf diese Erklärung äußerst ungehalten und hielt den Engländern vor, es könne ja wohl nicht sein, dass er als Kampfkommandant bei der Übergabe der Stadt nicht in Hamburg sei. Daraufhin wurde ihm bedeutet, der Einmarsch sei auf 18 Uhr verschoben worden. Nach dieser Mitteilung begann die formelle Kapitulationsverhandlung. Das Klima war überaus frostig. General Dempsey verlas die Kapitulationsbedingungen, die Wolz und seinen Offizieren Satz für Satz übersetzt wurden. Da der Dolmetscher die deutsche Sprache nur mangelhaft beherrschte, kam es immer wieder zu Missverständnissen und Nachfragen, die auf beiden Seiten zu gereizten Reaktionen führten. So warf Dempsey dem hamburgischen Kampfkommandanten vor, er habe offenbar in seiner Stadt die Lage nicht mehr unter Kontrolle. Wolz wies diese Behauptung scharf zurück. Er könne jedoch nicht voraussagen, was geschehen werde, falls er nicht unverzüglich zurückkehren könne. Nach dem barschen Hinweis, er habe die Verschiebung des Einmarsches auf 18 Uhr befohlen,

und Wolz habe vor diesem Termin in Hamburg zu sein, verließ Dempsey mit einem zornigen „Finish" grußlos den Raum. Generalmajor Wolz unterzeichnete die Kapitulationsbedingungen, die folgenden Wortlaut hatten:

„An den Kommandeur der Zweiten Armee
ICH ÜBERGEBE HIERDURCH BEDINGUNGSLOS DIE GESAMTEN UNTER MEINEM BEFEHL STEHENDEN KRÄFTE.

Diese Kräfte umfassen im allgemeinen die Garnison Hamburg. Das unter meiner Verantwortung stehende Gebiet ist aus anliegender Karte A ersichtlich.

ICH VERPFLICHTE MICH:

a) Sicherzustellen, dass die im obigen Gebiet unter meinem Befehl stehenden Kräfte, Marine, Heer und Luftwaffe, nach 18 Uhr am 3. Mai keine weiteren feindlichen Akte gegen die Alliierten Nationen unternehmen.

b) Daß unter meinem Kommando stehende Truppen in Gebieten untergebracht werden, die Sie bestimmen und welche später zu meiner Kenntnis gebracht werden.

c) Daß die Befehlshaber aller Ränge – Armee, Marine und Luftwaffe – bei ihren Truppenteilen verbleiben und verantwortlich sind.

i. Für die Übergabe der Waffen, sobald die Alliierten Truppen einrücken.

ii. Für die Disziplin und das Verhalten der unter ihrem Befehl stehenden Einheiten. Ebenso sollen alle zivilen Beamten auf ihrem Posten bleiben.

d) Daß alliierten Offizieren jede Unterstützung gewährt wird, wenn sie dieses Gebiet besichtigen und Einzelheiten feststellen, welche sie von diesen Einheiten anfordern.

e) Daß – Ihren Wünschen gemäß – Abteilungen bereitgestellt werden, welche Minen, elektrische Ladungen und andere vorbereitete Sprengungen beseitigen und Verkehrsverbindungen aller Art, einschließlich Eisenbahnen, Straßen und Wasserwege wiederherstellen. Es werden keine weiteren Zerstörungen vorgenommen und alle Brücken intakt übergeben.

f) Daß keine amtlichen Dokumente, Urkunden, Kodes oder Chiffren militärischer oder staatlicher Art zerstört oder beseitigt werden. Sie sollen sichergestellt und Ihnen übergeben werden.

g) Bis zum Einzug der Alliierten Truppen Recht und Ordnung aufrechtzuerhalten und bei allen Vorräten an Nahrungsmitteln, Benzin, Brennstoff und Kriegsvorräten aller Art ausreichende Bewachung zu stellen.

h) Daß der Hamburger Rundfunksender mit allen technischen Einrichtungen, Dienststellen und dem technischen Personal vollständig übergeben wird.

i) Daß alle Luftfahrzeuge vom frühestmöglichen Zeitpunkt an, da meine Befehle sie erreichen können, jedenfalls aber nach dem 3. Mai 18 Uhr, am Boden bleiben.

ICH VERBÜRGE MICH DAFÜR:

Den alliierten Gefangenen bis zu dem Augenblick, da sie von Ihnen übernommen werden, volle ausreichende Ernährung zukommen zu lassen.

ICH WERDE BEFEHLEN:

Alle entlassenen Personen verbleiben, bis Sie weitere Anweisungen geben.

Diese Übergabebedingung ist ohne Verbindlichkeit hinsichtlich jedes allgemeinen Übergabeabkommens, das Großbritannien, die Vereinigten Staaten und die UdSSR dem Deutschen Reich auferlegen und kann durch dieses abgelöst werden und ist nicht anwendbar auf das Deutsche Reich und die Deutsche Wehrmacht insgesamt.“

Nachdem er die Urkunde unterzeichnet hatte, bestand Generalmajor Wolz auf der sofortigen Rückkehr nach Hamburg. Vom Divisionshauptquartier des Generalmajors Lyne konnte er – in einem britischen Wagen mit einem britischen Fahrer, da sein eigener Wagen defekt war – die Rückfahrt antreten. Kurz vor 17 Uhr traf

Britische Panzer auf dem Weg zu den Elbbrücken.

der Kampfkommandant im Rathaus ein und hatte gerade noch Zeit für einige dringende Befehle.

In der Hansestadt hatte der Rundfunk während des ganzen Tages in regelmäßigen Abständen die Nachricht vom bevorstehenden Einmarsch und der Ausgangssperre verbreitet. Auf den menschenleeren Straßen standen Schutzpolizisten an Kreuzungen, Brücken und wichtigen öffentlichen Gebäuden. Die Bevölkerung verhielt sich äußerst diszipliniert. Weiße Fahnen waren nirgendwo zu sehen. Die britischen Einheiten hatten sich bereits seit drei Tagen auf den Einmarsch vorbereitet. Um 15.45 Uhr befahlen die Kommandeure Marschbereitschaft, und um 16.13 Uhr begann die Operation „Baltic" – der Einmarsch in die weithin verwüstete Stadt. Die britische 7. Panzerdivision rollte in drei großen Marschsäulen, mit Major Andrae, Hauptmann Dr. Link und Leutnant Otto von Laun als deutschen „Pfadfindern" an der Spitze, auf die Elbbrücken zu, dann über den Heidenkampsweg und die Mönckebergstraße zum Rathausmarkt. Generalmajor Wolz, Major Andrae, Hauptmann Dr. Link und Bürgermeister a.D. Burchard-Motz erwarteten Brigadegeneral Spurling und seine begleitenden Offiziere,

3. Mai 1945: Generalmajor Alwin Wolz begrüßt den britischen Brigadegeneral Spurling vor dem Rathaus.

Captain Mitchell und Captain Hodson, vor dem Portal des Rathauses. Um 18.25 Uhr übergab der Kampfkommandant offiziell die Stadt.

Im Kaisersaal begrüßten die britischen Offiziere Gauleiter Karl Kaufmann, der allein in der Mitte des Raumes stand, mit Handschlag. Bürgermeister Krogmann, Staatssekretär Ahrens, Polizeipräsident Kehrl, Parteifunktionäre und hohe Verwaltungsbeamte waren Zeugen dieser Szene. An einem Tisch nahmen General Spurling und seine Begleiter, Gauleiter Kaufmann, Wolz und Bürgermeister a.D. Burchard-Motz Platz.

Nach der militärischen Kapitulation vollzog nun der Reichsstatthalter Kaufmann die politische Übergabe. Der Brigadegeneral erklärte den anwesenden Deutschen, sie seien zunächst weiter für die Aufrechterhaltung der öffentlichen Sicherheit und Ordnung verantwortlich, und übergab ihnen dazu Befehle. Es war kurz vor 19 Uhr. Kaufmann informierte den Brigadegeneral darüber, dass für ihn und seine Begleitung ein Abendessen im Hotel Atlantic vorbereitet sei.

Hamburg war in britischer Hand – besiegt, besetzt, befreit.

Die Verhaftung von Karl Kaufmann
Das Ende einer Karriere

Einen Tag nach der kampflosen Übergabe Hamburgs, am 4. Mai um 13.30 Uhr, verhafteten Offiziere einer britischen Spezialeinheit den Reichsstatthalter und Gauleiter Karl Kaufmann in der Reichsstatthalterei am Harvestehuder Weg. Das war das Ende einer politischen Laufbahn, die Hamburgs Weg in den Jahren der NS-Diktatur wesentlich geprägt hat. Sie war auch ursächlich für eine zeithistorische Legende, die besagt: In der Hansestadt sei Hitlers Regime weniger brutal, gemäßigter als in anderen Metropolen des Reiches gewesen, der Gauleiter Karl Kaufmann habe diesen „humaneren" politischen Kurs verkörpert, und die Bevölkerung in Hamburg habe Hitler distanzierter gegenübergestanden als die Deutschen anderswo. Jede ernsthafte Diskussion über die Rolle Kaufmanns setzt den Abschied von derlei Thesen voraus, weil sie von den beweisbaren Fakten nicht gedeckt werden.

Es mag der Hinweis auf zwei unbestreitbare Tatsachen genügen: Das Regime, dessen oberster Repräsentant in Hamburg dieser Gauleiter war, hat im Konzentrationslager Neuengamme, vor den Toren der Stadt, rund 55 000 Menschen zum Tode gebracht

– etwa so viele, wie in Hamburg während des Bombenkrieges starben. Und auch die Hamburger haben Hitler auf dem Höhepunkt seiner Macht frenetisch bejubelt, wenn er in die Stadt kam. Seine angebliche Aversion gegen Hamburg ist durch nichts bewiesen.

Karl Kaufmann wurde nach dem Zusammenbruch zum Gegenstand einer bitteren Historikerfehde. Besonders umstritten ist bis auf den heutigen Tag seine Rolle in den letzten Kriegsmonaten. War er ein „geläuterter" Gauleiter mit Verantwortungsbewusstsein und Mut zum persönlichen Risiko, oder war er ein seinem Idol Hitler bis zuletzt völlig ergebener Paladin mit bedingungslosem Gehorsam gegenüber Führerbefehlen, wie verbrecherisch sie auch sein mochten? Er war, von Fall zu Fall und je nach seiner persönlichen Lagebeurteilung, beides. Parteisoldat und politischer Landsknecht mit brutalen, zuweilen jedoch auch humanen Zügen, Inhaber der staatlichen Gewalt mit beträchtlichen organisatorischen Fähigkeiten und einem hoch entwickelten Machtbewusstsein. Im Frühjahr 1945 lag das Geschick der Hansestadt vor allem in den Händen dieses Mannes, dessen Bild in der hamburgischen Geschichte in seiner ganzen Widersprüchlichkeit bestehen bleiben wird.

Der Sohn eines Manufakturwarenhändlers stammte aus Krefeld. Dort wurde er am 10. Oktober 1900 geboren. Eine Ausbildung zum Landwirt brach der Siebzehnjährige ab, um sich als Kriegsfreiwilliger zu melden. Die steile politische Karriere des damaligen Freikorpskämpfers begann im Oktober 1921, als er in München Hitler begegnete und, fasziniert von diesem demagogischen Redner, ohne Zögern und Zaudern der NSDAP beitrat. Seine Mitgliedsnummer 95 wies ihn später als „alten Kämpfer" aus. Hitler beauftragte ihn schon im folgenden Jahr damit, im Ruhrgebiet die Parteiorganisation der NSDAP aufzubauen. Als am 9. November 1923 in München der Hitler-Putsch scheiterte, geriet auch Kaufmann in das Visier polizeilicher Ermittlungen. Er wurde mehrfach verhaftet, entzog sich dann aber dem Zugriff der Behörden, indem er vorübergehend nach Bayern auswich, wo er seinen Lebensunterhalt als Bau- und Holzarbeiter verdiente.

Während der Ruhrbesetzung von 1923 bis 1925 war Kaufmann, ein fanatischer Anhänger des am 26. Mai 1923 in der Golzheimer Heide bei Düsseldorf von den Franzosen hingerichteten Freikorpskämpfers Albert

Leo Schlageter, einer jener jungen, rechtsradikalen Aktivisten, die sich mit dem passiven Widerstand der Reichsregierung unter Kanzler Wilhelm Cuno nicht zufrieden geben mochten und ihren Tatendrang mit Sabotageakten gegen das französische Militär befriedigten.

Hitler hatte längst erkannt, dass dieser junge Mann ein fähiger, weil energischer und durchsetzungsstarker Organisator war, und ernannte ihn 1925 zum Gauleiter des Gaues Rheinland-Nord. In dieser Funktion hatte er einen Untergebenen, mit dem er sich rasch anfreundete – den damaligen Gaugeschäftsführer Joseph Goebbels. Kaufmanns weiterer Aufstieg war atemberaubend: 1926 Gauleiter im Gau Ruhrgebiet-Westfalen, 1928 Wahl in den preußischen Landtag, am 1. Mai 1929 Ernennung zum Gauleiter in Hamburg, wo er schnell der Gegenspieler des in der Arbeiterschaft populären KPD-Chefs Ernst Thälmann wurde, 1930 Reichstagsabgeordneter, 1933 Reichsstatthalter.

Mit 32 Jahren war Karl Kaufmann, der seit dem Ende des Ersten Weltkriegs kaum etwas anderes als politischen und häufig genug paramilitärischen Kampf kennen gelernt hatte, als Gauleiter und Reichsstatthalter der mit weitem Abstand mächtigste Politiker Hamburgs. In der NSDAP war und blieb er, wie er 1946 als Zeuge vor dem Internationalen Mili-

tärgerichtshof in Nürnberg ausgesagt
hat, ein überzeugter Vertreter des sozialistischen Flügels, dessen Wortfüh-
rer der mit ihm befreundete, 1934
während der Röhm-Affäre ermordete
Gregor Strasser und dessen Bruder
Otto Strasser waren. Die von Hitler,
Göring und Himmler inszenierte
Mordserie vom Juni 1934 überstand
Kaufmann in Hamburg, weil er an
seiner persönlichen Ergebenheit
gegenüber Hitler nie den geringsten
Zweifel hatte aufkommen lassen. Das
bewahrte ihn freilich in den Anfangs-
jahren des NS-Regimes nicht vor
massiven Auseinandersetzungen mit

innerparteilichen Gegnern, die auch
gewalttätig ausgetragen wurden und
Kaufmann schließlich als Sieger
sahen.*
    Als der Zweite Weltkrieg begann,
wurde der Gauleiter und Reichsstatthalter zusätzlich zum Reichsverteidigungskommissar für den Hamburger
Wehrkreis** ernannt, und mitten im
Krieg, Ende Mai 1942, übernahm er
auch noch das Reichskommissariat
für die deutsche Seeschifffahrt und
damit die Verantwortung für die
deutsche Handelsflotte. Seit dem 20.
August 1944, als der folgenschwere
Durchbruch der Alliierten bei Avran-

*In dem komplizierten Herrschaftsgefüge des
NS-Regimes waren die von Hitler ernannten
und ihm direkt verantwortlichen Gauleiter in
ihrem Gau, einer territorialen Organisationsein-
heit der NSDAP, die höchsten Repräsentanten
der NS-Partei. Ihnen oblag die Gesamtverant-
wortung in politischer, wirtschaftlicher und kul-
tureller Hinsicht, ferner die Dienstaufsicht über
alle nachgeordneten Parteidienststellen. Die
Gauleiter waren Vorgesetzte aller politischen
Leiter und Amtsträger der NSDAP in ihrem
Gau. Wie dem einstigen Organisationshand-
buch der NSDAP zu entnehmen ist, hatten die
Gauleiter die Autorität der Partei zu wahren,
ihre Tätigkeit und die ihrer Gliederungen (zum
Beispiel der SA und der Hitlerjugend) zu über-
wachen, den Einfluss der NSDAP in der Bevölkerung zu sichern und zu erweitern und zugleich für die weltanschauliche Schulung zu
sorgen. Kaufmanns Dienstsitz als Gauleiter befand sich am Alsterufer 27 in Harvestehude, im
Gebäude des heutigen amerikanischen General-
konsulats.
Die Reichsstatthalter, zumeist zugleich Gauleiter, waren Hitlers ständige Vertreter in seiner
Eigenschaft als Reichskanzler in den deutschen

Ländern. Ihre Aufgabe war die politische Aufsicht über die Landesregierungen. Sie unterstanden der Dienstaufsicht des Reichsinnenmi-
nisters und waren an die Weisungen der
einzelnen Reichsminister gebunden. In Hamburg war der Reichsstatthalter Kaufmann, der
in dieser Funktion seit 1938 in der einstigen
Villa Budge am Harvestehuder Weg 12 residier-
te, zugleich der oberste Leiter der gesamten
Verwaltung, nachdem als Folge des Groß-Ham-
burg-Gesetzes vom 26. Januar 1937 und des
Gesetzes vom 9. Dezember 1937 Hamburg als
selbstständiges Land nicht mehr bestand. Die
Hansestadt war nun ein unmittelbar der Reichs-
gewalt unterstehender Verwaltungsbezirk.

** Die Reichsverteidigungskommissare, ebenfalls Gauleiter, wurden mit Kriegsbeginn Anfang September 1939 für jeweils einen der insgesamt 18 damaligen deutschen Wehrkreise
ernannt. Sie waren als Exekutivorgane des
Reichsverteidigungsrates für die Ausrichtung
aller zivilen Behörden auf die militärischen Er-
fordernisse verantwortlich. In der Endphase des
Kriegs übertrug Hitler ihnen die Ausführung
seiner Zerstörungsbefehle.

Vor dem Abtransport ins Internierungslager: Wehrmachtsoffiziere und Parteifunktionäre.

ches und der unmittelbar bevorstehende Fall von Paris den Zusammenbruch der deutschen Westfront signalisierten und die Wehrmachtsführung sich auf eine Landung der Alliierten in der Deutschen Bucht einzurichten begann, war Kaufmann zugleich Reichsverteidigungskommissar Küste für die Gaue Hamburg, Schleswig-Holstein, Ost-Hannover und Weser-Ems einschließlich Bremens. Diese Ämterfülle gab ihm nicht nur enorme Macht, sondern zugleich ein immenses Herrschaftswissen, das er durch vorzügliche Verbindungen innerhalb des NS-Herrschaftsapparates, insbesondere zu dem Rüstungsminister Albert Speer, und zu populären Militärs wie dem Generalfeldmarschall Erwin Rommel, systematisch aktualisierte und erweiterte.

Nach der Übergabe Hamburgs hat Kaufmann in seinen Vernehmungen durch britische Geheimdienstoffiziere ausgesagt, er habe Hitler nach den Bombenangriffen vom Spätsommer 1943 (deren Folgen ihn zu einer auch von alliierten Experten anerkannten, enormen organisatorischen Leistung herausforderten) in insgesamt 13 mündlichen, durch umfangreiche

Unterlagen untermauerten Berichten den Ernst der Lage dargelegt und dabei insbesondere die Konsequenzen der alliierten Luftoffensive gegen die deutschen Großstädte und das Industriepotential des Reiches geschildert. Hitler habe sich jedoch der erhofften Einsicht, zumindest gegenüber den Westmächten sei ein Einlenken von äußerster Dringlichkeit, starrsinnig verweigert.

So zutreffend diese Aussage des Ex-Gauleiters gewesen sein mag, so sicher ist andererseits: Insbesondere in den letzten beiden Kriegsjahren hat Kaufmann alles getan, um in der Öffentlichkeit auch nicht den leisesten Zweifel daran aufkommen zu lassen, dass er bedingungslos hinter Hitler, seinem Macht- und Herrschaftssystem stehe. An dieser Haltung hat ihn seine seit den Großangriffen auf Hamburg im Sommer 1943 wachsende Überzeugung, dass Deutschland den Krieg nicht mehr gewinnen könne, nicht gehindert. Drakonische Maßnahmen gegen Regimegegner, verbrecherische Menschenrechtsverletzungen nicht nur in den Konzentrationslagern Fuhlsbüttel und Neuengamme, haben Kaufmann, den Träger der obersten politischen Verantwortung in der Hansestadt, trotz einer bis 1945 unbestreitbaren Popularität in der Bevölkerung nach dem Krieg den Ruf eingetragen, er sei zwar nicht korrupt wie so viele ande-

re Würdenträger des Regimes, aber alles in allem eben doch schuldhaft und tief in die Untaten des Regimes verstrickt gewesen. Der erwiesenermaßen beharrliche und schließlich erfolgreiche Versuch, seiner Stadt das Schicksal Bremens, die schaurige Tragödie einer Eroberung Straße um Straße zu ersparen, ändert daran nichts. Dabei ist anzumerken, dass es in der Schlussphase auf Kaufmann und seine Haltung nicht mehr ankam.

Als Zeuge im Prozess gegen die Lagerführung des Konzentrationslagers Neuengamme wie im Nürnberger Prozess gegen die Führung des NS-Regimes hat Kaufmann sich 1946 bemüht, seine Rolle in Hamburg als moderat darzustellen, etwa im Hinblick auf die Kirchen, denen er Schutz gewährt habe. Auch nahm er für sich in Anspruch, die Judenverfolgungen seien in der Hansestadt nicht so drakonisch verlaufen wie in anderen deutschen Großstädten. Das ist beweisbar unzutreffend. Noch am 30. Januar 1945 wurden Juden aus Hamburg in das KZ Theresienstadt deportiert. Die meisten überlebenden Opfer der NS-Herrschaft haben Kaufmanns Entlastungsstrategie jedenfalls anhand ihrer eigenen und der Erfahrungen ihrer Leidensgenossen zu keinem Zeitpunkt nachvollziehen können.

Kaufmann wurde nach der Übergabe Hamburgs bis 1948 in Internierungshaft genommen, die er im früheren KZ Neuengamme verbrachte. Ein Spruchkammerverfahren musste vorläufig eingestellt werden, da der Ex-Gauleiter aus gesundheitlichen Gründen für verhandlungsunfähig erklärt worden war. Er hatte 1946 während des Transports nach Nürnberg einen Unfall mit schwerem Schädeltrauma erlitten. 1950 und 1953 wurde Kaufmann erneut festgenommen, doch zu einem Prozess wegen Verbrechens gegen die Menschlichkeit kam es angesichts seines Gesundheitszustandes nach beiden Verhaftungen nicht. Hamburgs mächtigster Mann während der NS-Zeit lebte zurückgezogen als Versicherungskaufmann in der Stadt, die ihm und der er zum Schicksal geworden war. Er starb am 4. Dezember 1969.

Inferno auf See
7000 Tote in der Neustädter Bucht

Donnerstag, der 3. Mai 1945 – ein Tag der Erleichterung und des Schreckens zugleich.

Hamburgs Bevölkerung atmete auf, als der Krieg endlich vorüber war – aber eben nur für die Hansestadt. In derselben Stunde, in der der Kampfkommandant, Generalmajor Alwin Wolz, im Hauptquartier der 2. britischen Armee in Häcklingen bei Lüneburg die Kapitulationsurkunde unterzeichnete, kam es im benachbarten Schleswig-Holstein knapp eine Woche, bevor die Waffen in Europa schwiegen, zu einer der furchtbarsten Tragödien des gesamten Zweiten Weltkriegs. Das Stichwort dieser Katastrophe: „Cap Arcona".

Der Turbinen-Schnelldampfer „Cap Arcona" war das Flaggschiff der Hamburg-Südamerikanischen Dampfschifffahrts-Gesellschaft und galt als „Königin des Südatlantik" Das mit 27.561 Bruttoregistertonnen (BRT) vermessene Schiff lief am 14. Mai 1927 bei der Hamburger Werft Blohm & Voss vom Stapel. Am 19. Dezember 1927 trat die „Cap Arcona" die Jungfernreise an den La Plata an. Der 205,9 Meter lange und 25,7 Meter breite Luxusliner war mit einer 28000 PS leistenden Turbinen-

anlage ausgerüstet. Die Reisegeschwindigkeit betrug rund 20 Seemeilen pro Stunde. Der hintere der drei Schornsteine diente lediglich der Silhouettenpflege. Für das Wohl der 1256 Passagiere sorgten 475 Besatzungsmitglieder. In den zwölf Jahren bis zum Ausbruch des Zweiten Weltkriegs absolvierte das Schiff 91 Rundreisen und wurde Ende November 1940 als grau gestrichenes Wohnschiff der Kriegsmarine nach Gotenhafen (Gdynia) verlegt. Im Frühjahr 1945 wurde die „Cap Arcona", die sich bereits in einem technisch bedenklichen Zustand befand, zur Evakuierung von Flüchtlingen aus den deutschen Ostprovinzen und von verwundeten Soldaten nach Schleswig-Holstein eingesetzt. Seit dem 14. April 1945 lag das Schiff mit Maschinenschaden vor Neustadt.

An diesem Tag erhielten die Lagerkommandanten der noch nicht befreiten Konzentrationslager einen Befehl des Reichsführers SS, Heinrich Himmler, zum „Verhalten bei Feindannäherung" mit dem folgenden Wortlaut:

„Die Übergabe kommt nicht in Frage. Das Lager ist sofort zu evakuieren. Kein Häftling darf lebend in die

Hände des Feindes fallen." Als Konsequenz daraus beschlossen hohe SS-Führer, mehrere Passagier- und Frachtschiffe mit Häftlingen aus Konzentrationslagern, vor allem aus dem Lager Neuengamme, zu belegen und dann in der Ostsee zu versenken. Dabei wurde einkalkuliert, dass die alliierten Luftstreitkräfte die zum Teil mit Flakgeschützen bestückten Schiffe als militärische Ziele vernichten würden. Im Zuge der Räumung des Lagers Neuengamme ab 20. April 1945 wurden rund 6000 Häftlinge auf dem Schienenweg in den Lübecker Industriehafen und nach Neustadt gebracht. Hinzu kamen die Überlebenden grausamer Seetransporte aus dem Lager Stutthof bei Danzig und der berüchtigten Todesmärsche, vor allem aus den Lagern Buchenwald, Ravensbrück, Wöbbelin, Sachsenhausen und dem Auschwitz-Nebenlager Fürstengrube.

Anfang Mai bestand die Häftlingsflotte in der Neustädter Bucht aus der „Cap Arcona", dem Passagierschiff „Deutschland" (20 602 BRT) der HAPAG sowie den Frachtschiffen „Athen" (4451 BRT) der deutschen Levante-Linie und „Thielbek" (2815 BRT) der Reederei Knöhr & Burchardt. Die zivilen Schiffsführer, die sich wie „Cap Arcona"-Kapitän Heinrich Bertram der Belegung mit Häftlingen widersetzt hatten, waren von der SS mit standrechtlicher Erschie-

ßung bedroht worden. Am 3. Mai befanden sich auf der „Cap Arcona" knapp 5000 Menschen, darunter 70 Besatzungsmitglieder, 400 Mann der Marineartillerie und zwei Dutzend SS-Offiziere. 2800 KZ-Häftlinge waren auf der „Thielbek" eingepfercht worden, weitere 2000 auf der „Athen". Nachdem am 1. Mai durch den Rundfunk bekannt geworden war, dass Hitler nicht mehr lebte und Großadmiral Dönitz zu seinem Nachfolger bestimmt hatte, erhielt die britische Militärführung Meldungen, nach denen Dönitz beabsichtige, sich mit den letzten deutschen Truppen, die seinem Befehl unterstanden, nach Norwegen abzusetzen, um dort weiteren Widerstand zu organisieren. Sie wurden ergänzt durch Aufklärungsergebnisse über deutsche Schiffskonzentrationen. Dies führte offenbar auf alliierter Seite zu dem Entschluss, die Reste der deutschen Flotte zu vernichten. Gesicherte Erkenntnisse darüber, dass sich auf den Schiffen Tausende von KZ-Häftlingen befanden, erreichten das Hauptquartier der 2. Taktischen Luftflotte der Royal Air Force zwei Stunden zu spät. Am 3. Mai um 14.00 Uhr starteten drei Staffeln britischer Jagdbomber von Flugplätzen in Niedersachsen zu einem Großangriff und bombardierten Ziele in der Ostsee und vor Neustadt. Gleich die erste Staffel, neun einmotorige Maschinen vom Typ Typhoon IB, feuerte Raketenbomben auf die „Cap Arcona", die schnell lichterloh brannte. Auf diesem Schiff kam es ebenso wie auf den übrigen angegriffenen Schiffen zu entsetzlichen Szenen. Die „Cap Arcona" brannte langsam aus und legte sich auf die Seite, die „Deutschland" kenterte, die Thielbek" sank innerhalb von 15 Minuten. Weniger als tausend Menschen überlebten dieses Inferno auf See. Insgesamt kamen bei der Katastrophe in der Neustädter Bucht rund 7000 Menschen ums Leben. Sie wurden in Sammelgräbern an der Ostseeküste beigesetzt. In den folgenden Wochen und Monaten wurden nahezu an jedem Tag Leichen an den Stränden der Lübecker Bucht, aber auch an der mecklenburgischen Ostseeküste angespült, und noch zwanzig Jahre danach fanden spielende Kinder immer wieder Knochenteile im Sand. Rechnet man zu den Opfern der Tragödie auf See noch die KZ-Häftlinge hinzu, die an diesem Tag im Raum Neustadt in dem allgemeinen Chaos kurz vor dem Einmarsch britischer Einheiten von fanatischen SS-Trupps liquidiert wurden oder durch Hunger und Entkräftung starben, so fanden dort am 3.Mai 1945 weit mehr als 8000 Menschen den Tod.

In der Nähe von Lüneburg, in seinem aus Zelten bestehenden Gefechtsstand auf dem Timeloberg bei Wendisch-Evern, erwartete der briti-sche Feldmarschall Bernard Law Montgomery in den Mittagsstunden dieses dramatischen Tages die angekündigte Delegation des Oberkommandos der Wehrmacht: Generaladmiral Hans-Georg von Friedeburg, General der Infanterie Eberhard Kinzel, Konteradmiral Gerhard Wagner, Major Friedel. Sie kamen in zwei feldgrauen Wehrmachts-Limousinen, eskortiert von einem britischen Panzerspähwagen. Herzstück des kleinen Zeltdorfes, das „Monty" hatte aufbauen lassen, war sein Wohnwagen, in dem stets ein Bild des deutschen Feldmarschalls hing, gegen den er gerade kämpfte – erst Erwin Rommel in Afrika, dann Walter Model an der Westfront, nun Ernst Busch. Montgomery wusste, dass es nach der bereits vereinbarten kampflosen Übergabe Hamburgs nun um eine Teilkapitulation im gesamten nordwestdeutschen Raum gehen würde. Er war, anders als der alliierte Oberbefehlshaber General Dwight D. Eisenhower, dem er unterstand, völlig ohne Illusionen über die politischen Konsequenzen des deutschen Zusammenbruchs und über die sowjetischen Ziele. In seinen „Memoiren" schrieb er: „Nach meiner Ansicht waren die herannahenden Russen gefährlicher als die geschlagenen Deutschen. Die vordringlichste Aufgabe war daher für mich, so schnell wie möglich weiter vorzustoßen bis zur

Die brennende „Cap Arcona".

Ostsee und dann eine Front nach Osten aufzubauen. Dies war die einzige Möglichkeit, die Russen daran zu hindern, nach Schleswig-Holstein und von dort nach Dänemark zu gelangen."

Dieses Ziel war erreicht, als englische Truppen am 2. Mai Lübeck und Wismar besetzten – Wismar nur sechs Stunden vor den Russen. Unverzüglich ließ Montgomery nun auf der Linie Wismar–Dömitz eine Front gegen die Rote Armee und auf der Linie Lübeck–Hamburg eine Front gegen die Deutschen aufbauen, um so einen alliierten Korridor zwischen der Elbe und der Ostsee zu schaffen. Der bislang in Plön amtierende Großadmiral Karl Dönitz, dem nun die Verantwortung für den politischen und militärischen Vollzug der deutschen Niederlage zugefallen war, versuchte in dieser Situation einen Rest von Handlungsfreiheit zu bewahren. Sein Ziel war es, die deutsche Gesamtkapitulation um acht bis zehn Tage hinauszuschieben, um so möglichst viele der an der Ostfront gegen die Rote Armee kämpfenden deutschen Soldaten vor dem Zugriff der Russen zu retten, indem er ihnen die Möglichkeit eröffnete, sich in britische Gefangenschaft zu begeben. Zugleich wollte er erreichen, dass die flüchtenden Zi-

vilisten die britischen Linien passieren durften. Für die durch Holstein
verlaufende deutsch-britische Front
wollte Dönitz mit Montgomery eine
Vereinbarung treffen, nach der sich
die deutschen Verbände langsam vor
den britischen Streitkräften zurück-
ziehen konnten. Das war die Aus-
gangslage für die deutsche Delegation
unter Generaladmiral von Friedeburg. Ihre Ankunft am Nachmittag
des 3. Mai beschrieb Montgomery in
seinen „Memoiren" wie folgt: „Sie
wurden bis vor meinen Wohnwagen
geführt, so dass sie gerade unter der
englischen Flagge standen, die stolz
im Winde flatterte. Ich ließ sie zunächst ein paar Minuten warten,
dann trat ich aus meinem Wohnwagen und ging auf sie zu. Sie legten
unter der Flagge stehend alle die
Hand an die Mütze. Es war ein denk-
würdiger Augenblick. Die Deutschen
kamen, um sich zu ergeben. Der
Krieg war zu Ende."

Natürlich war Montgomery bewusst, dass der Krieg in diesem Augenblick formal keinesfalls beendet
war, und der Verlauf des Treffens mit
der deutschen Delegation zeigte das
auch sehr deutlich. Generaladmiral
von Friedeburg verlas zunächst, vor
Montgomery stehend, einen Brief des
OKW-Chefs, Generalfeldmarschall
Wilhelm Keitel, mit dem Kapitula-
tionsangebot für die drei deutschen
Armeen, die sich zwischen Berlin und

Rostock vor der Roten Armee zu-
rückzogen, und für die deutschen
Streitkräfte in Norddeutschland.
Außerdem bat er darum, Zivilflücht-
lingen zu erlauben, die britischen Linien in Richtung Schleswig-Holstein
zu passieren.

Montgomery reagierte auf diesen
Brief äußerst kühl: „Die drei Armeen,
von denen Sie sprechen, kämpfen
doch gegen die Russen. Wenn sie sich
jemandem ergeben wollen, dann
müssen sie sich den Russen ergeben.
Mich geht das nichts an." Etwas ver-
bindlicher fuhr er fort: „Meine Truppen werden jedoch einzelne deutsche
Soldaten, die sich mit erhobenen
Händen unseren Linien nähern, zu
britischen Gefangenen machen."
Über die zivilen Flüchtlinge äußerte
der Feldmarschall sich nicht. Dann
stellte er von Friedeburg die für ihn
entscheidende Frage: „Sind Sie bevollmächtigt, mir die bedingungslose
Kapitulation sämtlicher deutschen
Truppen an unserer West- und Nord-
flanke anzubieten, also sämtliche Verbände zwischen Lübeck und Holland,
und die Truppen in Dänemark?"

Generaladmiral von Friedeburgs
Antwort: „Nein."

Montgomery ließ nun keinen
Zweifel daran, dass er nur eine solche
Kapitulationserklärung entgegenneh-
men könne. Werde sie vom deutschen
Oberkommando verweigert, so wür-
den die Kampfhandlungen mit aller

Härte fortgesetzt, und es seien die Deutschen, auf die dann die Verantwortung für weitere Opfer unter der Wehrmacht und der Zivilbevölkerung zurückfalle. Bis zum Abend des nächsten Tages müsse darüber Klarheit herrschen. Um diesen Worten Nachdruck zu verleihen, führte er den Generaladmiral und seine Begleiter vor eine Lagekarte. Die OKW-Parlamentäre, die nur unzureichend über den britischen Vormarsch unterrichtet waren, erkannten sofort, wie aussichtslos der Kampf an der Westfront gegen einen weit überlegenen Gegner für die dezimierten deutschen Verbände war. Generaladmiral von Friedeburg verlor für mehrere Minuten die Selbstbeherrschung; ihm liefen die Tränen über das Gesicht. Montgomery befahl nun, der deutschen Delegation in einem der Zelte eine Mahlzeit zu servieren. Ein britischer Major wurde dazu abgeordnet und hat später die beklommene Stimmung während dieser knappen Stunde geschildert.

Da die Vollmacht der Delegation nicht ausreichte, um Montgomerys Forderungen zu erfüllen, wurde vereinbart, dass Generaladmiral von Friedeburg und Major Friedel zu Dönitz fahren sollten, um dessen Einverständnis mit einer Teilkapitulation im gesamten nordwestdeutschen Raum herbeizuführen. General Kinzel und Konteradmiral Wagner blieben im britischen Hauptquartier.

Montgomery war sicher, dass Dönitz auf seine Forderungen eingehen würde, und ließ deshalb die Unterzeichnungszeremonie sorgfältig vorbereiten. Sie sollte in einem großen Armeezelt auf dem Timeloberg stattfinden, das der Feldmarschall in seinen Erinnerungen so beschrieb: „Die Einrichtung des Zeltes war ganz schlicht: eine Tischplatte auf Böcken mit einer wollenen Kommissdecke, darauf ein Tintenfass und ein gewöhnlicher Federhalter, wie man sie in jeder Kantine für 2 Pence kaufen konnte. Auf dem Tisch standen zwei Mikrofone des britischen Rundfunks." Kurz vor der Rückkehr der beiden deutschen Parlamentäre, am 4. Mai um 17 Uhr, unterrichtete er die alliierten Kriegskorrespondenten in einer Pressekonferenz über das bevorstehende Ereignis. Er hatte sich nicht getäuscht: Gegen 18 Uhr erschienen der Generaladmiral und der Major und erklärten, das Oberkommando der Wehrmacht stimme der Teilkapitulation zu. Montgomery bat von Friedeburg zunächst zu einem Gespräch unter vier Augen in seinen Wohnwagen, um sich zu vergewissern, dass der Generaladmiral zur bedingungslosen Kapitulation bevollmächtigt war. Dann wurden die vier deutschen Offiziere in das Zelt geleitet. Montgomery forderte sie auf, Platz zu nehmen, setzte sich etwas umständlich die Brille auf und begann, die Kapitulationsurkunde in englischer Sprache zu verlesen: „Das deutsche Oberkommando erklärt sich einverstanden mit der Übergabe sämtlicher deutschen Streitkräfte in Holland, in Nordwestdeutschland einschließlich der friesischen Inseln und Helgoland und aller anderen Inseln in Schleswig-Holstein und Dänemark an den Oberbefehlshaber der 21. Heeresgruppe. Das schließt alle Schiffe in diesen Zonen ein. Diese Streitkräfte haben die Waffen zu strecken und sich bedingungslos zu ergeben. 2. Alle Kampfhandlungen auf dem Lande, zur See und in der Luft durch deutsche Streitkräfte in den vorgenannten Gebieten sind um 08.00 Uhr vormittags doppelte britische Sommerzeit am Sonnabend, dem 5. Mai 1945 einzustellen …“

Als Montgomery den vollständigen, sieben Punkte umfassenden Text verlesen hatte, blickte er auf und befahl: „Die deutsche Delegation wird jetzt unterschreiben, und zwar nach der Rangordnung. Generaladmiral von Friedeburg als erster.“ Der Leiter der deutschen Delegation erhob sich und setzte schweigend seinen Namen unter das Dokument, gefolgt von General Kinzel, Konteradmiral Wagner und Major Friedel. Dann sagte Montgomery: „Jetzt werde ich für den alliierten Oberbefehlshaber, General Ei-

senhower, unterschreiben.“ Er fügte als Datum „5. May 1945“ hinzu, und als er bemerkte, dass er sich geirrt hatte, strich er die 5 durch und setzte eine 4 davor. Es war 18.30 Uhr. In der Stille dieses historischen Augenblicks war nur das Surren der Filmkameras zu hören. Montgomery nahm die Brille ab und sagte in die Stille hinein: „Hiermit ist die formelle Übergabe beendet.“ Die Deutschen erhoben sich und verließen das Zelt.

So wurde vor den Toren Hamburgs faktisch das Ende des Zweiten Weltkriegs in Europa besiegelt, denn die Zeremonie auf dem Timeloberg nahm die beiden deutschen Gesamtkapitulationen in Reims in der Nacht zum 8. Mai durch Generaloberst Alfred Jodl und in Berlin-Karlshorst in der Nacht zum 9. Mai durch Generalfeldmarschall Wilhelm Keitel vorweg. Der Timeloberg wurde zum „Victory hill“. Montgomery ließ einen Gedenkstein aufstellen, doch die Platte mit der Inschrift wurde gestohlen. Eine vergrößerte Nachbildung des Gedenksteins wurde später in das Royal Military College in Sandhurst geschafft, wo Montgomery seine militärische Laufbahn begonne hatte. Der „Victory hill“ wurde wieder zum Timeloberg, der Teil eines Bundeswehrgeländes ist. Nichts erinnert dort an den 4. Mai 1945.

Panzerspähwagen und Dudelsäcke
Die Engländer sind da!

Die „Stunde Null", das Ende des NS-Regimes und der Beginn der Besatzungszeit, manifestierte sich für die Hamburgerinnen und Hamburger am 3. Mai 1945 in der Form hellroter Plakate mit dem folgenden Text:

„Bekanntmachung!
Der Befehlshaber der englischen Besatzungstruppen hat folgende Anordnungen erlassen:
Heute mittag beginnt der Einmarsch der Besatzungstruppen.
Ab 13 Uhr besteht Ausgehverbot für die Bevölkerung, mit Ausnahme der Angehörigen der Versorgungsbetriebe (Elektrizitäts-, Gas- und Wasserwerke).
Die Dauer des Ausgehverbots wird von der Disziplin der Bevölkerung abhängig gemacht.
Die Verantwortung für die Durchführung dieser Maßnahme wird der Hamburger Polizei übertragen.
Bei Nichtbefolgung wird außerdem die Besatzungsmacht mit Waffengewalt einschreiten …
Der gesamte Verkehr wird um 12 Uhr eingestellt."

Zwar verzögerte sich der Einmarsch bis zum frühen Abend, doch wurde das Ausgehverbot ab 13 Uhr strikt befolgt. Die Disziplin der Bevölkerung, das heben alle Berichte über das Kriegsende in der Hansestadt hervor, war mustergültig. Aber wer die Möglichkeit dazu hatte, versuchte gleichwohl, sich durch die geschlossenen Fenster einen vorsichtigen Eindruck von den einrückenden neuen Herren der Hansestadt zu verschaffen. Das Bild, das sich solchen neugierigen Blicken am Abend des 3. Mai und am Vormittag des 4. Mai bot, war in den Stadtteilen durchaus unterschiedlich. Auf der Hammer Landstraße rollten lange Kolonnen von Panzern, die ihre Geschützrohre drohend auf die Ruinen links und rechts richteten, und Militärlastwagen in die Innenstadt, begleitet von Jeeps, deren Soldaten ihre Maschinenpistolen im Anschlag hatten – ein martialisches Bild. In Volksdorf hingegen bot sich den wenigen Einwohnern, die den Blick durch das Fenster riskierten, eine ganz andere Szene: Ein britischer Panzerspähwagen vorweg, gefolgt von einer schottischen Militärkapelle, deren zwei Dutzend Musiker in den traditionellen weißen Kniestrümpfen, den bunt gemusterten Röcken, den Baretten eine Militärkolonne anführ-

Bekanntmachung!

Der Befehlshaber der englischen Besatzungstruppen hat folgende Anordnungen erlassen:

Heute mittag
beginnt der Einmarsch der Besatzungstruppen

Ab 13 Uhr besteht Ausgehverbot für die Bevölkerung, mit Ausnahme der Angehörigen der Versorgungsbetriebe (Elektrizitäts-, Gas- und Wasserwerke).

Die Dauer des Ausgehverbots wird von der Disziplin der Bevölkerung abhängig gemacht.

Die Verantwortung für die Durchführung dieser Maßnahme wird der Hamburger Polizei übertragen.

Bei Nichtbefolgung wird außerdem die Besatzungsmacht mit Waffengewalt einschreiten.

Der Polizeipräsident von Hamburg gibt hierzu ergänzend bekannt:

Zur Durchführung des erlassenen Ausgehverbots sind die Behörden und Betriebe, mit Ausnahme der Versorgungsbetriebe (Elektrizitäts-, Gas- und Wasserwerke), ab 10 Uhr zu schließen.

Notbetrieb (Sonntagsdienst) ist aufrechtzuerhalten.

Von den Versorgungsbetrieben sind den Angehörigen der Betriebe entsprechende Ausweise auszustellen.

Der gesamte Verkehr wird um 12.00 Uhr eingestellt.

Hamburg, den 3. Mai 1945.

Der bevorstehende Einmarsch wurde mit Wandplakaten und Handzetteln bekanntgemacht.

ten. Ihre Dudelsack-Musik übertönte das Motorengeräusch.

Die Stimmungslage in der Stadt war ambivalent. Einerseits war jedermann zutiefst erleichtert darüber, den Krieg überlebt zu haben und nachts endlich wieder schlafen zu können, ohne durch heulende Sirenen geweckt zu werden. Das war eine elementare Empfindung. Zugleich herrschte jedoch Unsicherheit und Zukunftsangst. Was würden die nächsten Tage, Wochen und Monate bringen? Niemand hatte eine schlüssige Antwort. Besiegt, besetzt, befreit – jede dieser Zustandsbeschreibungen traf zu und war Bestandteil einer psychologischen Verfassung der Menschen, die der Begriff der „Stunde Null" nur sehr unvollkommen wiedergibt. Der tägliche Existenzkampf forderte jeden Einzelnen in einem heute nur schwer nachvollziehbaren Ausmaß, denn die staatliche Daseinsvorsorge war zertrümmert wie die ganze Stadt.

Der britische Brigadegeneral Douglas Spurling hatte dem Reichsstatthalter Karl Kaufmann am Abend des 3. Mai bei der Übergabezeremonie im Rathaus Befehle übergeben, die im Wesentlichen die Gewährleistung der Sicherheit und Ordnung für die Besatzungstruppen betrafen. Da britische Offiziere Kaufmann am 4. Mai mittags verhaftet hatten, trug nun zunächst der „Regierende Bürgermeister" Carl Vincent Krogmann, der bislang Kaufmann unterstand und völlig von seinen Anweisungen abhängig war, die Verantwortung für die Umsetzung dieser Befehle. Krogmann hatte noch am 2. Januar 1945 in der traditionellen „Versammlung eines Ehrbaren Kaufmanns" im Rathaus (die Börse war zum Teil zerstört) allen Ernstes versichert: „Wir

können auch dem kommenden Jahr in Ruhe entgegensehen, denn … bei unseren Gegnern fängt es bereits bedenklich zu knistern an." Nun musste Krogmann sich mit der furchtbaren Hinterlassenschaft des NS-Regimes befassen, für das er als überzeugter Nationalsozialist stets mit Verve eingetreten war.

Am 5. Mai fand eine Senatssitzung statt. Ihr Protokoll vermittelt einen anschaulichen Eindruck der administrativen Probleme, die sich mit der „Stunde Null" stellten. In diesem Zeitdokument heißt es:

„In Kürze wird eine englische Militärregierung sich im Standardhaus einrichten. Dorthin sollen dann Bevollmächtigte für die einzelnen Zweige der Verwaltung abgestellt werden. Zur Zeit ist Bürgermeister Krogmann allein zur Entgegennahme von Befehlen der Besatzungstruppe ermächtigt. Montag, den 7. Mai 1945, 9 Uhr, findet im Rathaus eine Besprechung der Kreisleiter, Kreisamtsleiter und Ortsgruppenleiter statt. Die Benachrichtigung der Beteiligten durch Gaustabsamtsleiter Dahlem übernimmt Senatssyndikus Tiedt. Alle Beteiligten sollen eine schriftliche Erklärung abgeben, dass sie zu der Besprechung erscheinen. Auf Anfrage von Regierungsvizepräsident Dr. Bock von Wülfingen, ob die Staatsverwaltung aufgelöst werden soll, erklärt Bürgermeister Krogmann, dass organisatori-

Britische Panzer vor dem Dammtor-Bahnhof.

sche Änderungen zur Zeit nicht durchgeführt werden sollen. Regierungsvizepräsident Dr. Bock von Wülfingen teilt mit, dass er die Staatsverwaltung unter seiner Leitung nach dem Gebäude Isestraße 146 verlegt habe. Es soll geklärt werden, ob Befehle der Besatzungstruppe an die Reichssonderverwaltung unmittelbar oder durch Vermittlung des Bürgermeisters gegeben werden. Für Transporte von Lebensmitteln soll versucht werden, auch Schuten einzusetzen. Wenn Kontrollschwierigkeiten entstehen, soll dasselbe Verfahren wie bei der Heranschaffung von Baustoffen angewendet werden … Die Verhandlungen mit der Besatzungstruppe erstrecken sich zunächst darauf, dass die Ordnung gesichert wird. Die Besatzungstruppe hat sich bereiterklärt, Zahlungsmittel zur

Verfügung zu stellen, wenn die vorhandenen Bestände zur Sicherung des Wirtschaftslebens nicht ausreichen sollten. Stadtkämmerer Velthuysen führt alle Verhandlungen für finanzielle Fragen mit den Engländern. Grundsätzlich soll nur eine Stelle mit den Engländern über bestimmte Fragen verhandeln."

Auch am Tag darauf, Sonntag, 6. Mai, trat der Senat zusammen. Nun ging es um den Schulunterricht, der „entgegen dem Wunsch der Eltern" vorläufig noch nicht wieder aufgenommen werden könne, um die Beschlagnahme des Schauspielhauses durch die Engländer, um die Bewachung von Kunstschätzen, für die der Polizeipräsident keinerlei „zusätzliche Kräfte" zur Verfügung stellen könne, und dem Oberregierungsrat Busse wurde der Auftrag erteilt, zu klären, ob „Inhaber von Jagdscheinen ihre Jagdgewehre abliefern müssen", und ob, wie dies in einzelnen Ortsteilen angeordnet worden sei, „Fotoapparate und Ferngläser bei den Polizeidienststellen abzugeben sind".

Nach diesen Punkten kamen sehr viel ernstere Probleme zur Sprache:

„Bis zu 200 000 Vertriebene müssen demnächst vorübergehend in Hamburg aufgenommen und verpflegt werden. Ob die hier noch anwesenden Ausländer nach den für die deutsche Bevölkerung geltenden Bestimmungen oder nach den vor dem

9. April 1945 geltenden Sätzen verpflegt werden sollen, wird Herr Senatssyndikus Dr. Ziegler bei den englischen Stellen klären. Bürgermeister Krogmann wird klären, ob Russen, die arbeiten wollen, weiter beschäftigt werden dürfen. In den nächsten Tagen wird die Ausländerfrage durch einen Erlass der Besatzungsmacht geklärt. Verstöße gegen den Erlass sollen bestraft werden. Die Ausländerlager werden zur Zeit von englischen Kommissionen besucht. Die bisherigen Lagerverwalter werden ihres Postens enthoben und Ausländer als Kommandanten eingesetzt. Die deutschen Lagerführer stehen dem neuen Lagerkommandanten zur Verfügung. Herr Henke soll die Ausländerlager täglich kontrollieren lassen. Lebensmittelankäufe für die Ausländerlager erfolgen auf Kosten des Reiches. Die dafür erforderlichen Summen sind dem Stadtkämmerer aufzugeben. Der Stadtkämmerer ist über alle Maßnahmen zu unterrichten, die finanzielle Auswirkungen nach sich ziehen. Falls Änderungen in der ärztlichen Betreuung der Lagerinsassen vorgenommen werden, muss Senator Dr. Ofterdinger sofort verständigt werden."

Am 7. Mai, dem vierten Tag der Besatzungszeit, ging es im Senat ums Geld. Stadtkämmerer Velthuysen gab zu Protokoll, dass „die Gemeinde nicht in der Lage ist, die jetzt an sie herantretenden besonderen finanziellen Anforderungen aus eigenen Mitteln zu erfüllen. Der Stadtkämmerer wird sich mit dem Oberfinanzpräsidenten in Verbindung setzen, um Zuschüsse aus Reichsmitteln zu erlangen." Im Rathaus tat man so, als gebe es noch ein Reich und einen Reichshaushalt. Der Finanzsachverständige der Besatzungsmacht hingegen befasste den Senat mit einem ganz anderen Thema: Er verlangte, wie dem Protokoll zu entnehmen ist, „die Vorlage einer Liste der bei der Kämmerei beschäftigten alten Kämpfer" – der NSDAP-Mitglieder mit frühen Eintrittsdaten. Der Stadtkämmerer nahm das zum Anlass für die Vermutung, dass „ähnliche Listen auch von den anderen Verwaltungen und Ämtern gefordert werden". Für den ordnungsmäßigen Gang der Verwaltung sei es erforderlich, dass „derartige Auflagen wie bisher zentral von der Hauptverwaltung erfüllt werden. Bürgermeister Krogmann stimmt zu." Auch der zerbombte Hafen kam in dieser Senatssitzung zur Sprache. Das Protokoll vermerkt dazu, Verhandlungen sollten nur unter dem Gesichtspunkt geführt werden, dass „der Hafen Eigentum der Hansestadt Hamburg ist".

Beschlossen wurde am 7. Mai weiter, die Besatzungsmacht erneut darauf hinzuweisen, dass „die Plünderungen in Wulfsdorf anhalten. Um Abhilfe soll gebeten werden." Mit Er-

leichterung nahm der Senat zur Kenntnis, dass die Besatzungsmacht zugesagt hatte, „für Lebensmitteltransporte von auswärts" 200 Lastkraftwagen zur Verfügung zu stellen. Des Weiteren sollte der Obersenatsrat Dr. Zipfel „eine Mitteilung für den Rundfunk in englischer und deutscher Sprache vorbereiten, wie die Beschlagnahme von Wohnungen geregelt ist". Sodann wurde festgelegt, dass Vorlagen für Besprechungen mit den Engländern, konkret mit Oberst Alker, „Bürgermeister Krogmann spätestens am Tage vor der angesetzten Besprechung vorzulegen" seien. Zu klären waren überdies die „Frage der Bewaffnung und der Dienstgänge der Polizeibeamten in der Nacht", ferner die mit Rücksicht auf das Ausgehverbot erforderliche vorzeitige Dienstbefreiung der städtischen „Gefolgschaftsmitglieder" für den rechtzeitigen Heimweg. Der „Städtische Informationsdienst" sollte „zur Unterrichtung der Bevölkerung … umgehend Amtliche Mitteilungen" herausgeben, und laut Senatsprotokoll war der „Polizeioffizier vom Dienst" unter der Nummer 35 19 31 zu erreichen.

Dass die Senatsprotokollanten sich mit dem Besatzungsregime in sprachlicher Hinsicht noch schwer taten, zeigt der Zusatz, es sei „der Assistens profoce-master (Abkürzung A.P.M.) unter den Rufnummern 44 10 41 und

Panzerspähwagen und Dudelsäcke **131**

34 10 08" zu sprechen: „Diese Stellen sind bei Plünderungen oder ähnlichen ernsten Vorfällen unmittelbar zu verständigen." Wenn das aber wegen „Störung einer Fernsprechleitung nicht möglich" war, sollte die „Befehlsstelle des Bürgermeisters im Rathaus" eingeschaltet werden.

Am 8. Mai kapitulierte die Wehrmacht an allen Fronten zu Lande, zu Wasser und in der Luft – der Zweite Weltkrieg war auf dem europäischen Kriegsschauplatz beendet. Im Senat kam an diesem Tag ein besonders bedrückendes Thema zur Sprache:

„Senator Dr. Ofterdinger bittet Bürgermeister Krogmann zu entscheiden, wie von den Sozialabteilungen gegenüber Juden zu verfahren ist, ob das zunächst noch geltende Recht anzuwenden ist oder ob sie ebenso wie Deutschblütige zu behandeln sind. Senator Martini spricht sich für eine Gleichstellung mit den Deutschblütigen aus, da es sich um wenige Fälle handelt …"

Die Rathausregenten auf Abruf beschlossen, auch diese „Angelegenheit" der Besatzungsmacht zur Entscheidung vorzulegen. Der Senatssyndikus Dr. Ziegler wies in diesem Zusammenhang darauf hin, dass „für den Sektor Ernährung eine Gleichstellung der Juden mit den Deutschblütigen angeordnet" sei, und sein Kollege Dr. Grapengeter ergänzte diese Feststellung dahingehend, dass

„auf dem Gebiet Sach- und Nutzungsschäden ebenfalls eine Entscheidung über die Juden getroffen werden" müsse. Zunächst habe er die Dienststellen angewiesen, „allgemeine Zurückhaltung zu üben". Im Übrigen veranschaulicht das Protokoll dieser Senatssitzung die Alltagsbedingungen der „Stunde Null" in der Hansestadt:

„Die Erlaubnis zur Überschreitung der Hamburger Grenzen wird in absehbarer Zeit erteilt werden.

Wegen der Plünderungen auf den hamburgischen Gütern ist der Bürgermeister bei der Besatzungsmacht vorstellig geworden.

Die Freigabe von Wasserfahrzeugen und Straßenbahnwagen für Lebensmitteltransporte wird mit den militärischen Dienststellen besprochen werden.

Die Freigabe der Elbbrücken für den Verkehr wird in Kürze geregelt werden. Oberregierungsrat Busse wird als ständiger Beauftragter des Bürgermeisters bei der Besatzungsmacht seinen Sitz im Hause Esplanade 6 haben. Er erhält einen unmittelbaren Fernsprechanschluss. Nur in ganz dringenden Fällen, wenn der Bürgermeister nicht zu erreichen ist, sollen die Leiter der Verwaltungen und Ämter sich unmittelbar an Oberregierungsrat Busse wenden, den Bürgermeister aber zugleich unterrichten. Im Allgemeinen geht der

Verkehr mit der Besatzungsmacht über die den einzelnen Verwaltungen zugeteilten englischen Offiziere an den Bürgermeister.

Die Benutzung von Handkarren und Ziehwagen auf den Straßen soll mit den militärischen Dienststellen besprochen werden. Für den Verkehr mit Pferdefuhrwerken sollen Erlaubnisscheine erteilt werden, die an den Wagen zu befestigen sind.

Über die Beschäftigung russischer Arbeiter ist noch keine Entscheidung getroffen. Es bestehen jedoch keine Bedenken, dass arbeitswillige Russen beschäftigt werden. Wegen der Beschäftigung ausländischer Arbeiter im Bereich der Krankenanstalten soll Senator Dr. Ofterdinger dem Bürgermeister eine Vorlage in englischer und deutscher Sprache zur Verhandlung mit den englischen Dienststellen machen. Senator Dr. Becker soll feststellen, ob die besonderen gelben Ausweise für die Angehörigen der deutschen Polizei, die die Gebäude bewachen, in denen Kunstwerke untergebracht sind, erteilt worden sind. Wenn das bisher nicht geschehen ist, will der Bürgermeister selbst die Angelegenheit regeln. Es wird nochmals darauf hingewiesen, dass von den englischen Dienststellen Anträge, die nur in deutscher Sprache vorgelegt werden, zurückgewiesen werden.

Der Town-Major hat Bürgermeis-ter Krogmann ermächtigt, Änderungen in der Besetzung leitender Posten der Verwaltungen vorzunehmen, nachdem Übereinstimmung erzielt worden ist.

Die Verwaltungen und Ämter geben der Hauptverwaltung umgehend auf, welche englischen Dienststellen in ihren Dienstgebäuden untergebracht sind (Verbindungsoffiziere usw.) Aus der Übersicht muss Anschrift und Fernruf zu ersehen sein.

Für das Überschreiten der Elbbrücken sollen nunmehr durch das Arbeitsamt an die Gefolgschaften lebenswichtiger Betriebe Erlaubnisscheine ausgegeben werden."

Am 11. Mai entschloss sich die Besatzungsmacht zu Änderungen in der „Besetzung leitender Posten", ohne dass zuvor „Übereinstimmung erzielt" worden war: Auf Befehl des Militärgouverneurs, Oberst Armytage, verhafteten britische Offiziere Bürgermeister Carl Vincent Krogmann und weitere Senatsmitglieder, hohe Beamte und NS-Funktionäre, die nun wie zuvor Ex-Gauleiter Kaufmann in das Internierungslager Neuengamme, das frühere KZ, eingeliefert wurden. Zu denen, die zunächst noch im Amt blieben, gehörten Senator Oskar Martini, zuständig für die Sozialverwaltung, und Stadtkämmerer Bernhard Hieronymus Velthuysen, ferner Staatssekretär Georg Ah-

Panzerspähwagen und Dudelsäcke **133**

rens, in der NS-Zeit Vertreter des Reichsstatthalters Karl Kaufmann als Leiter der Allgemeinen Verwaltung. Dem Rumpfsenat befahl der Militärgouverneur, bis zum nächsten Tag, 16 Uhr, einen Kandidaten für das Amt des Bürgermeisters vorzuschlagen.

Martini nahm daraufhin Kontakt mit der Gauwirtschaftskammer, der früheren Handelskammer, und deren Präses Joachim de la Camp auf. Das Ergebnis war der Vorschlag, den Kaufmann Rudolf Petersen, der bis 1933 Vorsitzender des Verbandes Deutscher Exporteure gewesen war, zum Bürgermeister ernennen. Der 66-jährige Bruder des früheren Bürgermeisters Carl Petersen hatte zunächst Bedenken, erklärte sich dann jedoch bereit und wurde am 15. Mai von der Militärregierung als Bürgermeister eingesetzt. Für die Hansestadt sollte sich diese Personalentscheidung als Glücksfall erweisen.

Prominente Kriegsgefangene
Das Ende des Dritten Reiches wird
in Flensburg besiegelt

Die Szene symbolisierte wie nur wenige sonst das Ende des NS-Regimes: In den Mittagsstunden des 7. Mai 1945 stand Arthur Seyß-Inquart, der 1938 als österreichischer Bundeskanzler den Anschluss an Deutschland vollzogen und seit 1940 als Reichskommissar für die besetzten Niederlande Hitlers grausame Besatzungspolitik durchgesetzt hatte, mit drei Adjutanten vor der Seitenfront des Hotel Atlantic am Holzdamm. Britische Militärpolizisten mit schussbereiter Waffe bewachten die Gruppe, die gezwungen wurde, sich mit erhobenen Händen, das Gesicht zur Wand, filmen und fotografieren zu lassen. Seyß-Inquart sollte nach dem politischen Testament Hitlers in der von Dönitz zu bildenden Regierung das Amt des Reichsaußenministers übernehmen. In den letzten Tagen hatte er mehrfach und ohne den geringsten Erfolg versucht, im Auftrag des OKW-Chefs, Feldmarschall Wilhelm Keitel, mit dem britischen Feldmarschall Bernard Montgomery in Kontakt zu kommen. Nun gehörte er zu den hohen Würdenträgern des NS-Regimes, denen die Alliierten den Prozess zu machen entschlossen waren.* Nur wenige Tage später, am 13. Mai, verhafteten britische Offiziere in Flensburg auch Keitel, der ebenfalls auf der Liste der Hauptkriegsverbrecher stand und gleichfalls in Nürnberg hingerichtet wurde.

In Flensburg amtierte unterdessen Großadmiral Karl Dönitz als Chef einer zwischen dem 2. und dem 5. Mai gebildeten „Geschäftsführenden Reichsregierung", die zwar politisch lediglich auf dem Papier stand und nur in einer kleinen, noch nicht von den Briten besetzten Zone rings um die frühere Marineschule in Mürwik, etwas außerhalb der Fördestadt, so etwas wie einen Rest von Vollzugsgewalt hatte. Rüstungsminister Albert Speer war ihr prominentestes Mitglied. Diese so gut wie machtlose Restregierung bewirkte dennoch Beachtliches: Die Kriegsmarine hatte den Befehl, bis zur letzten

---

* Arthur Seyß-Inquart, Jahrgang 1892, ehemaliger Rechtsanwalt, wurde im ersten der Nürnberger Prozesse wegen seiner Verantwortung für Geiselerschießungen und Judendeportationen zum Tode verurteilt und in der Nacht zum 16. Oktober 1946 durch den Strang hingerichtet.

Prominente Kriegsgefangene 135

Am 7. Mai 1945 wurde Arthur Seyß-Inquart vor dem Hotel Atlantic verhaftet.

Minute noch möglichst viele Menschen aus dem Osten in Sicherheit zu bringen. Der Landweg war schon seit Monaten durch die sowjetischen Truppen versperrt. Vom 5. bis zum 9. Mai 1945 unternahmen die noch einsatzbereiten deutschen Zerstörer, Torpedo- und Schnellboote die letzten Evakuierungsfahrten nach Pommern und transportierten 43 000 Flüchtlinge über die Ostsee. Und in der Zeit vom 1. bis zum 9. Mai konnten 1,85 Millionen deutscher Soldaten dank der Umsicht, mit der Dönitz den Zusammenbruch zu steuern suchte, die westlichen Demarkationslinien erreichen, hunderttausende davon allein in den letzten zwei Tagen zwischen der Unterzeichnung und dem Inkrafttreten der Gesamtkapitulation.

Die Regierung Dönitz hielt sich bis zum 23. Mai 1945, weil insbesondere der britische Premierminister Winston Churchill der Meinung war, sie könne den Alliierten nützliche Dienste leisten. Bezeichnend für diese realistische Einstellung war ein Brief, den der Premier am 14. Mai seinem Außenminister Anthony Eden schrieb. Der Chef des Foreign Office hatte sich beunruhigt über britische Presseveröffentlichungen gezeigt, in denen die Existenz der Regierung Dönitz als untragbar kritisiert worden war. Dazu Churchill an Eden: „Es ist von großer Bedeutung, dass die Kapitulation des deutschen Volkes von Instanzen begleitet wird, die bei ihm Autorität besitzen. Ich kenne Dönitz nicht und mache mir auch nichts aus ihm. Kann sein, dass er ein Kriegsverbrecher ist. Er benutzte Unterseeboote, um Schiffe zu versenken, ohne jemals die Erfolgsrate der britischen Admiralität erreichen zu können. Die Frage ist nur: Hat er die Macht, die Deutschen dazu zu bringen, ihre Waffen niederzulegen und sich so schnell wie möglich zu ergeben, so dass weitere Verluste von Menschenleben vermieden werden? … Es muss natürlich daran erinnert werden, dass es Dönitz auf seine Kriegsverbrechen als Kommandeur der Unterseeboote angerechnet werden wird, wenn er sich als wertvolles Werkzeug für uns erweist. Also, was wollen Sie: ein Werkzeug, mit dem Sie dieses besiegte Volk führen können – oder aber die Hände in einen Ameisenhaufen stecken?"

Das war britischer Pragmatismus. Aber sowohl der alliierte Oberkommandierende, General Dwight D. Eisenhower, wie auch der Noch-Bündnispartner Sowjetunion drängten darauf, die Regierung Dönitz zu beseitigen. So kam es am 23. Mai 1945, vormittags um zehn Uhr, zu einem Vorgang, der als der definitive Schlusspunkt in der Geschichte des „Großdeutschen Reiches" gelten kann. An diesem Vormittag folgte Dönitz einer Aufforderung der alliierten Kontrollkommission an seinem „Regierungssitz", sich mit Generaloberst Alfred Jodl und Generaladmiral Hans-Georg von Friedeburg auf dem Wohnschiff „Patria" einzufinden, das in Mürwik am Fördeufer lag. Auf dem Schiff war der Leiter der Kommission, der amerikanische Generalmajor Lowell Rooks, untergebracht. Die drei Deutschen wurden in die Schiffsmesse geleitet. Dort wurden sie aufgefordert, an einem Tisch Platz zu nehmen, an dessen Längsseite Rooks und hohe alliierte und sowjetische Offiziere saßen. Der US-General erhob sich und verlas mit unsicher wirkender Stimme die folgende, vorbereitete Erklärung:

„Meine Herren, ich habe Anweisung aus dem Obersten Hauptquartier des Europäischen Kriegsschauplatzes von dem Obersten Befehlshaber, General Eisenhower, erhalten, Sie heute morgen zu mir zu rufen, um Ihnen mitzuteilen, dass er in Übereinstimmung mit dem Sowjetischen Oberkommando entschieden hat, dass heute die Geschäftsführende Deutsche Reichsregierung und das Oberkommando der Deutschen Wehrmacht mit seinen verschiedenen Angehörigen als Kriegsgefangene festgenommen werden sollen. Hierdurch wird die Geschäftsführende

Großadmiral Karl Dönitz, Rüstungsminister Albert Speer und Generaloberst Alfred Jodl nach ihrer Festnahme am 23. Mai 1945.

Deutsche Reichsregierung aufgelöst. Das geschieht jetzt. Truppen der 21. Heeresgruppe nehmen die verschiedenen zivilen und militärischen Mitglieder sowie gewisse Dokumente in Gewahrsam. Gemäß diesen Anweisungen hat sich jeder von Ihnen von diesem Moment an als Kriegsgefangener zu betrachten. Wenn Sie diesen Raum verlassen, wird sich Ihnen ein alliierter Offizier anschließen und Sie zu Ihren Quartieren begleiten, wo Sie packen, Ihren Lunch einnehmen und Ihre Angelegenheiten regeln werden, woraufhin sie Sie um 1.30 Uhr auf das Rollfeld zum Flugplatz begleiten werden. Sie dürfen das Gepäck mitnehmen, das Sie brauchen. Das ist alles, was ich zu sagen habe." Der Generalmajor legte das Papier zur Seite und fragte: „Möchten Sie irgend etwas erwidern?" Dönitz schüttelte den Kopf und antwortete lapidar: „Es erübrigt sich jedes Wort."

Dönitz, Jodl und von Friedeburg verließen das Schiff. Der Generaladmiral hatte Tränen in den Augen und murmelte: „Ich glaube nicht, dass ich den Zirkus mitmachen kann, der jetzt anfängt." Dönitz versuchte, ihm Mut zuzusprechen: „Wir werden als Kriegsgefangene nach der Genfer Konvention behandelt werden. Sie sollten nicht gleich alles so tragisch nehmen." Von Friedeburg wandte sich ab.

Fast zur gleichen Zeit flogen in den Räumen der Marineschule, in der die Regierung Dönitz und das Oberkommando der Wehrmacht amtierten, die Türen auf. Bis an die Zähne bewaffnete britische Soldaten der 2. Panzerdivision stürmten herein und schrien: „Raus! Hände hoch!" Die Zivilisten und Soldaten mussten sich draußen gegen eine Mauer stellen und wurden gründlich nach Waffen durchsucht. Dieser Leibesvisitation folgte ein weiterer, entwürdigender Befehl: „Hosen runter!" Jeder musste sich bücken und sich auf verborgene Giftkapseln untersuchen lassen. Als Admiral von Friedeburg, der noch einmal in seinem Dienstzimmer gewesen war, diese peinlichen Szenen sah, bat er seinen Begleitoffizier, auf die Toilette gehen zu dürfen. Dies wurde ihm gestattet. Er vergiftete sich mit Zyankali. Dönitz wurde aschfahl, als er von dem Selbstmord des Generaladmirals erfuhr. So endete, 140 Kilometer

nördlich von Hamburg, das Dritte Reich. Winston Churchill beanstandete übrigens in einem Brief an Feldmarschall Montgomery die Prozedur, in der das geschah.

Der letzte Akt des nationalsozialistischen Terrorregimes vollzog sich am Abend dieses dramatischen Tages 60 Kilometer südlich von Hamburg, in Lüneburg. Im Vernehmungszentrum des „Security Headquarter of the British Army of Occupation" im Haus Uelzener Straße 31a wurde an diesem Tag ein 44-jähriger Mann eingeliefert, den britische Soldaten mit mehreren Begleitern bei einer Routinekontrolle von Deutschen in Wehrmachtuniform an einer Brücke über die Oste in der Nähe von Bremervörde festgenommen hatten. Er war ihnen aufgefallen, weil er die Uniform eines Feldwebels der Geheimen Feldpolizei, einer Untergliederung der Geheimen Staatspolizei (Gestapo) trug, dazu eine Klappe über dem linken Auge. Sein Ausweis lautete auf den Namen Heinrich Hitzinger. Der erste Verdacht der britischen Posten bestätigte sich – das Auge unter der Klappe war gesund, der Ausweis war gefälscht. Im Vernehmungszentrum gab sich „Heinrich Hitzinger" nach anfänglichen Ausflüchten schließlich als der zu erkennen, der er wirklich war: Heinrich Himmler. Er wurde unverzüglich und mehrfach auf verborgenes Gift überprüft. Am Abend des

23. Mai, bei einer erneuten Untersuchung durch einen britischen Militärarzt im Erkerzimmer des Hauses, warf er plötzlich den Kopf nach hinten und war Sekunden später tot. Er hatte eine in der Mundhöhle nicht entdeckte Giftampulle zerbissen. Der Arzt und mehrere britische Offiziere hatten vergeblich versucht, seinen Selbstmord mit Brechmitteln und einer Magenpumpe zu verhindern. Britische Militärpolizisten holten daraufhin zwei Lüneburger Kriminalbeamte und forderten sie auf, den auf einer Wolldecke auf dem Fußboden liegenden Leichnam zu identifizieren. Zwar hatte Himmler seinen Bart abrasiert, doch auch so waren die beiden Beamten sicher, dass es sich um den einstigen Reichsführer SS handelte. Sie wurden angewiesen, von dem Toten eine Gesichtsmaske und Fingerabdrücke zu nehmen, und nachdem das geschehen war, wurde der Leichnam in Decken geschnürt und im Schutz der Dunkelheit in der Nähe Lüneburgs verscharrt – wo genau, blieb bis heute geheim, denn das Grab sollte keine Wallfahrtsstätte für frühere oder künftige NS-Anhänger werden. So endete einer der größten Massenmörder der Weltgeschichte. Wäre ihm der Selbstmord in der Uelzener Straße 31a nicht gelungen, so hätte ihn mit Sicherheit der Galgen im Nürnberger Justizpalast erwartet.

Nun fahndete der britische Geheimdienst noch nach Joachim von Ribbentrop, dem Reichsaußenminister von Hitlers Gnaden, und fasste ihn in Hamburg. Am Sonnabend, dem 16. Juni 1945, erschien die „Neue Hamburger Presse", eine Wochenzeitung der britischen Militärregierung für Hamburg und Schleswig-Holstein, mit der Schlagzeile: „Der Ring schließt sich. Ribbentrop in Haft." Der Aufmacher begann mit dem folgenden Text: „Hamburg – Der frühere Reichsaußenminister Joachim von Ribbentrop ist in Hamburg verhaftet worden. Ribbentrop hatte sich unter dem Decknamen ‚Riese' in einer Hamburger Pension (in der Schlüterstraße 14 im Stadtteil Rotherbaum, d. Verf.) versteckt gehalten. Als britische Soldaten am Donnerstag um halb zehn in sein Zimmer eindrangen, lag er im Bett. Er hatte eine Giftkapsel an die Innenseite des Oberschenkels angebunden, machte aber keinerlei Versuch, das Gift zu nehmen. Auch Briefe an Churchill, Eden und Montgomery wurden gefunden. Nach ärztlicher Untersuchung in der Hauptdienststelle der britischen Militärpolizei in Hamburg wurde Ribbentrop nach Lüneburg gebracht …" Uelzener Straße 31a – die Durchgangsstation nach Nürnberg und den Galgen.

Befreier und Besatzer
Wie verhält man sich gegenüber den Deutschen?

Hamburg war nun in britischer Hand, und die Besatzungsmacht richtete sich in der Stadt so ein, dass ihre Offiziere und Soldaten unter sich blieben und mit den Deutschen vorerst nur den absolut unvermeidlichen Kontakt hatten. Die Gründe für das „Fraternisierungsverbot" suchte Feldmarschall Montgomery der Bevölkerung in der britischen Besatzungszone am 11. Juni 1945 in einer persönlichen Botschaft zu erklären. Darin hieß es:

„Ihr habt Euch oft gewundert, warum unsere Soldaten Euch gar nicht beachten, wenn Ihr ihnen zuwinkt oder auf der Straße Guten Morgen wünscht, und warum sie nicht mit Euren Kindern spielen. Unsere Soldaten handeln gemäß ihren Befehlen. Ihr habt dieses Verhalten nicht gern. Auch unsere Soldaten nicht, da wir von Natur aus ein freundliches und entgegenkommendes Volk sind. Aber der Befehl war notwendig, und ich will Euch erklären, warum …"

Montgomery hielt den Deutschen ihre Verantwortung für den Ausbruch des Ersten Weltkrieges vor, zu der „Eure Führer" sich ja im Versailler Vertrag bekannt hätten, er verwies auf die deutsche Dolchstoßlegende über das Ende des Krieges und kam dann zur eigentlichen Sache, dem Ende des Zweiten Weltkriegs:

„Als Eure Führer abermals diesen Krieg mutwillig auslösten, habt Ihr ihnen Beifall gezollt. Abermals wurden Eure Armeen nach Jahren von Zerstörung und Elend geschlagen. Dieses Mal sind die Alliierten entschlossen, dass Ihr Eure Lektion lernen sollt, und zwar nicht nur, dass Ihr geschlagen wurdet, was Ihr jetzt wohl wissen müsst, sondern auch, dass Ihr als Nation schuld am Beginn des Krieges wart. Denn wenn dies Euch und Euren Kindern nicht klargemacht wird, mögt Ihr Euch noch einmal durch Eure Beherrscher dazu verleiten lassen, einen neuen Krieg zu führen … Viele von Euch schienen zu denken, dass Ihr, sobald unsere Soldaten eintrafen, mit diesen gleich Freund sein könntet, als ob nichts geschehen wäre. Aber dazu ist zu viel geschehen … Unsere Soldaten haben schreckliche Dinge in vielen Ländern gesehen, wo Eure Beherrscher Krieg führten. Ihr denkt, dass nicht Ihr, sondern Eure Führer für diese Dinge verantwortlich sind. Aber diese Führer sind aus dem deutschen Volke gewachsen. Die Nation ist verantwortlich für ihre Führer. Solange sie erfolgreich waren, habt Ihr frohlockt, gefeiert und gelacht. Das ist der Grund, weshalb unsere Soldaten sich Euch gegenüber nicht freundlich verhalten … Ihr sollt dies Euren Kindern vorlesen, wenn sie alt genug sind, und dazu sehen, dass sie es verstehen." Immerhin ließ Montgomery in seiner Botschaft erkennen, das abweisende Verhalten der britischen Soldaten werde „nicht stets so bleiben".

Am nächsten Tag, dem 12. Juni, hielt der alliierte Oberbefehlshaber, General Dwight D. Eisenhower, in London anlässlich der Verleihung der Ehrenbürgerwürde eine Rede zum Thema Deutschland, die klar zeigte, was nach dem damaligen Willen der Sieger aus dem nun besetzten Land werden sollte:

„Viele Wochen eingehender Studien in dem verfallenen Deutschen Reich haben in mir die Überzeugung reifen lassen, dass Deutschland nie wieder zu einem Zustand zurückkehren wird, den die Deutschen selbst als ‚normal' empfinden. Die Deutschen verstehen unter dem Begriff ‚normal' die Vorstellung, dass Deutschland imstande ist, mit jeder anderen hoch zivilisierten und stark industrialisierten Nation der Welt konkurrieren zu können. Dieses Ziel wird Deutschland, obgleich es heute Millionen Reichsangehörigen vorschwebt, nie

wieder erreichen, das heißt, wenn die Anregungen befolgt werden, die von mir und meinem Stab ausgehen …" Eisenhower hatte exakt den Kurs skizziert, den die Vereinigten Staaten und Großbritannien gegenüber Deutschland verfolgen wollten. Diese Haltung war keinesfalls nur das Ergebnis der weltweiten Empörung über die Zustände in den befreiten Konzentrationslagern. Das „Fraternisierungsverbot" für die amerikanischen und britischen Truppen hatte das alliierte Oberkommando bereits am 12. September 1944 erlassen, als die Westfront die Reichsgrenze erreicht hatte. Für die Behandlung der Deutschen hatten die US-Streitkräfte das „Handbook for Military Government in Germany" herausgegeben, in dem es hieß: „Die Verwaltung wird mit fester Hand geführt werden. Sie wird gleichermaßen gerecht und human sein." Das war eine Tonlage, die dem damals bereits todkranken US-Präsidenten Franklin Delano Roosevelt missfiel. Er fand, das „Handbook" sei „verdammt schlecht", denn „man gewinnt den Eindruck, als solle Deutschland genau so schnell wieder aufgebaut werden wie die Niederlande und Belgien … Jeder einzelne Deutsche soll merken, dass Deutschland diesmal ein besiegtes Volk ist. Ich will nicht, dass die Deutschen verhungern. Haben sie selbst nicht genug zu essen, dann sollen sie dreimal täglich aus den amerikanischen Feldküchen Suppe bekommen. So bleiben sie gesund und werden ihr Leben lang an diese Erfahrung denken. Die Tatsache, dass sie ein besiegtes Volk sind – und zwar alle zusammen und jeder einzelne – muss ihnen so eingebleut werden, dass sie vor jedem neuen Krieg zurückschrecken."

Das „Handbook" wurde zurückgezogen, und stattdessen erhielt der alliierte Oberbefehlshaber General Dwight D. Eisenhower die Direktive JCS 1067, die zunächst streng geheim gehalten wurde. Sie enthielt den folgenden Kernsatz für die alliierte Besatzungspolitik: Deutschland werde „nicht zum Zwecke seiner Befreiung" besetzt, „sondern als ein besiegter Feindstaat … Die Verbrüderung mit deutschen Beamten und der Bevölkerung werden Sie streng unterbinden". Es würden keinerlei Schritte für eine wirtschaftliche Erholung unternommen.

Wir erwähnen diese Zitate hier, weil sie die Grundhaltung unter den alliierten Militärs illustrieren, die das besiegte Deutschland in diesem ersten Nachkriegssommer zu verwalten hatten, und weil sie die kaum lösbare Aufgabe zeigen, vor der die deutschen Politiker der „Stunde Null" standen – in Hamburg nun vor allem Bürgermeister Rudolf Petersen.

Buchstäblich vom Tag des Einmarsches an etablierte sich die britische Besatzungsmacht in der Hansestadt nicht nur nach den Befehlen ihres Oberbefehlshabers Feldmarschall Montgomery, die denen entsprachen, die Eisenhower erhielt, sondern auch nach den traditionellen Grundsätzen und Erfahrungen britischer Kolonialherrschaft aus mehr als drei Jahrhunderten. Die Engländer sonderten sich völlig von den Deutschen ab, und Montgomery gab das Beispiel dafür – sein Hauptquartier in Bad Oeynhausen war eine mit Stacheldrahtverhau gesicherte kleine Festung. Der britische Militärgouverneur in Hamburg, Oberst Armytage, war mit einem großen Stab erschienen, der die Arbeit in den Behörden kontrollieren sollte. Zunächst ließ er auf dem Rathausmarkt einen großen, mit Stacheldraht umzäunten Parkplatz für Militärfahrzeuge einrichten. Zugleich wurden unversehrt gebliebene Hotels und Villen, Restaurants und Kultureinrichtungen beschlagnahmt: Überall verkündeten Schilder: „Out of Bounds for German Civilians!" und „For British Forces only". Das galt für das „Vier Jahreszeiten" (der Neue Jungfernstieg wurde komplett für Deutsche gesperrt) ebenso wie für das Hotel „Atlantic", das Schauspielhaus wurde zum „Garrison Theatre", zu dem deutsche Besucher keinerlei Zutritt hatten, und das einzige in der Innenstadt noch erhaltene Kino war

Das Deutsche Schauspielhaus wurde in „Garrison Theatre" umgetauft.

nun das „Garrison Cinema". Ganze Wohnviertel wurden von der deutschen Bevölkerung geräumt – an der Alster, in Wandsbek, in Volksdorf, wo die von der Besatzungsmacht beschlagnahmten Häuser innerhalb weniger Stunden übergeben werden mussten. „Clear them out", hatte der verantwortliche britische Offizier in der Ortsdienststelle verkündet: „Schmeißt die Leute raus!" In der Ohlendorffschen Villa in Volksdorf, die der Eigentümer Hans von Ohlendorff ebenfalls räumen musste, wurde das Offizierskasino eingerichtet, und britische Offiziere ritten zuweilen auf Pferden ins Haus. Jedoch waren das Ausnahmen. Im Allgemeinen legten die Offiziere der Besatzungsmacht bei unvermeidlichen Kontakten mit Deutschen eine überaus kühle, deutlich auf Distanz bedachte Korrektheit an den Tag.

Wer das strenge Ausgehverbot der ersten Monate von 21 bis 6 Uhr übertrat, wurde mit Haft bestraft. Am 6. Juni 1945 zum Beispiel verhandelte das britische Militärgericht im Strafjustizgebäude allein 17 Fälle wegen Missachtung des Ausgehverbots. Die Strafen lagen zwischen vierzehn und 56 Tagen Gefängnis. „Ungesetzlicher Besitz eines falschen Passierscheins" trug dem Beschuldigten zehn Monate Gefängnis ein, und der „unberechtigte Besitz von Eigentum der alliierten

Streitkräfte" wurde mit Gefängnisstrafen von mehreren Monaten bis zu einem Jahr bestraft. Tag für Tag stand in den ersten Wochen nach dem Einmarsch im Alten Wall an einem Nebeneingang des Rathauses eine lange Schlange von Hamburgerinnen und Hamburgern, die Passierscheine vor allem über die Elbe benötigten. Ausgegeben wurden sie ausschließlich von der Militärregierung, und häufig genug verweigerten die britischen Offiziere diese Bescheinigungen.

In der weithin zerbombten Hansestadt lebten im Juni 1945 bereits wieder rund 1,2 Millionen Menschen – etwa zwei Drittel der Vorkriegsbevölkerung. Woche für Woche mussten Tausende, die sich trotz amtlicher Zuzugssperre in den Einwohnerdienststellen meldeten, um ein Obdach zu finden, zurückgewiesen werden. Einwohnerlisten, die auf den Polizeireviermeldestellen abzugeben waren, sollten als Grundlage für eine rigorose Wohnraumbewirtschaftung dienen – „Einquartierung" nannte man das. Es fehlte an Nahrungsmitteln, an Bekleidung und Schuhen, an Wohnraum. Der Alltag bestand aus materieller Not – mit dem Schlangestehen vor den Lebensmittelläden, vor den Ämtern und Behörden, denn alles, buchstäblich alles war rationiert. Lebensmittelmarken oder einen Bezugschein zu verlieren war viel

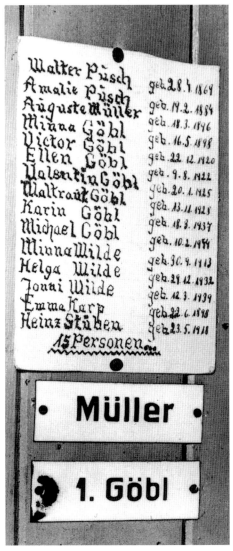

„Einquartierungen" von Ausgebombten und Flüchtlingen.

schlimmer als Geld, das abhanden gekommen war, denn die Reichsmark war nur noch wenig wert. Im Sommer 1945 herrschte in Hamburg Hungersnot. Die Lebensmittelzuteilungen waren Hungerrationen, für den „Normalverbraucher" (auch das ein typischer Begriff dieser Zeit) laut Lebensmittelkarte rund 1200 Kalorien: Pro Kopf ein Brot in der Woche, drei Pfund Kartoffeln, 200 Gramm Fleisch- oder Wurstwaren. (Für die Soldaten der Besatzungsmacht lagen die Verpflegungssätze bei 5000 Kalorien).

Doch nicht nur der tägliche Existenzkampf belastete die Menschen in der Stadt. Hinzu kam in diesem ersten Nachkriegssommer eine tiefe Verunsicherung über das politische Schicksal Hamburgs. Als Konsequenz aus den zwischen den Siegermächten getroffenen Vereinbarungen über die Besatzungszonen zogen sich Anfang Juli die britischen Truppen aus dem bislang von ihnen besetzten westlichen Mecklenburg nach Schleswig-Holstein zurück. In Boizenburg und Ludwigslust, in Schwerin und Wismar rückten sofort die Einheiten der Roten Armee ein. In der Hansestadt wucherten angesichts dieser Vorgänge die Gerüchte. So entstand die Befürchtung, die Sowjetunion verlange als Gegenleistung für ihre Bereitschaft, den Westmächten einen Teil Berlins zu überlassen, ein Drittel Hamburgs – einen Sowjetsektor mit Zugang zum Hafen, zum Beispiel Altona oder Harburg, und mit Schifffahrtsrechten auf der Unterelbe bis zur offenen Nordsee. Als am 17. Juli

im Potsdamer Schloss Cecilienhof US-Präsident Truman, Marschall Stalin und der britische Premierminister Churchill zur Potsdamer Konferenz über das Schicksal Deutschlands zusammentraten, waren die Sorgen in der Stadt groß, und dem entsprach die Erleichterung nach dem Ende der Konferenz am 2. August, dass sie sich als gegenstandslos erwiesen hatten. Ein Ergebnis des Treffens war die Errichtung des Alliierten Kontrollrats, der aus den Oberbefehlshabern der vier Besatzungsmächte in Deutschland bestehen und Regierungsfunktionen wahrnehmen sollte. Die Kontrollrats-Proklamation Nr. 2 „An das deutsche Volk", die bereits auf der Potsdamer Konferenz verabschiedet worden war, betraf Hamburg ganz besonders. In 13 Abschnitten ordneten die Siegermächte nicht nur die Auflösung des gesamten NS-Machtapparates, der SA, SS und Gestapo an, sondern sie befahlen zugleich die Rückberufung aller deutschen Beamten und Zivilpersonen im Ausland nach Deutschland. Sämtliche Konsular-, Handels- und sonstigen Beziehungen des Deutschen Reiches zu anderen Staaten waren danach nunmehr Sache der Alliierten. Deutschen Staatsangehörigen war es ohne ausdrückliche alliierte Erlaubnis verboten, deutsches Gebiet zu verlassen. Das gesamte deutsche „Binnen-Verbindungssystem (einschließlich aller militärischen und zivilen Post-, Telegraphen- und Fernverbindungssysteme und Einrichtungen" war den Alliierten zur Verfügung und Kontrolle zu unterstellen. Sämtlichen Handelsschiffen, auch Fischereifahrzeugen, war es untersagt, „von irgendeinem deutschen Hafen, es sei denn mit Erlaubnis oder dem Befehl der alliierten Vertreter, auszulaufen". Das gesamte deutsche Binnentransportsystem, Straßen, Eisenbahnen, Luft- und Wasserwege, war einschließlich aller Betriebseinrichtungen und der notwendigen Arbeitskräfte den Alliierten „zur uneingeschränkten Verfügung zu stellen." Und auch dies: „Die Nationalsozialistische Deutsche Arbei-

terpartei (NSDAP) ist völlig und vollständig aufgelöst und wird als außerhalb des Gesetzes erklärt". Bald darauf wurde in der Stadt eine Bekanntmachung über die „Meldepflicht ehemaliger Nationalsozialisten" veröffentlicht. Betroffen waren vor allem die Parteimitglieder mit Eintrittsdatum vor dem 1. April 1933, die Politischen Leiter der NS-Partei, und die Angehörigen der SS. In Neuengamme begann sich das Internierungslager, das die Militärregierung auf dem Gelände des früheren Konzentrationslagers eingerichtet hatte, mit vormaligen NS-Funktionären zu füllen.

Sie nannten ihn „Old P."
Rudolf Petersen – Hamburgs Bürgermeister der Stunde Null

Schon bald nach seinem Amtsantritt als Bürgermeister am 15. Mai 1945 hatte Rudolf Petersen sich bei den Offizieren der britischen Militärregierung in der Hansestadt, die sich nicht im Rathaus, sondern im Gebäude Esplanade Nr. 6 etabliert hatte, diesen Spitznamen erworben. Darin kamen der Respekt vor seiner souveränen Persönlichkeit und Vertrauen in seine Integrität zum Ausdruck. Den Engländern imponierten sein akzentfreies Englisch, das trotz dieser beispiellosen Niederlage ungebrochene Selbstbewusstsein des hanseatischen Kaufmanns, der zwar nicht zu den Verfolgten des NS-Regimes gehörte, aber auch nicht mit den Nazis paktiert hatte, und die pragmatische Zähigkeit, mit der er sein Amt aus-

Als prominenter „Trümmermann" geht Rudolf Petersen (Bildmitte) mit gutem Beispiel voran.

füllte. Besonders dieser Wesenszug, verbunden mit diplomatischem Geschick, kam der angelsächsischen Mentalität entgegen. Rudolf Petersen war der leibhaftige Gegenbeweis zu der damals in der öffentlichen Meinung Großbritanniens weit verbreiteten Auffassung, man habe die Deutschen entweder an der Gurgel oder zu Füßen. Überliefert ist für all das eine Anekdote, die zeigt, mit welcher gelassenen Standfestigkeit „Old P." den Engländern im Rathaus begegnete.

Eines Tages wurde der Bürgermeister zu einer Besprechung mit der Militärregierung in den Kaisersaal gerufen. Die britischen Offiziere, angeführt vom Militärgouverneur Armytage, hatten an einem langen Tisch Platz genommen. Ein Stuhl wurde Petersen nicht angeboten. Daraufhin ging er gelassenen Schrittes durch den Saal, holte sich von der gegenüberliegenden Seite einen Stuhl und nahm Armytage gegenüber Platz. Der Militärgouverneur verlangte nun zunächst im Befehlston die Entfernung der drei Büsten des Kaisers Wilhelm I., Bismarcks und Moltkes. Er wolle diese Figuren des deutschen Militarismus hier nicht mehr sehen. Der Bürgermeister nahm diese Forderung mit unbeweglichem Gesicht zur Kenntnis, blickte Armytage kühl an und entgegnete ungerührt: „Brigadier, you have the choice between the busts and me." Die Büsten blieben,

wo sie waren und heute noch sind. Die von der Militärregierung ernannte Senatsmannschaft, mit der Petersen im Frühsommer 1945 den langen, steinigen Weg unter dem Besatzungsregime antrat, war nach ihrer politischen Zusammensetzung denkbar inhomogen. Ein Repräsentant des Großbürgertums als Regierungschef arbeitete mit Sozialdemokraten wie dem am 6. Juni in den Senat eingetretenen einstigen Polizeisenator zu Weimarer Zeiten, Adolph Schönfelder, und dem früheren SPD-Landesvorsitzenden Max Leuteritz, mit Relikten des zusammengebrochenen Regimes wie Bernhard Velthuysen und Oskar Martini, und mit ehemaligen Linksliberalen wie Heinrich Landahl zusammen, der bis 1933 einer der führenden Männer der Deutschen Staatspartei in der Hansestadt gewesen war und sich nun der SPD angeschlossen hatte. Schönfelder und Landahl übernahmen zwei Schlüsselpositionen – der eine war als Zweiter Bürgermeister für den personellen Neuaufbau der gesamten Hamburger Verwaltung zuständig, der andere leitete die Schulverwaltung. Velthuysen, zuständig für die Kämmerei und die Feststellungsbehörde, schied Ende Juli wegen seiner NS-Belastung aus dem Senat aus, und Martini, dem die Sozialverwaltung unterstand, folgte ihm aus demselben Grund Ende Oktober. Am

11. August erließ die Militärregierung eine Verordnung, mit der Bürgermeister Rudolf Petersen zusätzlich die Reichsbehörden in der Hansestadt, ausgenommen die Reichsbahn, die Reichspost und die Reichsbank, unterstellt wurden. Auf der deutschen Ebene war das eine Machtfülle, wie sie noch keiner seiner Amtsvorgänger besessen hatte. Schon am 11. Mai 1945 waren Hamburger Sozialdemokraten und Kommunisten mit dem Wunsch an den Militärgouverneur Armytage herangetreten, Parteigründungen zu genehmigen. Die Engländer hatten das abgelehnt – die Zeit sei dafür noch nicht reif, und man müsse zunächst die weitere Entwicklung abwarten. Stattdessen wurde aber Sozialdemokraten, Kommunisten und Gewerkschaftern aus der Weimarer Zeit die Gründung einer „Sozialistischen Freien Gewerkschaft" (SFG) gestattet. Jedoch kam es bald zu internen Auseinandersetzungen, und überdies argwöhnte die Besatzungsmacht, die Neugründung wolle sich politisch betätigen. Schon am 20. Juni wurde die SFG wieder aufgelöst.

Eine neue Lage entstand jedoch, als der Oberbefehlshaber der britischen Besatzungszone, Feldmarschall Bernard Montgomery, am 6. August in einer weiteren Botschaft an die Deutschen das „zweite Stadium der alliierten Politik" Deutschland gegenüber verkündete. Im „Hamburger Nachrichten-Blatt" der Militärregierung vom 7. August war zu lesen: „Die ersten Schritte zur Rehabilitierung seien getan, so dass bisher bestehende Einschränkungen gelockert werden könnten. Das deutsche Volk werde allmählich Pressefreiheit erhalten, freie Gewerkschaften und politische Parteien bilden können. Auch die Wiedereinsetzung örtlicher Selbstverwaltungen auf demokratischer Grundlage sei geplant. Schließlich kündigt Feldmarschall Montgomery eine Neugestaltung des Rechtswesens und die Bildung von Jugendorganisationen an." Zugleich wurden in Hamburg und Schleswig-Holstein die Ausgangsbeschränkungen gelockert. Die Sperrstunden, in denen sich kein deutscher Zivilist auf der Straße zeigen durfte, galten nun nur noch für die Zeit von 22.30 Uhr bis 4.30 Uhr. Schließlich: das Fraternisierungsverbot. Montgomery dazu in seiner Botschaft: „Ich habe die Bestimmungen des Umgangsverbots gelockert. Angehörigen der britischen Truppenteile ist es jetzt gestattet, sich auf Straßen und in öffentlichen Räumen mit der deutschen Bevölkerung zu unterhalten. Das wird uns die Möglichkeit geben, Fühlung mit Ihnen aufzunehmen und Ihre Probleme leichter zu verstehen." Dieser 6. August war auch aus einem anderen Grund ein für die Hansestadt wichtiger Tag: In

Wohnungsnot in Hamburg.

vielen Schulen begann wieder der geregelte Unterricht, wenn auch zunächst nur in den Volksschulen, und zumeist unter bedrückenden räumlichen Bedingungen. 40, 50, ja sogar 60 Kinder in einer Klasse waren keine Seltenheit. Die Eröffnungsfeier für den gesamten Schulbetrieb in der Hansestadt fand in der Aula der Schule Graudenzer Straße in Wandsbek statt. Schulsenator Heinrich Landahl (SPD) wies in seiner Begrüßungsrede auf die Schwierigkeiten hin, die überwunden werden mussten: „Schulverwaltung und Militärregierung haben mit aller Kraft daran gearbeitet – es ging nicht eher." Die Jungen und Mädchen ermahnte er:

„Ihr müsst anständig und wahrhaftig sein und immer hilfsbereit. Ihr sollt wissen, dass nicht Ihr allein recht habt. Ihr müsst lernen, auch das zu achten, was andere meinen. Ihr sollt wissen, Leben heißt dienen und arbeiten für andere. Das allein macht den Menschen glücklich. Denkt daran, dass Ihr Euren Eltern das schwere Leben erleichtern müsst. Nur Ihr könnt das fertigbringen. Ihr seid in Tausenden von Fällen ihre einzige Freude. Viele Eurer Väter sind noch immer nicht aus dem Kriege zurückgekehrt. Von manchen wissen wir, dass sie nie zurückkommen werden. Eure Mütter sind einsam und verlassen. Alle Sorgen müssen sie

Schulspeisung in der Schule Brucknerstraße.

ganz allein tragen, und die Sorgen sind viel größer als früher. Ihr ganz allein könnt sie noch glücklich machen. Lasst sie stolz sein auf Euch, wenn Ihr gut lernt. Helft Eurer Mutter, wo Ihr könnt, nehmt ihr froh und gern Wege und unangenehme Arbeiten ab. Seid gut und herzlich zu ihr …" Diese Kinder wuchsen unter Verhältnissen auf, wie sie ärmlicher nicht sein konnten. Mangelhafte Ernährung und Bekleidung, bedrückend enger Wohnraum für 1,2 Millionen Einwohner als Folge des katastrophalen Wohnungsmangels (fast 60 000 Flüchtlinge sollten im Herbst 1945 in der „Aktion Doppeleiche" nach Schleswig-Holstein umquartiert werden, doch das erwies sich als unmöglich) – es war der Kampf um das Überleben im buchstäblichen Sinne, der den Alltag beherrschte. Mehr als 150 000 Menschen waren in von der Besatzungsmacht errichten Wellblechbaracken, den „Nissenhütten", in Holzbaracken, in Behelfsheimen für Ausgebombte, den so genannten „Ley-Häusern", in Wohnlauben und sonstigen Notunterkünften untergebracht. Schieber und Geschäftemacher hingegen hatten Hochkonjunktur. Auf dem „Schwarzen Markt" war buchstäblich alles zu haben, und häufig handelte es sich um Diebesgut – Butter (das Pfund zu 250 Reichsmark), Eier, Speck, Fleisch, Kaffee (das

Schlangestehen vor dem Schlachterladen.

Pfund für 1500 Reichsmark), und sogar komplette Lebensmittelkarten, für 1000 Reichsmark pro Stück. Wichtiger als die Reichsmark war indessen die „Zigarettenwährung". Zentren des Schwarzhandels waren in St. Pauli die Ecke Reeperbahn/Talstraße und in St. Georg der Hansaplatz. Immer wieder riegelten britische Militärpolizei und deutsche Schutzpolizei bei Razzien ganze Straßenzüge ab, doch eingedämmt wurde der Schwarze Markt nicht, auch wenn Militärgerichte gefasste Schwarzhändler zu empfindlichen Gefängnisstrafen verurteilten. Die allgemeine Devise war: Not kennt kein Gebot.

Wer kein Geld hatte, um die horrenden Schwarzmarkt-Preise zu bezahlen, keine Zigaretten, keine Wertsachen zum Tauschen, wer also auf die Lebensmittelkarte angewiesen war, existierte von den amtlichen Rationen – jenen im Sommer und Herbst 1945 knapp 1200 Kalorien pro Tag, über die damals ein bitteres und zugleich wahres Bonmot im Umlauf war: zum Leben zu wenig, zum Sterben zu viel. Rechtschaffenheit und Gesetzestreue waren existenzbedrohend. Wer nicht „organisieren" konnte, blieb auf der Strecke. Montgomery hatte in seiner Botschaft vom 6. August warnend erklärt: „Der

Der Schwarze Markt an der Reeperbahn/Ecke Hamburger Berg.

kommende Winter wird schwierig sein. Vieles muss ausgebessert und in Ordnung gebracht werden, und die Zeit ist knapp. Wir müssen mit der Wahrscheinlichkeit rechnen, dass Mangel an Lebensmitteln, an Kohle, an ausreichender Unterkunft, an Transportmitteln und Verteilungsmöglichkeiten herrschen wird. Es ist notwendig, dass Sie sich das jetzt schon klarmachen." Das war ein Hinweis, der bei der Bevölkerung der Hansestadt seine Wirkung nicht verfehlte. Sie wurde verstärkt durch einen Zeitungsartikel vom 12. Oktober 1945 im „Hamburger Nachrichten-Blatt" der Militärregierung.

In diesem Beitrag erklärte Bürgermeister Rudolf Petersen, für die privaten Haushalte stünden Kohlen im kommenden Winter nicht zur Verfügung. Jeder müsse sich selbst helfen. Die Strom- und Gasversorgung werde stark rationiert. Kein Hamburger dürfe sich auf Hilfe durch die Besatzungsmacht verlassen. Nun begannen die Menschen, sich Brennmaterial auf Vorrat zu besorgen – durch Plündern von Kohlenzügen („Kohlenklau" nannte man das im Volksmund) und Abholzen in den Wäldern und an den Straßen. Es kam so, wie Montgomery und Petersen vorhergesagt hatten: Der erste Nachkriegswin-

„Kompensationsgeschäfte".

ter wurde zwar nicht so streng wie der letzte Kriegswinter, aber er gab den Menschen mit Kohlenknappheit, Hungerrationen (im Januar 1946 wurde die Tagesration für deutsche Zivilisten auf 1046 Kalorien reduziert), drastischen Verkehrseinschränkungen im ohnehin noch weitgehend daniederliegenden Nahverkehrsnetz und Stromsperren einen Vorgeschmack dessen, was ihnen im Katastrophenwinter 1946/47 bevorstand. Der einzige Lichtblick war die beginnende Hilfe internationaler Organisationen, so des Schwedischen Roten Kreuzes mit der „Schwedenspeisung"

in den Schulen, oder die amerikanischen Care-Pakete, die Lebensmittel für zehn Dollar enthielten. Feldmarschall Montgomery warnte das britische Labour-Kabinett unter Premierminister Clement Atlee in einem düsteren Lagebericht, in der britischen Besatzungszone stünden „weit verbreitete Seuchen und Hunger" in Aussicht, wenn nicht energische Maßnahmen ergriffen würden. Ende 1945 waren von den rund 43 Millionen Kubikmetern Trümmer und Schutt, die der Krieg in der Hansestadt hinterlassen hatte, 416 000 Kubikmeter abgeräumt – zunächst auf den Durchgangs- und Ausfallstraßen. Experten gingen davon aus, dass für die vollständige „Enttrümmerung" der Stadt mindestens zwanzig Jahre veranschlagt werden müssten. Doch trotz aller Schwierigkeiten kam das öffentliche Leben schrittweise wieder in Gang. Am 22. September 1945 eröffneten hohe Offiziere der britischen Militärregierung das Hanseatische Oberlandesgericht. Damit nahm die Justiz in der Hansestadt ihre Arbeit wieder auf. Am 6. November begann in der Universität für rund 3000 Studenten der Vorlesungsbetrieb in den vier Fakultäten Philosophie, Rechtswissenschaft, Medizin und Naturwissenschaften. Am 4. Dezember folgte die Wiedereröffnung der Hamburger Volkshochschule. Am 10. Januar 1946 nahm die Hamburgische Staatsoper in der Dammtorstraße in einem räumlichen Provisorium ihren Spielbetrieb mit „Figaros Hochzeit" wieder auf, und am 21. Februar 1946 erschien als erste deutsche Zeitung unter britischer Lizenz die Wochenzeitung „Die Zeit". Im April 1946 folgten die so genannten „Parteiblätter": Das traditionsreiche „Hamburger Echo" für die SPD, die „Hamburger Allgemeine Zeitung" für die CDU, die „Hamburger Freie Presse" für die FDP und die „Hamburger Volkszeitung" als das Organ der KPD. „Die Welt" wurde von der Militärregierung als überparteiliche Zeitung für die gesamte britische Besatzungszone herausgegeben. Nachdem die Militärregierung Ende August die Gründung von Gewerkschaften zugelassen hatte, genehmigte sie am 21. November 1945 die Bildung von vier politischen Parteien. Es entstanden die SPD, die FDP, die CDU und die KPD. Das war eine Voraussetzung für die Senatsumbildung vom Februar 1946, mit der die Besatzungsmacht die wichtigen politischen Kräfte in der Stadt an der Regierungsarbeit beteiligen wollte. Diesem überparteilichen Senat gehörten zwölf Mitglieder an. Die CDU stellte den Ersten Bürgermeister Rudolf Petersen und weitere drei Senatoren, unter ihnen der spätere Verleger und Ehrenbürger Gerd Bucerius als Bausenator. Die SPD war mit dem Zweiten Bürger-

meister Adolph Schönfelder und weiteren vier Senatoren vertreten, unter ihnen der spätere Bürgermeister Paul Nevermann als Sozialsenator und Walter Dudek als Kämmerer. Die FDP stellte den Verkehrssenator, während die KPD den besonders unter den Hafenarbeitern populären Friedrich („Fiete") Dettmann für die Gesundheitsverwaltung und einen weiteren Kommunisten für das Ressort Wiedergutmachung und Flüchtlingshilfe entsandte.

Zugleich berief die Militärregierung die 81 Mitglieder der ersten Volksvertretung nach dem Zusammenbruch des NS-Regimes, die „ernannte Bürgerschaft". Dieses Quasi-Parlament war nicht nur nach parteipolitischen, sondern auch nach ständischen Gesichtspunkten ausgewählt worden. Vertreten waren dementsprechend nicht nur Parteien, sondern auch die Kirchen, die NS-Verfolgten, die Gewerkschaften, die Industrie, das Gewerbe und die Landwirtschaft. Diese Bürgerschaft trat am 27. Februar 1946 zu ihrer konstituierenden Sitzung zusammen und verabschiedete schon am 15. Mai 1946 eine vorläufige Verfassung für das Land Hamburg als Bestandteil der britischen Besatzungszone. Die Militärregierung betrachtete das als ersten Schritt für ein demokratisch legitimiertes Parlament in Hamburg. Ein anschaulicher Bericht über die Per-

Durch Trümmerfelder zog sich das Gleisnetz der Trümmerbahn.

sönlichkeit und den Arbeitsstil des ersten Hamburger Nachkriegsbürgermeisters stammt aus der Feder seines späteren Amtsnachfolgers Dr. Kurt Sieveking, der als Senatssyndikus sein engster Mitarbeiter war. Wir zitieren hier die interessantesten Passagen aus diesen Aufzeichnungen, weil sie zeigen, was es damals bedeutete, Bürgermeister der Hansestadt zu sein: „Jedermann kennt das Gefühl, das einen beschleicht, der nach Jahren als erwachsener Mann das Gebäude seiner alten Schule wieder betritt. Ähnlich ergeht es mir heute, wenn ich zufällig wieder in das Gebäude Esplanade 6 komme, in dem bis zum Amtsantritt des Zivilgouverneurs im Herbst 1946 die Militärregierung saß. Zweimal wöchentlich, jeden Dienstag und Freitag, vormittags um 11 Uhr, bin ich mit dem Bürgermeister die Treppen dort hinaufgeeilt, – jawohl geeilt – oder in den Paternoster gesprungen – jawohl gesprungen – denn Bürgermeister Rudolf Petersen hatte ein Tempo am Leibe, das auch den gewandten Ordonanzoffizier des Kampfkommandanten von Esbjerg, der ich zu guter Letzt von 1944/45 noch geworden war, wohl erschüttern konnte ... Wer es nicht erlebt hat, macht sich keinen Begriff, w e r in diesen ersten Monaten der Okkupation und w a s man alles von dem Bürgermeister wollte. Von der Rettung eines Hauses vor der Beschlagnahme bis zum Nachweis einer Ehefrau oder eines Schäferhundes für einen Angehörigen der Besatzung gab es nichts, womit wir uns nicht befasst hätten. Zum Teil lag diese Konzentration aller Wünsche, Anliegen und Beschwerden auf den Bürgermeister einfach daran, dass die Militärregierung alle Maßnahmen durch ihn verfügte und er die einzige Instanz war, die mit dem Commander (gemeint ist der erste Militärgouverneur, Oberst – später Brigadier – Armytage, d.Verf.) verhandeln konnte; zum Teil aber war es ohne jeden Zweifel die Nachwirkung des aus der Vergangenheit sattsam bekannten Führerprinzips, die darin bestand, dass niemand eine eigene Verantwortung übernehmen wollte und daher z. B. auch die Direktoren der öffentlichen Unternehmungen selbst in technischen Fragen die Entscheidung des Bürgermeisters anriefen. Dabei ist allerdings zugegeben, dass diese Entscheidungen, wie Stromkürzung, Kohlenversorgung, Maßnahmen auf dem Gebiet der Ernährung u. a. m. meistens so einschneidende Folgen für die ganze Stadt mit sich brachten, dass sie nicht wohl ohne das Oberhaupt behandelt werden konnten. Es war erstaunlich und nötigte auch erfahrenen Verwaltungsbeamten

immer wieder Bewunderung ab, wie Bürgermeister Petersen sich in der Lage zeigte, sofort das Wesentliche zu erfassen und danach prompt seine Entscheidungen zu treffen. Natürlich griff er in einzelnen Fällen fehl – wem geschähe das nicht –, aber was verschlug das gegenüber der Energie, mit der er immer wieder die Probleme anpackte. Vor allem anzuerkennen – und in Hamburg gerade in seinen eigenen Kreisen viel zu wenig gewürdigt – war sein zäher und elastischer Kampf mit dem englischen Commander, wobei er mehr und mehr die Achtung der Gegenseite gewann und im Laufe der Zeit ein Verhältnis herstellte, das die Basis für die künftige vertrauensvolle Zusammenarbeit der Hamburger Verwaltungsspitzen mit der britischen Militärregierung wurde. Wahrscheinlich hätte kaum ein anderer Hamburger in diesem ersten Jahr der Okkupation die Interessen der Stadt so gut vertreten können, wie Rudolf Petersen es tat. Er war der Kaufmann, der gewohnt ist, unabhängig zu denken und zu entscheiden, und doch weiß, sich rechtzeitig anzupassen; er war der Träger eines bekannten Namens und der Hamburger Tradition …" Bei aller Elastizität, die Sieveking ihm attestierte, war Petersen kein Mann, der Konflikten aus dem Wege ging. Auch das belegen die Aufzeichnungen seines einstigen Senatssyndikus:

Ein Elefant von Hagenbeck beim Arbeitseinsatz.

„Bei den Unterhaltungen mit dem Commander ging es keineswegs immer zartfühlend her. Ich entsinne mich einer Beschwerde, die wir über das Verhalten einer englischen Dienststelle vorbrachten. ‚Oh, that's nonsensical', sagte missbilligend der Brigadier. ‚Nonsensical? That is typical', war die Antwort, die Petersen im Moment herausfuhr. Eine Sekunde herrschte Schweigen, dann ging ein etwas unglückliches Lächeln über die Züge des Commanders, und wir kamen zum nächsten Punkt. Aber der Beschwerde wurde entsprochen. Gelegentlich ging es hart auf hart, und einmal war es soweit, dass der Bürgermeister mit einem langen persönlichen Brief an den Commander seinen Rücktritt erklärte. Das war, als die Sprengung der Helgen der Howaldtswerke angekündigt war und Senat und ernannte Bürgerschaft an Himmelfahrt 1946 zu einer Sondersitzung zusammentraten. Die Antwort war der Befehl an den Bürgermeister der Hansestadt, auf seinem Posten zu bleiben und seine Pflicht zu tun ohne Rücksicht auf das, was geschehen würde. Petersen stand nun vor der Entscheidung, ob er persönlich dem Zwange weichen sollte oder nicht. Ich glaube kaum, dass er in seinem Entschluss unsicher war – aber dann unterblieb die Sprengung, und das Äußerste wurde vermieden. Entgegen anderslautender Geschichtsschreibung sollte man festhalten, dass es wohl im Wesentlichen die Rücktrittsankündigung des Bürgermeisters gewesen ist, die den maßgebenden englischen Stellen den Ernst der Situation zum Bewusstsein brachte. Petersen war doch im Laufe der Zeit zu einer Persönlichkeit geworden, auf deren Wort man hörte und deren Resignation nicht einfach gleichgültig gewesen wäre. Alles blieb in der Schwebe." Hatten die Hamburgerinnen und Hamburger den Einmarsch der britischen Streitkräfte zunächst mit vorsichtigen Hoffnungen begleitet, so verschlechterte sich das Verhältnis zwischen der Bevölkerung und der Besatzungsmacht in den folgenden Monaten deutlich. Das hatte unterschiedliche Gründe. Sieveking schrieb dazu: „Erwartungen einer raschen wirtschaftlichen Erholung konnten sich nach Lage der Dinge nicht erfüllen; Illusionen über ein besonderes Entgegenkommen der Engländer gegenüber Hamburg mussten sich als verfehlt erweisen. Eine Zeit lang brachte im Gegenteil der von britischer Seite propagierte Plan, Hamburg zur Zonenhauptstadt zu machen, besondere Belastungen in Gestalt von Requisitionen und Besatzungsbauten mit sich – und schon die bloße Tatsache, dass wir die größte

und im Innern verhältnismäßig am besten erhaltene Stadt der britischen Zone und damit ein beliebtes Ziel der Wochenendurlauber der Rheinarmee waren, war in den ersten Jahren gleichbedeutend mit Beschlagnahme nahezu aller größeren Lokale und Hotels der Innenstadt. Und der mit großem Aufwand durchgeführte Umbau des Deutschland-Hauses am Gänsemarkt für den Victory Club kam nicht voran. Auf alles dies reagierte natürlich die Bevölkerung nicht gerade freundlich. Außerdem verstärkte sich das Gefühl, dass die Engländer den deutschen Handel und die deutsche Schifffahrt niederhalten wollten. Es war manchmal nicht ganz einfach, inmitten dieses steigenden Ressentiments der Einheimischen und des oft auch mangelnden Verständnisses für erfüllbare Wünsche auf der Gegenseite, unbeirrt den Kurs der sachlichen Argumentation mit der Militärregierung durchzustehen und angesichts mannigfacher Enttäuschungen den Mut nicht zu verlieren. Aber Bürgermeister Petersen behielt die nötige Elastizität, nicht ohne seinerseits über die Situation bei passender Gelegenheit sehr deutliche Worte zu sagen." Das tat der Bürgermeister auch, als ihm zu Ohren kam, dass es in der Militärregierung ernsthafte Tendenzen gab, das Groß-Hamburg-Gesetz aus dem Jahr 1937 aufzuheben, weil es ein auf Betreiben

Trümmerräumung bei der Trostbrücke.

Görings zu Stande gekommenes „Nazi-Gesetz" sei. Petersen widersetzte sich solchen Plänen nachdrücklich und plädierte energisch und mit Erfolg für eine Eigenstaatlichkeit Hamburgs im Rahmen eines künftigen Bundesstaates. Dabei empfand Rudolf Petersen sich im Amt des Ersten Bürgermeisters nicht als Politiker, sondern als der Kaufmann, der er nach seinem ganzen Werdegang und Selbstverständnis stets gewesen war, und so leitete er die Senatsgeschäfte. Dazu Kurt Sieveking: „Die Geschäftsführung Petersens im Senat war ein Kapitel für sich. In diesem Gremium waren damals, als es noch keine gewählte Bürgerschaft gab und die Senatoren auf Vorschlag des Bürgermeisters von der Militärregierung ernannt wurden, alle Richtungen vertreten, von der CDU bis zur KPD (deren zwei Vertreter es ganz vortrefflich mit dem Bürgermeister verstanden). Das – und die Tatsache, dass der Senat sein eigener Herr war, genaugenommen letzten Endes der Bürgermeister das Heft in der Hand hielt – machte die Leitung der Geschäfte natürlich verhältnismäßig einfach ... Für ihn selbst lag der Fall – wahrscheinlich – einigermaßen klar. Er verfuhr – unbewusst – gegenüber den Senatoren, wie er im bisherigen Leben gegenüber seinen Partnern und Prokuristen verfahren war, und wenn die Lage kritisch wurde, begann er hamburgisch zu sprechen; und damit war er stets bereit, es als erster zuzugeben, wenn er mit dem ihm eigenen Freimut im Ausdruck seiner Meinung vielleicht ein wenig zu weit gegangen war." Auch mit der ernannten Bürgerschaft an seiner Seite blieb das „Regime Petersen", wie es in der Stadt genannt wurde, was es von Anfang an gewesen war – eine unter der Kontrolle der Besatzungsmacht amtierende „Diktatur". Kurt Sieveking, der an diesem Rathaus-Regime als Chef der Senatskanzlei in einer Schlüsselposition beteiligt war, beschrieb auch diesen diktatorialen Zuschnitt der Amtszeit Petersens anschaulich: „Der Bürgermeister hatte gelegentlich gesagt, ihm habe manchmal fast gegraut vor der Machtfülle, die er in seiner Hand vereinigte – er war ein guter Demokrat! –, nahm er zu Zeiten doch nicht nur die Befugnisse eines Hamburger Regierungschefs, sondern ebenso auch diejenigen der ehemaligen Reichsregierung auf dem Territorium der Hansestadt wahr und hatte so mit Ausnahme der Post und der Reichsbahn zeitweilig auch Gewalt über die in Hamburg ansässigen Reichsbehörden. Das kam äußerlich u. a. dadurch zum Ausdruck, dass sich in der ersten Zeit in kurzen Zwischenräumen und später monatlich die Vertreter dieser Behörden mit denen von Post und Reichsbahn zur

Berichterstattung im Senatsgehege versammelten, wobei jeder dann im wesentlichen seine Nöte vortrug. Nur ganz allmählich ließen sich Fortschritte erkennen. Die Elbbrücken wurden wieder frei, der Briefverkehr mit dem übrigen Deutschland begann zu funktionieren, der Eisenbahnverkehr hob sich, man konnte wieder nach auswärts telefonieren. Heute fällt es schwer, sich die einzelnen Phasen dieses langsamen Wiedererwachens zum normalen Leben noch einmal zu vergegenwärtigen. Aber wir alle haben sie mehr oder minder bewusst erlebt, erste Schritte auf einer endlosen Straße, von der keiner damals wusste, wohin sie ihn führen und ob er überhaupt einmal zu einem einigermaßen greifbaren Ziel gelangen würde. Und doch war diese Zeit des ersten Wiederaufbaus, auch wenn es anfangs kaum mehr war als das Räumen der Trümmer und der Kampf gegen weiteres Abgleiten – dennoch war diese Zeit von eigenem Reiz. Es geschieht nicht jeder Generation, dass sie ganz auf die Anfänge zurückgeworfen wird, dass alle Phrase und Verbrämung verschwindet und nur mehr die elementaren Tatsachen der täglichen Not sich vor sie stellen. Es geschieht ihr auch nicht, dass sie dann erfährt, wie langsam über den Trümmern des Vergangenen sich der Anspruch der Zukunft fordernd erhebt, wie Wertsetzung wieder ihren

Sinn bekommt, und wie die Hoffnung, ja der Glaube wieder in ihre uralten Rechte treten. Das alles haben w i r erlebt. In Hamburg standen wir 1945 in einer ganz besonderen Situation. Unser Hafen lag zerstört, unsere Schifffahrt war tot, an Außenhandel war einstweilen nicht zu denken, und 60 km östlich zog sich die Grenze der russischen Zone. Niemals vielleicht hat es um die Zukunft der Stadt, mit rationalen Maßstäben gemessen, so verzweifelt ausgesehen wie damals. Aber niemals konnte es auch den Hamburgern so zum Bewusstsein kommen, dass sie auf Gedeih und Verderb mit ihrer Stadt und deren Schicksal verbunden waren; nie war der unverwüstliche Glaube, dass diese Stadt wie schon mehrfach in ihrer langen Geschichte auch diesmal wieder sich aus den Trümmern erheben werde, stärker als damals. Und es hatte einen tiefen Sinn, dass es ein Kaufmann war, der in dieser ersten schweren Zeit die Geschicke der Stadt in seine Hand nahm. Es war ihr Lebensgesetz, das wieder anklang. Um noch einmal Bürgermeister Rudolf Petersen zu zitieren: ‚Kaufmannsgut ist Ebbe und Flut‘.“

Hoffnungsträger in der Not
Max Brauer kehrt zurück nach Hamburg

Die Menge hing an den Lippen eines Mannes, der ihre ganze Hoffnung war: Max Brauer.

Am 14. August 1946 begann die Hamburger SPD ihren Wahlkampf zur ersten freien Bürgerschaftswahl nach dem Krieg, die nach einer Entscheidung der Militärregierung am 13. Oktober stattfinden sollte, mit einer Auftaktveranstaltung in „Planten un Blomen". Hauptredner war Max Brauer, der einstige Altonaer Oberbürgermeister, der vor dem NS-Regime erst nach China und dann in die Vereinigten Staaten hatte fliehen müssen. Formal trat er an diesem Tag noch als Vertreter der amerikanischen Gewerkschaften auf, in deren Auftrag er in seine alte Heimat zurückgekehrt war, um die „Möglichkeiten für eine Wiederbelebung der deutschen Gewerkschaften" zu prüfen. Doch für die Menschenmenge auf der Wiese von „Planten un Blomen" war er der Hoffnungsträger der Sozialdemokratie in der Hansestadt, und im SPD-Landesvorstand galt es zu diesem Zeitpunkt bereits als beschlossene Sache, dass nur Max Brauer der Spitzengenosse der Partei sein könne. Der spätere Senatssprecher Erich Lüth hat die Stimmung der Zuhörer an diesem

Max Brauer.

Tag und die Faszination, die von Brauer und seinem Auftritt ausging, als Augenzeuge anschaulich beschrieben: „Die ... Achtzigtausend wurden von der Rede des Heimgekehrten im Innersten aufgewühlt, gepackt und erregt. Max Brauer selber war tief bewegt und konnte wiederholt nur mühsam weitersprechen. Dennoch strahlte der Mann am Rednerpult dreierlei aus: Kraft, Mut und Hoffnung! Und mehr noch: ein geradezu unbändiges Selbstvertrauen." Und dann hörte Brauer, so hat er es selbst

später geschildert, aus der Menschen-
menge den Zuruf: „Hier bleiben!"
Die zeithistorischen Quellen, zum
Beispiel die Zeitungsberichte über die
SPD-Veranstaltung, erwähnen diesen
Zuruf nicht, und die Szene lässt sich
nicht mehr verifizieren. Aber die
Stimmung unter den Zuhörern haben
diese beiden Worte ohne Zweifel zu-
treffend wiedergegeben.

Max Brauer war im Juli 1946 gemeinsam mit seinem Freund und
Schicksalsgefährten Rudolf Katz, der
bis 1933 in Altona als Anwalt gearbeitet hatte und SPD-Stadtverordne-
ter gewesen war, in das verwüstete
Deutschland zurückgekehrt, um zu
sehen, ob es Erfolg versprechende
Ansatzpunkte für eine politische Be-
tätigung gebe. Beide waren inzwischen amerikanische Staatsbürger,
und die alliierten Militärbehörden
hatten aus Sicherheitsgründen darauf
bestanden, dass sie amerikanische
Uniformen trugen, jedoch ohne
Rangabzeichen. Nach Hamburg fuhren sie im Wagen eines amerikanischen Generals. Als sie die Elbbrük-
ken passiert hatten, sahen sie, wie
Brauer sich später erinnerte, „die
weiten, unabsehbaren, bizarren
Trümmergebirge, deren Anblick uns
schweigen machte". Sie suchten alte
Freunde und Bekannte von einst auf,
von denen sie wussten, dass sie den
Krieg überlebt hatten: „Wir traten
den Menschen gegenüber, die unsere

Mitbürger waren. Ihre Antlitze
waren durch die Leiden des Dritten
Reiches und des von Hitler entfessel-
ten Krieges gezeichnet. Sie waren ab-
gehärmt, erschöpft und müde. Wir
wollten weiter nach Altona, aber wir
mussten uns mühsam durchfragen,
da wir die Stadt, in die wir zurük-
kkehrten und die doch früher unsere
eigene gewesen war, nicht wiederer-
kannten. Selbst die Mönckebergstraße, Zugang zum Hamburger Rathaus,
war durch Schutthalden eingeengt."
Und als sie Altona schließlich erreicht
hatten, kamen sie in „eine Einöde.
Unser Altona, unsere alte Heimat,
war ausgelöscht". Und weiter: „In
den Krankenhäusern fehlten die Medikamente. Die Fensterhöhlen waren
mit Brettern vernagelt. Das Geld
hatte keine Kaufkraft. An seine Stelle
trat die Zigaretten-Währung. Kaffee-
bohnen galten als Scheidemünzen.
Auch eine Fahrt durch den Hafen war
ebenso schwierig wie trostlos."

Diese Eindrücke waren deprimie-
rend genug, um den Gedanken an
einen Wiederaufbau in einer auch
nur halbwegs überschaubaren Zeit in
das Reich der Phantastereien zu ver-
weisen. Doch Max Brauer bewahrte
sich den Optimismus, der ihn auch
im Exil nicht verlassen hatte. Auf
einer Landesvorstandssitzung der
SPD gab er zu Protokoll, er glaube an
einen Aufstieg Hamburgs aus Trümmern, Not und Elend. Er war über-

zeugt, dass vor allem die deutschen Städte die Keimzellen einer neuen, demokratischen Gesellschaft sein würden. Darin kam der politische Werdegang Brauers zum Ausdruck, der aus der Kommunalpolitik kam und im Grunde seines Herzens immer Kommunalpolitiker blieb, wenngleich mit weltweiten Verbindungen. Es war danach nur folgerichtig, dass in der Partei kein anderer als der 59-Jährige für das Amt des Ersten Bürgermeisters in Frage kam.

Das von der Militärregierung sicherlich auf Anweisung der britischen Labour-Regierung festgelegte Wahlrecht, das die Persönlichkeitswahl betonte, und die Zersplitterung des bürgerlichen Lagers begünstigten die SPD in eklatanter Weise. Bei einer Wahlbeteiligung von 79 Prozent erhielten die Sozialdemokraten 43,1 Prozent der Stimmen, aber 83 der insgesamt 110 Bürgerschaftsmandate. Die CDU kam auf 26,7 Prozent und war mit 16 Sitzen vertreten, für die FDP entschieden sich 18,2 Prozent der Wähler, die von sieben Abgeordneten vertreten wurden, und die KPD kam auf 10,4 Prozent und erhielt vier Sitze. Diese Wahlentscheidung sollte sich als die politische Weichenstellung für ein halbes Jahrhundert der hamburgischen Nachkriegsgeschichte erweisen, denn sie schuf das Fundament für die sozialdemokratischen Machtstrukturen, die diese fünf Jahr-

zehnte prägten.

Formal war Max Brauer jedoch nach der vom NS-Regime verfügten Ausbürgerung kein deutscher, sondern amerikanischer Staatsbürger und konnte deshalb nach deutschem Recht von der Bürgerschaft nicht zum Ersten Bürgermeister gewählt werden. Um dieses Handicap zu beseitigen, bevollmächtigte die Militärregierung Bürgermeister Rudolf Petersen, stellvertretend für den Reichsinnenminister, den es ja nicht mehr gab, für Brauer eine Einbürgerungsurkunde auszustellen und zu unterzeichnen. Dieses Papier überreichte Petersen am 25. Oktober 1946 in seinem Amtszimmer im Rathaus seinem designierten Nachfolger unter dem Surren einer Wochenschau-Kamera.

Anschließend gab Max Brauer eine kurze Erklärung ab, in der er sagte: „Die Nazis haben mich nach China und Amerika getrieben. Die Not meiner deutschen Landsleute und meine Liebe zur Heimat riefen mich zurück…" So begann die „Ära Brauer".

Am 22. November 1946 vereidigte der neue Bürgerschaftspräsident Adolph Schönfelder den ersten, demokratisch gewählten Nachkriegssenat der Hansestadt unter Bürgermeister Max Brauer – acht Sozialdemokraten, drei Freidemokraten, ein Kommunist. Forderungen aus der eigenen Partei, die mit der Parole „Sozialismus – Planwirtschaft – Demokratie" in den Wahlkampf gezogen war, nun mit der absoluten Mehrheit der Mandate allein zu regieren, hatte Brauer eine harte Absage erteilt. Er war überzeugt, Hamburg nur gemeinsam mit anderen politischen Kräften aus Not und Elend herausführen zu können. Dabei mag auch die historische Parallele zur ersten demokratischen Wahl in Hamburg am 16. März 1919 eine Rolle gespielt haben: Damals hatte die SPD mit 50,4 Prozent der Stimmen und 82 der 160 Sitze die absolute Mehrheit erreicht und dennoch auf eine Alleinregierung und sogar auf das Amt des Ersten Bürgermeisters verzichtet – beides zu Gunsten des „Kaufmannssozialismus", der politischen Zusammenarbeit der Arbeiterschaft mit dem reformbereiten Teil des Bürgertums.

Max Brauer hielt am 22. November 1946 nach seiner Vereidigung als Bürgermeister eine Antrittsrede, die ein zeithistorisches Dokument von besonderem Rang genannt werden kann, weil sie ein persönliches Bekenntnis und eine Regierungserklärung zugleich war. Hier einige besonders eindrucksvolle Auszüge:

„Der Geist der Verneinung und Vernichtung, des Hochmuts und des Hasses, wie er sich im Nationalsozialismus bekundete, muss bis in seine letzte Konsequenz erkannt und überwunden werden, damit das andere geistige Deutschland, das wir kennen und lieben, sich um so segensreicher entfalten kann. Noch leben einige Mitbürger in dem Wahn, dass die Verelendung, die wir jetzt durchmachen, nicht eingetreten wäre, wenn Hitler und seine Trabanten gesiegt hätten. Sprechen wir dagegen in Klarheit und Deutlichkeit aus: Hitlers Sieg würde die Vernichtung der Humanität und jeder echten Gesittung bedeutet haben! Und erkennen wir auch dieses andere: Wir allein haben das Übel des Nationalsozialismus nicht zu überwinden vermocht! Wir haben der Sieger harren müssen, die uns von unserem schlimmsten Feind befreiten … Noch einmal ist uns jetzt eine große Chance gegeben, die wir um jeden Preis richtig ausnutzen müssen. Versagen wir und fällt Deutschland in jene Nacht zurück, die hinter uns liegt, dann ist alle Hoffnung vergebens. Aber wir wollen ans Licht … Gewiss, Hamburg liegt in Trümmern. Es blutet aus tausend ungeschlossenen Wunden. Doch wer von ihnen liebte dieses Hamburg heute nicht glühender als je zuvor, heißer als in jenen Tagen, als es in Glanz und Blüte stand."

Auch der britischen Militärregierung schrieb Brauer in seiner Antrittsrede deutliche Worte ins Stammbuch. Er hatte schon vor seinem Amtsantritt energisch und erfolgreich darauf bestanden, dass der mit Maschendraht eingezäunte britische Militärparkplatz auf dem Rathausmarkt beseitigt werden müsse, denn vor dem Sitz einer demokratisch gewählten Regierung dürfe es „nur einen freien Platz" geben. Mit diesem Selbstbewusstsein kritisierte er nun die umfangreiche Beschlagnahme von Häusern und Wohnungen durch die britischen Behörden, die in der Bevölkerung große Empörung ausgelöst hatte: „Ich beschwöre die Verantwortlichen der Besatzung, nicht in die Fehler früherer deutscher Offiziere zu verfallen, die in den damals besetzten Ländern gedankenlos Wohnraum vergeudeten. Geben Sie den deutschen Gegnern des Krieges und des Nationalsozialismus auch dadurch neuen Auftrieb, dass Sie selber Methoden anwenden, die sich von der Requisitionsart des internationalen Faschismus wohltuend unterscheiden!" Er beanstandete, dass dem Senat „zwei wichtige Organe des öffentlichen Lebens, nämlich das Polizei- und das Justizwesen, vorenthalten bleiben". Es gehe nun um den Kampf gegen drei Elendsquellen – Hunger und Hungersiechtum, Wohnungsnot und Verelendung, Kälte und Brennstoffmangel. Er schilderte die erschütternden Zustände in den Krankenhäusern und appellierte erneut an die Besatzungsmacht: „Sollte es nicht zumindest möglich sein, für

die allernotwendigste Krankenhausbehandlung dadurch Räume zu schaffen, dass die Besatzungsbehörde das Barmbeker Krankenhaus freigibt, das sie bei weitem nicht voll ausnutzt? Wenn sie mit der ausreichenden kleineren Anlage in Wandsbek fürlieb nähme, würde dies schon eine wesentliche Hilfe bedeuten. Alte Menschen, Siechkranke und schwerbeschädigte Kriegsopfer leben zu Hunderten in Nissenhütten, in denen schon während der letzten Frostperiode die Eiszapfen von der Decke hingen. Auch für diese Unglücklichen brauchen wir Raum, möglichst in einer ehemaligen Kaserne."

Unter den Zuhörern dieser Antrittsrede war auch der britische Zivilgouverneur Vaughan Berry, der inzwischen den Brigadier Armytage abgelöst hatte. Berry, ein früherer Labour-Politiker, teilte wie fast jeder Verantwortliche, ob Deutscher oder Engländer, in der britischen Besatzungszone Brauers Sorge wegen des bevorstehenden Winters. Doch es kam weit schlimmer, als man befürchtet hatte. Mitte Dezember erstarrte Mitteleuropa unter arktischer Kälte. In Hamburg, inmitten von 43 Millionen Kubikmetern Trümmer, kämpfte die hungernde, von Ödemen befallene Bevölkerung nun buchstäblich ums Überleben. Die ohnehin unzureichend festgesetzten Kohlenlieferungen aus dem Ruhrgebiet kamen

„Kohlenklau" war fast Volkssport.

als Folge der vereisten Kanäle und des völlig unzureichenden Transportmaterials der Reichsbahn ins Stocken. Zugleich nahmen die Kohlendiebstähle sprunghaft zu. Viele Kohlenzüge waren bereits geplündert, bevor sie Hamburg überhaupt erreichten. Die Versorgungsbetriebe, deren Direktoren an den Senatssitzungen teilnahmen, mussten die Energieerzeugung rigoros einschränken – mit massiven Folgen für die Haushalte, das Wirtschaftsleben und den innerstädtischen Verkehr.

Auf dem Höhepunkt dieser Existenzkrise seiner Stadt schrieb Brauer dem stellvertretenden Gouverneur der britischen Besatzungszone, General Brian Robertson, am 15. Februar 1947 einen Brief, der den ganzen Ernst der Lage wiedergibt und gleichfalls ein Zeitdokument darstellt: „Die Krise in Hamburg hat ein unerträgliches Ausmaß erreicht. Gas- und Energieversorgung sind zusammengebrochen. Die Krankenhäuser können nicht mehr beheizt werden. Die Haushaltungen sind ohne Licht, Heizungen und Kochmöglichkeit. Eine geregelte Verbindung der Verwaltung mit der Bevölkerung durch Radio besteht nicht mehr. Die Nachrichtenverbreitung durch die Zeitung ist völlig unzulänglich; ein Teil der Zeitungen kann bereits nicht mehr erscheinen. Die in Hamburg eintref-

Holztransport für die Schule Bramfeld.

fenden Kohlemengen sind so gering, dass noch nicht einmal das Notprogramm zur Aufrechterhaltung der lebenswichtigen Betriebe als gesichert angesehen werden kann. Die hungernde, frierende und im Dunkeln sitzende Bevölkerung plündert die ankommenden Kohlenzüge. Die Polizei kann die Lage nicht mehr meistern. Bis zu 50 Prozent der auf Hamburg laufenden Kohlen werden geraubt. Durch das Ausbleiben von Gas, Elektrizität und Fernheizung ist auch der Betrieb von Großküchen des Roten Kreuzes, in denen 220 000 Mahlzeiten hergestellt werden, auf das äußerste gefährdet. Auch für einen Teil der Bäckereien sind keine Kohlen mehr vorhanden. Gestern angeordnete Abhilfsmaßnahmen sind völlig unzureichend. Hamburgs Bevölkerung ist der Verzweiflung preisgegeben. Ihre Stadt ist zu einer sterbenden Stadt geworden. Die politischen Folgen sind unabsehbar ... Ich appelliere an Sie, Herr General, sofort eine Hilfsaktion für Hamburg einzuleiten, damit größeres Unheil verhütet wird."

Brauers Brief war nicht vergeblich. Die Besatzungsmacht stattete einen Krisenstab der Reichsbahn mit entsprechenden Vollmachten aus, und so konnten wenigstens diejenigen Kohlenlieferungen für die Hansestadt gesichert werden, mit denen ein völliger

Zusammenbruch jeglicher Versorgung buchstäblich in letzter Stunde verhindert wurde. Als Mitte März Tauwetter einsetzte, war die Kältekatastrophe vorüber – mit einer schrecklichen Bilanz: Mindestens 85 Menschen waren in ihren Betten erfroren, rund 500 starben an Lungenentzündung.. In der zweiten Märzhälfte besserte sich die Versorgung, wenngleich sie weiter unzureichend blieb, doch die Kohlendiebstähle hielten an, und die vom Senat öffentlich geäußerte Vermutung, dies geschehe „für Zwecke des Schwarzen Marktes", war sicherlich realistisch. Als organisierte Banden nicht davor zurückschreckten, Polizeibeamte tätlich anzugreifen und einigen von ihnen schwere Verletzungen zufügten, reagierte der Senat mit einer massiven Warnung, in der sogar der Gebrauch der Schusswaffe angedroht wurde.

Der Kältewinter hatte eine politische Konsequenz von großem Gewicht: Max Brauer wurde in diesen schweren Monaten so sehr zum zentralen Entscheidungsträger, dass die Kollegialverfassung des Senats deutlich an Stellenwert verlor. Das verstärkte noch die ohnehin vorhandenen autokratischen Neigungen dieses Bürgermeisters, der einen ausgeprägten Machtinstinkt besaß und sich auch der psychologischen Wirkungen des Regierungsgeschäfts bewusst war.

Das zeigte sich, als er im Senat gegen die dringenden Vorstellungen seiner Kollegen darauf bestand, dass die ersten Lieferungen von Fensterglas nicht für Krankenhäuser oder Schulen, sondern für den Wagenpark der Straßenbahn verwendet wurden, denn „die fährt durch ganz Hamburg, und die Menschen sehen: Es geht aufwärts, es lohnt sich, anzupacken."

Für die Bevölkerung war Max Brauer die personifizierte Tatkraft und Zuversicht – voller Dynamik und Selbstsicherheit, an allen Rädern der Regierungsmaschine drehend, vorzüglich informiert, mit der ausgeprägten Fähigkeit zu souveräner, straff ergebnisorientierter Leitung der Sitzungen. Seine lebenslange persönliche und politische Verwurzelung in der Arbeiterbewegung hinderte ihn nicht daran, an gewachsenen hanseatischen Traditionen aus der Zeit vor 1919 festzuhalten. Zu den zahlreichen Beispielen für diesen Respekt vor der Überlieferung gehört, dass er, wie schon sein Amtsvorgänger Rudolf Petersen, ebenfalls mit einem kühlen „Nein" reagierte, als es wieder einmal um die Marmorbüsten des Kaisers Wilhelm I., Bismarcks und Moltkes im Kaisersaal ging. Verlangt hatten die Entfernung dieser Statuen diesmal jedoch nicht, wie 1945, die Engländer, sondern die eigenen Parteifreunde, denn die 83 Mitglieder der SPD-Bürgerschaftsfraktion mussten mangels anderer, geeigneter Räumlichkeiten im Kaisersaal tagen, und mehrere SPD-Abgeordnete empfanden die drei marmornen „Reaktionäre" als Provokation. Brauer belehrte sie: „Aber wir sind doch keine Bilderstürmer! Alle drei sind Gestalten unserer Geschichte."

Im Sommer 1946, schon vor Brauers Amtsantritt, hatte die Militärregierung eine Kommission deutscher Experten unter Leitung des Nationalökonomen Professor Karl Schiller beauftragt, in einer Denkschrift die Möglichkeiten und Voraussetzungen für einen Wiederaufbau der Wirtschaft in der Hansestadt zu untersuchen. Das Ergebnis lag noch nicht vor,

Die versuchte Sprengung des Trockendocks „Elbe 17", 1946.

Lange Schlangen vor den Ausgabestellen des neuen Geldes.

als Max Brauer am 22. November 1946 seine Antrittsrede als Bürgermeister hielt, doch mit großem Freimut und Nachdruck hatte er, die alliierten Vorbehaltsrechte und Restriktionen souverän missachtend dargelegt, was jedenfalls er für notwendig hielt – den Wiederaufbau des Hamburger Hafens, des Schiffbaus und der Schifffahrt. Er hatte hinzugefügt: „Auch im Überseehandel muss Hamburg wieder das Tor zur Welt werden, das es vor 1933 gewesen ist!" Die Leistungsfähigkeit des Hafens beruhe auch darauf, „dass die Werften in Gang kommen".

Im November 1946 waren das Forderungen, die sich völlig illusorisch ausnahmen und deshalb von manchen hamburgischen Kaufleuten auch hart kritisiert wurden, denn nicht der Betrieb, sondern die Demontage der Werften, vor allem bei Blohm & Voss, war das erklärte Ziel der Militärregierung, und Brauers Widersacher in der Kaufmannschaft plädierten für „mehr Realismus". Er hingegen ließ sich davon nicht beirrten und bekräftigte immer wieder seine Vision eines blühenden Welthafens. Das war eine wichtige psychologische Vorbereitung für spätere Entscheidungen, die ihn schrittweise diesem Ziel näher brachten.

„Wechselstube" am Tag der Währungsreform.

Dabei erwies sich das komplizierte Verhältnis zwischen Max Brauer und dem britischen Gouverneur Vaughan Berry zuweilen als hinderlich. Zwar kamen beide aus der Arbeiterbewegung, aber das erleichterte ihren persönlichen und dienstlichen Umgang nicht. Beide waren gegensätzliche Naturen – der Deutsche voller Vitalität und Selbstsicherheit, der Brite äußerlich eher unscheinbar, sensibel, mit schmaler Stirn und leiser Stimme, zumeist ernst und nachdenklich. Zu den bezeichnenden Episoden aus jener Zeit gehört, dass Max Brauer auf englischer Seite erhebliche Verärgerung auslöste, als er anordnete, die Zahl der funktionsfähigen Straßenlaternen so schnell wie möglich zu erhöhen. Bald war die Straßenbeleuchtung in Hamburg in einem insgesamt besseren Zustand als in großen Teilen Londons oder in Paris. In beiden Hauptstädten hatte das entsprechende Zeitungsberichte zur Folge und führte zu gereizten Anfragen an die Militärregierung. Brauers Reaktion darauf war kühl und selbstbewusst: Ein Volk, das eine so furchtbare Niederlage erlitten habe wie das deutsche, neige zu Depressionen. Hunger, Not und Wohnungslosigkeit hätten überdies eine hohe Kriminalität zur Folge. Das einfachste Mittel gegen lichtscheue Elemente sei aber eine bessere Straßenbeleuchtung.

Gouverneur Berry fand das einleuchtend. Allmählich fasste er Vertrauen zu Brauer. Das mag einer der maßgebenden Gründe gewesen sein, der Bevölkerung der Hansestadt die Währungsreform vom 20. Juni 1948 über den Rundfunk nicht durch einen Engländer, sondern durch den Bürgermeister, erläutern zu lassen. Der Erfolg dieses Vorhabens, so meinte Berry, werde jedenfalls nicht durch die Besatzungsmächte entschieden, sondern durch die deutsche Bevölkerung.

Das neue Geld, die Deutsche Mark, wurde zu einem Fanal der Hoffnung.

Victor Gollancz

Im Herbst des Elendsjahres 1946 reiste ein kleiner, bebrillter Mann mit kahlem, runden Schädel, von dem rechts und links zwei blonde Haarbüschel abstanden, durch die britische Besatzungszone – jenes Gebilde, von dem Premierminister Clement Attlee bald darauf im Unterhaus einräumte, es sei „heruntergekommen bis auf die letzte Kartoffel". Dieser Besucher, der Londoner Verleger Victor Gollancz, hatte eine sonore, eindrucksvolle Stimme, einen scharfen Blick, eine brillante Feder und ein exzellentes Gedächtnis. Er sah, dass hier ein ganzes Volk am Verhungern war, wenn es ohne Hilfe von außen blieb, und er beschloss, für diese Hilfe mit den Waffen des gedruckten und gesprochenen Wortes zu kämpfen, die ihm zu Gebote standen. Auf einer dieser deprimierenden Besichtigungsreisen sah er in Hamburg in einer Schule die fast zum Skelett abgemagerten Kinder und ließ sich mit ihnen fotografieren, um ein Beweismittel zu haben. Ein Beamter der Militärregierung war sein Gastgeber. Als Gollancz ihm in niedergeschlagener Stimmung berichtete, was er gesehen hatte, erhielt er eine Antwort, die ihn verblüffte und zugleich entsetzte:

„Davon weiß ich überhaupt nichts. Ich komme morgens in mein Büro und habe den ganzen Tag hindurch viel Arbeit. Wenn ich abends nach Hause komme, entspanne ich mich. Um etwas über Hamburg zu erfahren, könnte ich genau so gut in Whitehall leben."

Gollancz war empört. Er beschloss, die britische Öffentlichkeit vor allem durch Flugschriften zu alarmieren. Eine trug den Titel „Wie man die Leute ihrem Schicksal überlässt". Er beschrieb darin die verheerenden Zustände in der britischen Besatzungszone, die der erste Militärgouverneur, Feldmarschall Bernard Montgomery, bereits öffentlich mit der Feststellung angeprangert hatte, als Folge von Regierungsentscheidungen seien die Durchschnittsrationen für die Deutschen genau so niedrig wie die, die den Insassen des Konzentrationslagers Bergen-Belsen vom NS-Regime zugestanden worden seien, und diese Menschen seien bekanntlich verhungert. Gollancz wies der britischen Regierung falsche Darstellungen über die Lage in ihrer Besatzungszone nach. Als es zum Beispiel eines Tages in einer amtlichen Mitteilung der Besatzungsbehörden hieß, in Hamburg gebe es derzeit 1189 Fälle von Hungerödemen, bewies er, dass es sich dabei nur um die Krankenhauspatienten handelte, und diese Zahl müsse nach den einschlägigen Erfahrungen der Gesundheitsbehörden mindestens mit dem Faktor 50 multipliziert werden, um auch nur annähernd alle Fälle von Hungerödemen zu erfassen. Für die Labour-Regierung in London und ihren Kabinettsbeauftragten für Deutschland, John Hynd, wurde er zu einer gefürchteten Figur.

Wer war dieser Mann? Victor Gollancz, 1893 in London als Sohn eines Rabbiners geboren, entstammte einer nach Großbritannien eingewanderten polnisch-jüdischen Familie. In Oxford studierte er Theologie. Im Ersten Weltkrieg war er Soldat. Als ganz junger Mann schloss er sich der Labour Party an. 1927 gründete er einen Verlag, der ihn erst wohlhabend und später reich machte. Seine stets mit gelbem Umschlag ausgestatteten „Yellow Books" wurden zu einem Verkaufsschlager. Sein Verlagsprogramm reichte von sozialkritischen Themen der britischen Linken bis zu Kriminalromanen. Er war übrigens der Verleger des Welterfolgs „Der Spion, der aus der Kälte kam" von John Le Carré. 1936 gründete Gollancz mit dem sozialistischen Politiker John Strachey den höchst erfolgreichen „Left Book Club", der eine wichtige Plattform für sozialisti-

sche Autoren, vor allem aber für den Kampf gegen den europäischen Faschismus wurde, vor dem Gollancz früh und leidenschaftlich warnte – zu einem Zeitpunkt, als britische Appeasement-Politiker und Verleger der gleichen Richtung noch glaubten, vor allem mit Hitler zu einem modus vivendi kommen zu können. 1942 gründete er zusammen mit anderen Linksintellektuellen das „Nationalkomitee zur Befreiung vom Naziterror".

Victor Gollancz war Pazifist. Den Kampf gegen Hitler jedoch bejahte er ohne Einschränkung, weil er den Widerstand gegen das System und die Ziele Hitlers als unausweichlich ansah.

Doch kaum schwiegen Anfang Mai 1945 die Waffen, als der Jude und Philantrop Gollancz mit Leidenschaft seine Stimme gegen die These von der Kollektivschuld der Deutschen an den furchtbaren Verbrechen des NS-Regimes erhob, die nun ans Tageslicht kamen. Er rief seine Landsleute auf, den Deutschen mit Menschlichkeit zu begegnen und ihnen in ihrem Kampf um das Überleben zu helfen. Er wurde zum Initiator des Hilfswerks „Save Europe now" – Rettet Europa jetzt", das Nahrungsmittel, Kleidung, Medikamente und andere, dringend erforderliche Hilfsgüter sammelte und in die deutschen Notstandsgebiete brachte. 1947 forderte er Premierminister Clement Atlee auf, für eine schnellere Entlassung der deutschen Kriegsgefangenen zu sorgen, und er warnte leidenschaftlich vor den Folgen der alliierten Demontagepolitik in der britischen und auch in der amerikanischen Besatzungszone.

In Deutschland wurde Victor Gollancz wegen seiner mutigen und aufrechten Haltung, von der ihn auch Anfeindungen im eigenen Land nicht abbrachten, von vielen Menschen verehrt, und er erhielt hohe Auszeichnungen. Über seine inneren Motive hat er sich sehr eindrucksvoll geäußert, so 1953 in einem Interview anlässlich seines 60. Geburtstages: „Ich möchte zwei Dinge richtigstellen. Meine Haltung, von der Sie eben sprachen, begann nicht erst nach dem Kriege. Sie begann schon im Kriege, als ich als Antwort auf Lord Vansittard (einen erklärten Feind Deutschlands, d.Verf.) ein Buch herausgab: ‚Sollen unsere Kinder leben oder sterben?' Und dann glaube ich, ist es nicht ganz richtig, wenn Sie meine Haltung pro-deutsch nennen. Ich war niemals mehr pro-deutsch, als ich pro-französisch, pro-jüdisch, pro-arabisch oder pro sonst was war. Ich hasse alles … , was pro und anti ist. Ich bin nur eines: Ich bin pro Menschheit."

Weiter sagte er in diesem Interview: „Es war nicht viel, was ich tun konnte. Aber ich hatte ein Ziel. Man sagte, Hitler ist das Böse, und darum sind alle Deutschen schlecht. Alle, ohne Ausnahme. Dieser Lüge bin ich entgegengetreten. In Deutschland herrschte damals unbeschreibliche Not. Doch die alten Gegner Deutschlands waren allgemein der Ansicht, Deutschland müsse an letzter Stelle stehen, vor allem bei der Verteilung von Lebensmitteln. Dagegen wehrte ich mich. Es kam nicht darauf an, ob man für Hitler oder für die Alliierten gekämpft hatte. Es kam nur darauf an, wie es einem jetzt ging. Das deutsche Volk hungerte, und so gehörte es bei der Verteilung nicht an die letzte, sondern an die erste Stelle. Wäre Frankreich in der gleichen Lage gewesen, hätte ich das Gleiche für Frankreich getan."

Als diesem innerlich bescheidenen und gerade deshalb um so eindrucksvoller wirkenden Mann 1960 in der Frankfurter Paulskirche der Friedenspreis des Deutschen Buchhandels verliehen wurde, hielt er eine Dankesrede, die das Auditorium mit Ergriffenheit vernahm: „Manchmal, aber beileibe nicht immer, bin ich dem Drange eines ganz normalen menschlichen Herzens gefolgt, das Ungerechtigkeit haßt, Unterdrückung, Grausamkeit, Gewalt und Krieg. Auf bescheidene Weise habe ich versucht, das Übel zu lindern. Was ist daran Außerordentliches? Zeigt es nicht, in welchem traurigen Zustand wir uns befinden, wenn ein solches Bemühen als ungewöhnlich erscheint?"

In seiner Dankesrede erwähnte Victor Gollancz die furchbaren Verbrechen, die Hitler und sein Regime begangen hatten, nicht nur die Untaten an den Juden, sondern auch an den Deutschen, und knüpfte daran eine zentrale Frage: „Sollte man dieses Böse noch vermehren, indem man es mit Bösem vergalt? Oder sollte man ihm begegnen, indem man jenes bisschen an Liebe, Güte und Verzeihen hervorholte, das in einem ist? Es gab nur eine Antwort."

Victor Gollancz beschrieb diese seine eigene, ganz persönliche Antwort, indem er sein Verhältnis zu Adolf Hitler, einer der schrecklichsten Gestalten der Geschichte, darlegte:

„Und noch etwas widerfuhr mir damals. Ich erkannte, gäbe es mehr Güte und Liebe in der Welt, dann wäre Hitler vielleicht nicht zu jenem Hitler geworden. Er wurde, was das Leben und die Welt aus ihm gemacht hatten. In den Worten unseres großen Dichters William Blake heißt es: Jeder Verbrecher war als Kind die fleischgewordene Freude. Ich konnte Hitler nicht hassen. Deshalb sage ich in dieser Halle, die einmal eine Kirche gewesen ist, aus der Tiefe meines Herzens: Möge seine gequälte Seele in Frieden ruhen." Es war, wie immer die Zuhörer über dieses Bekenntnis dachten, eine der eindrucksvollsten Stunden in der langen Geschichte der Paulskirche.

Sir Victor Gollancz starb am 8. Februar 1967 in London.

Yehudi Menuhin

Wann ist ein Krieg in den Köpfen der Menschen vorüber? Mit dem Ende der Bombenangriffe und Artillerie-Duelle? Oder mit dem ersten zarten Pflänzchen Kultur nach Jahren der Barbarei und inmitten eines kollektiven Überlebenskampfes?

Yehudi Menuhin, der weltberühmte Geiger und Dirigent, hat diese Fragen sehr klar für sich beantwortet und Position bezogen. Während des Zweiten Weltkriegs gab er mehr als 500 Konzerte vor den Truppen der Alliierten und für das Rote Kreuz – als Therapie für die Verwundeten nach dem Grundsatz des Hippokrates, der besagt: Für die Heilung ist nichts schöner als der Klang einer Schäferflöte.

Der Sohn einer gutbürgerlichen, russisch-jüdischen Emigrantenfamilie wurde 1916 in New York geboren. Schon sein Name war ein Programm, denn das Kind erhielt einen Vornamen, den es eigentlich nicht gibt. Die Eltern nannten ihn Yehudi – Jude. Den ersten öffentlichen Auftritt hatte das Wunderkind mit acht Jahren. 1927 spielte der Elfjährige in der Carnegie Hall seiner Heimatstadt ein Violinkonzert von Beethoven und wurde mit einem Schlag weltberühmt. Dieser Ruhm war hart erarbeitet, denn die Eltern hatten früh auf den Erfolg gesetzt und die musikalische Karriere ihres Sohnes mit Konsequenz und Strenge vorbereitet. Als der dreizehnjährige Yehudi Menuhin, unter dem Dirigenten Bruno Walter, in der Berliner Philharmonie begeisterte, war er bereits ein Weltstar. Die besten Lehrer seiner Zeit hatten ihn ausgebildet, und er konzertierte nun mit den besten Orchestern der Welt. Musik wurde für ihn zu einer Sprache, die die Aussagekraft von Worten übersteigt.

„Vom Wunderkind zum Weltgewissen", schrieb die Frankfurter Allgemeine Zeitung ein halbes Jahrhundert später über den großen Musiker und Humanisten Yehudi Menuhin. Seine Menschenliebe entsprang nicht zuletzt dem Entsetzen über das, was er nach dem Ende des Krieges in Deutschland gesehen hatte. Nachdem er die vorrückenden alliierten Truppen in den letzten Kriegsmonaten immer wieder durch Konzerte unterstützt hatte, zog es ihn nach der deutschen Kapitulation an einen der schlimmsten Orte der Barbarei. Gemeinsam mit seinem Freund, dem Komponisten Benjamin Britten, besichtigte er Ende Juli 1945 das Mitte April befreite Konzentrationslager Bergen-Belsen. Über seine Eindrücke an jenem Tag berichtete er später den Reportern: „Wir wussten ungefähr, was auf uns zukommen würde. Aber nichts hätte uns seelisch oder visuell auf das vorbereiten können, was uns erwartete."

Er war der erste jüdische Musiker, der trotz der weltweiten Empörung wieder in Deutschland auftrat. Auf der Rückreise von Bergen-Belsen machte Yehudi Menuhin in Hamburg Station und nahm mit dem neu gegründeten Sinfonieorchester unter Hans Schmidt-Isserstedt, das noch nicht öffentlich aufgetreten war, ein Violinkonzert von Felix Mendelssohn-Bartholdy auf. Für das Orchester, das Schmidt-Isserstedt aus ehemaligen Kriegsgefangenen, entlassenen Soldaten und Emigranten aufgebaut hatte, war das ein überwältigendes Erlebnis, denn Menuhin hatte diesen Musikern gezeigt, dass die Welt sie nicht vergessen und nicht verdammt hatte, sondern dass sie bereit war, wieder mit Deutschland zu kommunizieren – dies auf Menuhins Weise: musikalisch. Dieser Geste der Versöhnung folgte eine weitere, als Yehudi Menuhin 1947 in den Trümmern Berlins mit dem damals als politisch belastet geltenden Dirigenten Wilhelm Furtwängler auftrat, der bis zuletzt in den Diensten des NS-Regi-

mes gestanden und gleichwohl verfolgten Künstlern geholfen hatte.

In Israel wurde Menuhin wegen dieser Haltung gegenüber den Deutschen angefeindet. Seinen ersten Auftritt dort im Jahr 1951 begleiteten Morddrohungen. In orthodoxen jüdischen Kreisen galt er als Verräter, einfach weil er als erster Jude nach dem Krieg in Deutschland aufgetreten war.

Menuhin war nie ausschließlich Musiker, sondern immer auch ein politisch denkender und handelnder Mensch, der klare Vorstellungen vom Miteinander der Völker hatte: „Es ist wie bei einem Baum – auch wenn man Zäune und Mauern um ihn herum zieht, tragen Wind und Insekten trotzdem seinen Samen über die Mauern hinaus. In meinen Vorstellungen brauchen wir künftig keine souveränen Staaten mehr, sondern autonome Kulturen, die sich Europa zugehörig fühlen. Alles andere führt früher oder später wieder zu Streit und Krieg … Wenn wir den Kulturen wirklich eine bedeutende Stimme geben würden, hätten wir kaum noch Bürgerkriege zu erwarten."

Vom einstigen Wunderkind ist das Wunder geblieben – das Wunder der Versöhnung, das überall die Hoffnung auf Frieden nährte, ob in Bergen-Belsen, im zerstörten Hamburg, in den Trümmern von Berlin oder viele Jahre später im kriegsgeschüttelten Sarajewo, in Krankenhäusern oder in Gefängnissen. Dieser Jahrhundertgeiger war zugleich eine moralische Instanz des 20. Jahrhunderts – ein Künstler, der nie den formal korrekten diplomatischen Weg ging. So setzte er sich in Moskau für den Regimekritiker Alexander Solschenizyn ein und bekundete öffentlich seine Solidarität mit den Dissidenten in China.

Zur Jahrtausendwende wollte er Mozarts „Requiem" dirigieren: „Für alle diejenigen, die in den zweitausend Jahren unnötig umgebracht wurden oder gestorben sind, wo immer auf der Welt. Ihnen will ich meine respektvolle Referenz erweisen."

Er hat diesen Jahreswechsel nicht mehr erlebt. Der weise Musiker und Menschenfreund starb 1999. Und hier schloss sich der Kreis seines Weltbürger-Lebens: Während einer Tournee mit der Sinfonia Varsovia erlitt der 82-Jährige einen Herzanfall. Yehudi Menuhin starb in einem Berliner Krankenhaus.

Zeitzeugen

Zeitzeuge 1:
Peter von Zahn

Zu den besonders eindrucksvollen Zeitdokumenten des deutschen Schicksalsjahres 1945 gehört ein Hörfunk-Kommentar, den Peter von Zahn (1913 – 2001) zum Heiligen Abend des Jahres 1945 schrieb und sprach. Der Text wird hier gekürzt wiedergegeben. Er zeigt, mit welchem nüchternen und zugleich einfühlsamen Realitätssinn dieser unvergleichliche Journalist bestrebt war, seinen Hörern gedankliche Klarheit über die Lage zu vermitteln, in der sich die Deutschen damals befanden. Bemerkenswert ist zugleich, dass die britischen Kontrolloffiziere, unter deren rigoroser Aufsicht der damalige Sender Hamburg der Militärregierung stand, diesen Kommentar ausstrahlen ließen, denn er enthielt auch deutliche Worte an die Adresse der Sieger.

Weihnacht der Einsamen

Wo sich in dieser stillen Nacht die Familien zusammenfinden, da bleiben viele Plätze leer. Die sie einnehmen sollten, sind vielleicht nicht mehr unter den Lebenden, oder sie weilen wer weiß in welchem verlassenen Winkel dieser Erde. Sie liegen in kahlen Lazaretträumen. Sie ziehen über die kalten Landstraßen oder nächtigen im Schmutz der Wartesäle. Andere starren in fernen Ländern hinter Stacheldraht die Wände ihrer Baracken an und können nur ihre Gedanken heimsenden – in Häuser, von denen sie nicht wissen, ob sie noch stehen, und zu Menschen, die wie auf einem fremden Gestirn zu wohnen scheinen. So undurchdringlich ist die Schweigezone, die um sie aufgerichtet ist.

Gemeinsam ist uns heute weniger die Freude am Fest als die Trauer um die, die nicht zugegen sind. Durch das ganze Volk, durch den ganzen Erdteil zieht sich eine unsichtbare Bruderschaft der Einsamen, Heimatlosen und Getrennten. Für diese Bruderschaft möchte ich sprechen. Vielleicht, dass manche, die sich suchen zu dieser Stunde, ohne es zu wissen, gemeinsam meine Worte hören. Vielleicht ist es doch möglich, ihren Gedanken die gleiche Richtung zu geben, wenn ich in Worte zu fassen versuche, was wir in dieser Weihnacht der Einsamen empfinden dürfen.

Das deutsche Volk muss diese erste

Weihnacht des Friedens sehr einsam begehen. Einsam und im Armenhaus der Welt. Das ist nach all dem Geschehen nicht verwunderlich. Es kann sogar gut so sein. Denn der äußerliche Frieden, der zu uns im Gewande des Zwangs, der Not und der Bedrängnis gekommen ist, der sollte ja von uns umgeformt werden in einen wahrhaften Frieden, in einen Frieden mit uns selbst. Dazu kann uns gewiss die Einsamkeit helfen, in die unser Volk geraten ist.

Wir werden Zeit haben, uns nachdenklich zu betrachten, und wir werden dann vielleicht zu unserem Erstaunen feststellen, dass wir nicht am Ende unserer Möglichkeiten sind. Wir werden bisher übersehene Eigenschaften, wenigstens im Keim, in uns entdecken, die zu entwickeln dienlicher ist als die Entwicklung neuer Waffen und neuer Rassentheorien. Zum Beispiel den Gerechtigkeitssinn, den man uns eine Zeit lang in der Vergangenheit nachsagte. Oder die Frömmigkeit, mit der wir es in glücklicheren Jahrhunderten hielten, ehe wir uns weismachen ließen, dass sie ein Ballast sei auf dem Weg zu Größe und Ruhm. Oder liebende Versenkung in das Wesen anderer Völker – ein Vorzug, den man zur Zeit unserer Urgroßeltern noch als solchen empfand …

Wer an diesem Weihnachtfest mit Innigkeit der Toten des Krieges ge-

dacht hat, der mag sich vielleicht auch die Frage vorgelegt haben: Was würden die Dahingeschiedenen uns sagen, wenn sie noch reden könnten? Ich glaube, ihre Stimme würde mit der bangen Frage an unser Ohr dringen: Was macht Ihr aus unserem Tod? Und diese Frage trifft uns alle, ob Deutsche oder Franzosen oder Russen. Denn unter dem Rasen sind alle Menschen gleich, sie reden alle einerlei lautlose Sprache. Auch liegt der eine nicht stolz da, weil etwa der Sieg seines Landes seinem Tode Sinn gegeben hätte, und der andere traurig über die Niederlage. Was sie im letzten Atemzuge noch trennte, das ist für die Toten vorbei. Denn der Tod im Kriege hat keinen polnischen oder englischen Sinn, sondern nur einen menschlichen; so wie ja auch unter diesem Krieg nicht nur eine Nation seufzte, sondern die ganze Menschheit litt. Wie sie daliegen, die Gefallenen, so sind sie nur eine große und stumme Frage: Was macht Ihr aus unserem Tod? …

Diese Frage ist an uns alle gerichtet. Auch an die Sieger. Wir wissen, dass sie aus den von Hitler hinterlassenen Ruinen Deutschlands über Nacht kein Paradies hervorstampfen können. Wir vermuten, dass solches auch gar nicht ihre Absicht ist, solange die Völker ganz Europas und halb Asiens am Bettelstabe dahinschleichen. Aber wir befürchten, dass die

Sieger die brodelnde Gefahr nicht deutlich genug sehen, die in einem aufs Äußerste zusammengepressten, übervölkerten, verarmten Deutschland entstehen muss, wenn nicht Ventile geöffnet werden zur rechten Zeit, wenn nicht die Abschnürungen gelockert werden, die uns den Atem benehmen. Dass Siegervölker auf ihre Sicherung bedacht sind, das wird ihnen niemand verübeln können. Aber das darf nicht der einzige Leitfaden des Handelns sein. Ein dahinsiechendes Volk ist kein Nachbar, mit dem sich eine gesunde Friedensgemeinschaft errichten lässt. Der Weg in den Frieden darf nicht nur mit unseren guten Vorsätzen, er muss auch wenigstens teilweise mit Kohlen gepflastert sein, und hinter all den Mühsalen, die uns erwarten, wenn wir die beispiellosen Schäden in Europa abgelten wollen – hinter all diesen Mühsalen muss doch eine Hoffnung erkennbar bleiben, für die unsere Jugend leben kann. Es muss eine begründete Hoffnung sein auf eine Zeit, da unsere Jugend teilhaben kann an dem weiteren Raum, den allein große Staatenbünde und Völkerfamilien heute dem Einzelnen eröffnen. Daran sollten sich die Sieger mahnen lassen, denn alle Toten dieses Krieges sind, ob sie es nun ahnten oder nicht, für den Frieden der Welt gestorben, und Friede kann nur sein, wo die Arbeit nach ihrem Wert bezahlt wird und Platz und Hoffnung ist für die Entwicklung aller guten Kräfte. Unsere Jugend kann nicht von Almosen allein leben. Es muss ihr Hoffnung gegeben werden …

Inmitten dieser Not ist es schwer, ein Wort des Trostes zu sagen. Mögen wir auch noch so überzeugt sein, dass die dunkelsten Tage vorüber sind, so wird uns doch der Gedanke an Trost heute allzu oft durch eins verbaut: durch die Bitterkeit unseres Gemüts. Diese Bitterkeit tut sich in den herabgezogenen Mundwinkeln und dem kurzen, harten Auflachen unserer Zeit kund. Sie herrscht da, wo einer fühlt, dass er versagt hat, und wo er es sich nicht einzugestehen wagt, weil er zu bequem ist oder auch zu feige, mit sich ins Gericht zu gehen. Wer hätte nicht in diesen letzten fürchterlichen Zeiten oft und oft versagt? Wer hätte nicht, um es deutlicher zu sagen, Konzessionen gemacht, sein Gewissen misshandelt und seine Menschenrechte verkauft? Davon blieb der und jener schmerzhafte Stachel zurück in unserem Gemüt. Es entstanden Kammern verstockten Leides, aus denen kein anderer Ausweg zu führen scheint als in die Bitternis der Anklage gegen Zeit und Welt und Umstände. Solche Anklagen sind an die falsche Adresse gerichtet und fruchten gar nichts. Aber diese Verhärtung in der Bitterkeit macht Trost fast unmöglich und den Frieden mit uns selbst zu einer Illusion.

Vielleicht wird uns die Einsamkeit die Selbstprüfung erleichtern. Vielleicht, dass wir aus unserem großen Alleinsein die heilsamen und tröstlichen Kräfte entwickeln können, denen der Hader mit dem Geschick und die Bitterkeit der Gedanken einmal weichen müssen. Vergessen wir nicht, dass dem Einsamen zwei Helfer bleiben: Die Zeit und ihre Schwester, die Geduld. Die stille Bruderschaft der Einsamen, der Getrennten und Heimatlosen, ist in dieser Weihnacht so groß, dass fast ein jeder zu ihr gehört …

Zeitzeuge 2:
Herbert Weichmann

Briefe aus Hamburg nach New York

Am Abend des 6. Juni 1948 erschien an der Rezeption der „Hotel Pension Rudolf Prem", An der Alster Nr. 9, ein Herr in mittleren Jahren, der kurz zuvor im Hauptbahnhof dem fahrplanmäßigen D-Zug aus Hoek van Holland entstiegen war: Dr. Herbert Weichmann aus New York. Die Senatskanzlei hatte für ihn das beste Zimmer des Hauses mit Blick auf die Außenalster reservieren lassen, denn er sollte dort nicht nur für ein paar Tage Quartier nehmen. Bürgermeister Max Brauer hatte den einstigen preußischen Ministerialbeamten, der zu einem der bedeutenden Bürgermeister der Hansestadt werden sollte, aus der Emigration in den Vereinigten Staaten nach Hamburg gerufen, weil er diesen Finanz- und Verwaltungsexperten für den Wiederaufbau der zerbombten Hansestadt an seiner Seite haben wollte. Nachdem er sein Zimmer bezogen hatte, begab Herbert Weichmann sich auf einen langen Spaziergang am Alsterufer. Es war ein schöner Abend. Ins Hotel zurückgekehrt, schrieb er seiner Frau Dr. Elsbeth Weichmann, die zunächst

in New York geblieben war, einen langen Brief über seine Eindrücke. Das Hotel, so hieß es darin, sei „das einzige Haus, das hier unversehrt stehen geblieben ist, rechts und links stehen nur die Fassaden, aber die Alster und die Bäume an der Alsterpromenade sowie die Heiterkeit, die von umschlungenen und flanierenden jungen Menschen ausgeht, lässt tatsächlich die Ruinen übersehen …
Was ich von Städten sah, von der Bahn aus, Osnabrück, Bremen und Hamburg, war sehr stark ein Bild unverhüllter Verwüstung. Die Bahnhöfe präsentieren sich als Stätten des Verfalls, mit Ruinen und Lokomotivfriedhöfen ringsherum, und Zeichen des Wiederaufbaus zeigten sich nur ganz vereinzelt und keinesfalls als Ausdruck irgendwelcher Systematik."
Am nächsten Tag ging Herbert Weichmann ins Rathaus, um mit dem Senatssyndikus Hans Harder die Einzelheiten seines Aufenthalts in Hamburg und seiner künftigen Tätigkeit zu besprechen. Über diese Unterredung berichtete er seiner Frau in einem Brief vom 7. Juni:
„Harder bekannte mir offen, dass er eigentlich meinen Entschluss nicht

verstehen könne und dass von den vielen Fällen der prospectiven Heimkehrer, die er zu bearbeiten habe, ich der einzige sei, der wirklich den Mut bis zum letzten aufgebracht habe, seinen Entschluss auch durchzuführen. Es sei nur sehr gut, dass ich mir den Rückweg offen gehalten hätte, die Verhältnisse seien so schwer, die Arbeit so wenig fruchtbringend, das deutsche Volk so unverändert und undankbar etc. etc."

Herbert Weichmann ließ sich von dieser Tristesse jedoch nicht entmutigen und suchte Bürgermeister Max Brauer in dessen Dachgeschoßwohnung an der Palmaille Nr. 49 in Altona auf. In diesem Gespräch beeindruckte ihn der mitreißende Optimismus, mit dem Brauer die Lage der Stadt beurteilte. Auch diese Begegnung schilderte er seiner Frau sogleich: Brauer habe ihm dargelegt, „die Lebensmittellage habe sich ganz wesentlich verbessert, und der Kaloriengehalt halte bei etwa 1600 gegen früher 1000. Eine Rekordernte stehe bevor. Von sich könne er nur sagen, dass er selbst hier bleiben und von seiner Pension leben würde, auch wenn er nicht Bürgermeister wäre. Die Finanzen der Stadt seien tadellos in Ordnung, das Aufbauwerk in Hamburg sei von allen deutschen Städten am meisten fortgeschritten. Wenn er die Ruinen betrachte, so sehe er nur, was er dort hinstellen

könne … Es sei ihm auch gelungen, unter den Ministerpräsidenten der Länder sich eine oder die führende Stellung zu erobern. Die deutsche Verwaltung werde immer größere Machtbefugnisse erhalten, und in einem Jahr würde Deutschland auch wieder Gesandte im Ausland haben. Amerika und England wüssten jetzt, dass Westdeutschland und kein anderes Land des Westens die Schlüsselstelle sei, die sie fördern müssten."

Max Brauer bot seinem Gast an, sich im Dienstwagen des Bürgermeisters selbst einen Eindruck vom Zustand der Stadt zu verschaffen. Über das, was er auf dieser Rundfahrt gesehen hatte, schrieb er seiner Frau am 7. Juni 1948:

„Die Zerstörung ist so grenzenlos, so meilenlang ohne Unterbrechung, dass ich mich die ganze Zeit fragen musste, wo überhaupt die Menschen wohnen. Die Ruinen, die flachgelegten Wohnviertel, die zerstörten Hafenanlagen mit verrenkten, verrosteten Eisengerüsten schienen nur eine Sprache zu sprechen: Lasziate ogni speranza (Lasset alle Hoffnung fahren). Aber ich habe diese Sprache nicht gehört. Ich habe nur die Straßen gesehen, die frei von allem Schutt waren und durch die doch irgendwie das Leben weiterging. Ich habe die unzerstörten Hochbunker aus Zement zwischen den Ruinen gesehen, und sie waren mir nur Dokumente des Unsinns, der jetzt durch Sinn wieder ersetzt werden muss. Ich weiß nicht, mit meinem Verstand, wie je so viel Zerstörung überhaupt ersetzt werden kann, aber jedes Dach, das neu errichtet wird, schien mir eine einsatzwerte Aufgabe … Ich bin beeindruckt worden, aber doch innerlich ganz kühl geblieben. Ein Preis musste bezahlt werden und ist bezahlt worden – und jetzt fängt ein neues Kapitel an."

Das große Problem waren für den Rückkehrer Herbert Weichmann die Menschen in der Stadt. Darüber schrieb er seiner Frau am 9. Juni 1948, die große Lücke, die er noch zu füllen habe, sei seine „Beziehung zum deutschen Menschen. Ich habe exakt noch gar keine Beziehung zu ihm. Ich sehe ihn auf der Straße, vor den Läden, in der Straßenbahn, und er ist bestimmt nicht mehr der alte. Aber was ist er? Er ist verelendet, unsauber, ohne äußeren Charme, nicht gerade verbittert, aber auch gar nicht heiter, ein Produkt der Ruinen, ein

Opfer des Verbombtseins, aber was ist er noch? Ich habe nur äußere Eindrücke, was nicht weiter verwunderlich wäre; verwunderlich bleibt mir aber, dass ich in mir noch gar keine inneren Anhaltspunkte verspüre, mich ihm zu nähern." Zugleich sah sein scharfer Blick, dass der Wille zum Wiederaufbau unter den Generationen sehr unterschiedlich ausgeprägt war. In einem weiteren Brief vom 14. Juni 1948 schrieb er seiner Frau über diese Wahrnehmung: „Es ist die alte Garde, die steht, die mutig und schaffenswillig ist, nicht die Jungen." Diese seien „gleichmäßig defätistisch … voller Skepsis, selbst in den Reihen der Partei", der SPD. Die Demokratie bestehe für diese jungen Menschen „aus viel Reden, aus den Alten von Weimar, die wieder da sind, ‚es ist alles so kompliziert', sie sehnen sich gefährlich danach, wieder geführt zu werden und an einen Platz gestellt zu werden, wo man ihnen das Denken und die eigene Verantwortung abnimmt".

(Aus: Uwe Bahnsen, Die Weichmanns in Hamburg, Christians Verlag, Hamburg)

Zeitzeuge 3:
Hans Schmidt-Isserstedt

Einer der Pioniere des Norddeutschen Rundfunks war Hans Schmidt-Isserstedt. Der 1900 in Berlin geborene Sohn eines Brauerei-Direktors fühlte sich früh zur Musik hingezogen, lernte das Geigenspiel. Später studierte Schmidt-Isserstedt an der Berliner Musikhochschule, ging danach als Kapellmeister nach Barmen-Elberfeld, später wieder zurück nach Berlin als Direktor des Deutschen Opernhauses. Sein Weg sollte ihn nach Hamburg führen. Schmidt-Isserstedt hat 1970 von den Wirren des Krieges und den schicksalhaften Begegnungen erzählt, die ihn schließlich nach Hamburg brachten:

„Frühsommer 1945 – in einem kleinen Dörfchen Holsteins am Geesthang mit Blick auf die besonnte Elbmarsch – Frieden. Hier waren wir, meine Frau, mein achtjähriger Junge und ich, gelandet, nachdem unser Besitz in Berlin zerbombt und das Häuschen an der Ostsee enteignet worden war. Wir besaßen nur ein paar Köfferchen, meine Geige und ein Bild von Vlaminck, das von den Freunden Partikel und Gerhard Marcks fachgemäß eingerollt worden war. Ein Koffer aber enthielt das wichtigste Gut: Unsere Edelvaluta,

sorgfältig gehortet von Helga, meiner Frau. Hier fand sich Rohkaffee, Tee, Seife, Sonnenblumenöl und Zigaretten, die Hauptwährung dieser Zeit. Aber auch ohne dies wurden wir von unseren freundlichen Gastgebern großzügig verpflegt und lebten glücklich, ohne Angst vor Bomben, eigentlich auch ohne Sorge um das zukünftige Leben. Die Welt, die Zeit hielt den Atem an, es war ja Frieden – es konnte doch alles nur besser werden. Eines Abends aber hörten wir am Radio ein Konzert aus Berlin mit dem Orchester des Deutschen Opernhauses, dessen Direktor ich ja bis zur Schließung aller Theater war. Das war der Stich unter die Haut, das Sommeridyll war getrübt durch das Gefühl: Irgendwo – unerreichbar weit weg, in Berlin – beginnt ja wieder ein Musikleben, mit einem Orchester, aber ohne mich. Ich versuchte, Geige zu spielen, übte mit meinem musikalischen Hausherrn Sonaten zu seiner vollsten Zufriedenheit. Aber dies alles konnte meinen allmählich unbändigen Musikdrang nicht bändigen.

Dann geschah's: An einem Sonntagnachmittag entdeckten mich zwei Offiziere der britischen Besatzungsmacht in unserem Refugium. Es waren die neuen Leiter der Abteilung Wort und Musik von Radio Hamburg. Sie wußten von mir, kannten meine Bänder und Platten, und nach eingehender Inquisition erkundigten sie sich, ob ich ihnen helfen würde, ein Orchester zusammenzustellen und als dessen Chefdirigent zu fungieren. Ich sagte, daß ich, falls sie an ein Radio-Orchester nach dem Muster der BBC, der NBC in New York oder des Orchestre National in Paris dächten, ihnen sehr gern zur Verfügung stünde. Sie erwiderten, es sei durchaus ihre Absicht, ein erstklassiges Sinfonieorchester aufzubauen, das sich schon nach der Art seiner Aufgaben von den früher in Deutschland üblichen Radio-Orchestern grundsätzlich unterscheiden sollte.

Mit dem Spiritus rector der ganzen Idee, dem Major Jack Bornoff, stellten wir ein kleines Team zusammen, das als Bläserexperten unseren Meisteroboer Helmuth Eggers und als Streicher den aus Berlin entkommenen Erich Röhn, Konzertmeister der Berliner Philharmonie, nunmehr der unsere, und einige Engländer umfaßte. An einem strahlenden Tag des Sommers 1945 fuhren wir durch das Sperrgebiet Schleswig-Holsteins, in das die Reste des deutschen Heeres zusammengepreßt waren und auf ihre Entlassung warteten. Durch Rundschreiben unter den Soldaten hatten wir Musiker der ehemaligen

Sinfonie- und Opernorchester Deutschlands aufgefordert, uns auf bestimmten Gütern, in Höfen, Scheunen und in Kinos kleiner Städte zu erwarten. Nun begannen die Prüfungen auf oft seltsamen Instrumenten, meist in sehr sommerlicher Bekleidung, immer mit dem wohlwollendsten Publikum, der Dorfjugend und den Landsern, die stolz auf ihre musikalischen Kameraden waren. Auf einem Gut bei Neustadt fanden wir unter andern unseren Herbert Seewald aus Riga, Konzertmeister der Kontrabässe. Wie er auf seinem eigenartigen Instrument damals sein Probespiel absolvierte und bei den gefühlvollen Glissandostellen des großen Baßsolos im letzten „Othello"-Akt über die oft geflickten und geknoteten Darm- und Drahtsaiten rutschte und holperte, da nickten wir uns ergriffen zu und sagten: Den Mann müssen wir haben!

Damals begann also die erste Auslese für den Bau dieses meines Wunschtraum-Orchesters, wie ich es nannte. Um die Bescheidenheit meines Anspruchs zu kennzeichnen: Die Streicher stellte ich mir als eine Kreuzung zwischen Berliner und Wiener Philharmoniker vor, die Bläser als eine glückliche Hochzüchtung aus Concertgebouw- und Philadelphia-Orchester (um auf der Erde zu bleiben).

Trotz der zunächst fast unüberwindlichen materiellen Nöte glaubte ich selbst fest an das Zustandekommen des scheinbar Unmöglichen. Ich hatte als Student die kulturelle Blüte nach dem Ende des Ersten Weltkrieges miterlebt und fühlte, daß nach diesem zweiten schrecklichen Zusammenbruch mit den weit größeren Opfern eine neue geistige Ära beginnen müsse. Zweifellos wird uns allen der große erregende Schwung unvergeßlich sein, mit dem nun wieder auf allen Gebieten der Kultur ein neuer Start Ereignis wurde und wir so glücklich waren, dabei helfen zu können. Unvergeßlich aber auch sind uns die damaligen kümmerlichen Lebensbedingungen geblieben. Schlecht gekleidet, manchmal in Tarnanzügen, unterernährt, lebten wir in kaum geheizten Räumen. Die Kantine lieferte uns meist „Bahndamm", das war eine weißliche Suppe aus Melde oder ähnlichem Unkraut, worin kleine Zementstückchen schwammen, die als Grießklößchen ausgegeben wurden.

Als die Proben zu meinen ersten Konzerten immer heftiger wurden, war auch ich besorgt, die körperlichen Strapazen nicht durchzuhalten, und sagte unserem Protektor, Chef und Betreuer Bornoff, der glänzend deutsch sprach: „Ihr Kantinenessen ist wunderbar, aber bei diesem Programm mit Beethoven, Brahms und Tschaikowsky muß endlich mal ‚Fleesch uff'n Teller'. Diese in flie-

ßendem Berlinerisch vorgetragene Bitte machte offenbar großen Eindruck auf ihn, denn einige Stunden später kam ein Sergeant und lieferte drei Dosen Cordes beef bei uns ab. Was das hieß, können nur deutsche Zeitgenossen vom Herbst 1945 ermessen.

Nachdem unser Jack Bornoff uns verlassen hatte, um in London bei der BBC und später bei der Unesco in Paris zu wirken, kam als würdiger Nachfolger Major Howard Hartog zu uns, ein Erzdynamiker, der mit großer Musikkenntnis und einem untrüglichen Gedächtnis unser Arbeitstempo noch beschleunigte. Durch ihn und durch die englischen Herren der Musikabteilung hatten wir die Möglichkeit, die gesamte internationale moderne Musik von den englischen, amerikanischen und französischen Verlegern zu erhalten …

Eines der großartigsten Werke der Neuen Musik überhaupt, „Le Sacre du printemps" von Strawinsky, schockierte im Jahre 1946 unser Publikum sehr. Vor allem Jugendliche verließen den Saal, protestierend die Türen hinter sich zuschlagend. Ein Jahr später war das Stück bereits ein großer Erfolg bei unseren nun fasziniert mitgehenden Hörern.

Ein gutes Zeichen für Stück und Publikum."

(Aus: Hans Schmidt-Isserstedt, Zum 10. Todestag am 28. Mai 1983, hrg. vom NDR)

Zeitzeuge 4:
Uwe Bahnsen

Uwe Bahnsen erlebte den Tag der Währungsreform als 13-jähriger Schüler in der Hansestadt.

Der Tag X

Nie werde ich diesen Tag vergessen: Montag, 21. Juni 1948. Es war unbeständig und kühl. In den Familien, im Freundeskreis, an den Arbeitsplätzen gab es nach wochenlangen Gerüchten nur ein Thema: Die neue Währung und die buchstäblich über Nacht prall gefüllten Schaufenster, vor denen wir ebenso wie alle anderen Familien staunend, fast sprachlos standen: Würste, Schinken, Schokolade, Pralinen, aber auch Rundfunkgeräte, Photoapparate, Haushaltswaren, Taschen aus feinstem Leder und Tabakspfeifen aus edlem Holz … Wir waren von diesem Anblick, von dieser Fülle überwältigt. Wo vorher triste Attrappen aus Pappe und Papier zu sehen waren, türmten sich nun Lebens- und Genussmittel und Konsumartikel, die vorher wenn überhaupt, dann nur zu Wucherpreisen auf dem „Schwarzen Markt" zu haben waren. Seit den Kriegsjahren waren Lebensmittelkarten und Bezugsscheine für uns ein Bestandteil des täglichen Lebens. Sie

zu verlieren, wurde zu Recht als bedeutend schwer wiegender empfunden, als wenn Geld abhanden kam. An diesem Montag aber sahen wir in vielen Schaufenstern im heimatlichen Sasel, auch im benachbarten Volksdorf, Schilder mit einem Wort, das uns wie ein „Sesam öffne dich" erschien: „Bezugsscheinfrei". Wir nahmen es mit einer Mischung aus Hoffnung und Skepsis entgegen, denn jedermann dachte: Wie werden sich die Preise entwickeln?

Erst kurz zuvor, am Freitagabend, dem 18. Juni, hatten die Militärregierungen in den drei westlichen Besatzungszonen die deutsche Öffentlichkeit über die bevorstehende Währungsreform informiert. Dass sie kommen würde – darüber wurde schon seit Monaten geredet. Nun war es amtlich, denn der Rundfunk meldete: Schluss mit der Reichsmark, die ihr Papier nicht mehr wert war. Jedermann sollte 60 Deutsche Mark im Umtausch gegen 60 Reichsmark erhalten. Davon sollten am Sonntag, dem 20. Juni, gegen Vorlage der Kennkarte und der Lebensmittelkarte und gegen Ablieferung von 40 Reichsmark 40 Mark ausgezahlt werden, die restlichen zwanzig Mark der neuen Währung gegen zwanzig Reichsmark innerhalb der nächsten vier Wochen – es wurde August. Das Kleingeld sollte vorerst im Umlauf bleiben. Neues Münzgeld blieb noch lange Mangelware.

In Hamburg fuhren am frühen Morgen des 20. Juni Einsatzwagen der Polizei zur neu errichteten Landeszentralbank am Alten Wall. Dort wurden rund 600 Millionen Mark in neuer Währung auf Lastwagen und Postautos verladen und unter starkem Geleitschutz zu den Geldausgabestellen transportiert – es waren dieselben Dienststellen, in denen man bislang Lebensmittelkarten und Bezugsscheine in Empfang zu nehmen hatte. Rund 12 000 Behördenmitarbeiter standen bereit. In meinem Heimatort wurde das Geld in der Ortsdienststelle im Saseler Park ausgegeben. Am Sonntagmorgen begleitete ich meine Eltern auf diesem spannenden Gang. Eine lange Schlange hatte sich gebildet. Es ging erkennbar nicht voran. Misstrauen flammte auf. Ich entsinne mich, dass auch mein Vater sich davon anstecken ließ. Das war leicht zu erklären: Meine Eltern gehörten zu einer Generation, die nun schon zum zweiten Mal erlebte, dass eine völlig zerrüttete Währung durch neues Geld ersetzt werden musste. Ein Vierteljahrhundert war vergangen seit der galoppierenden Inflation des Jahres 1923. Auf

ihrem Höhepunkt kostete ein Brot in Hamburg 17 bis 18 Milliarden Mark. Das waren für die Menschen traumatische Erfahrungen, die tiefe Spuren hinterlassen hatten. Im Spätherbst 1923 hatte die neue Rentenmark dieses chaotische Kapitel der jungen Weimarer Republik beendet.

Nun war es wieder soweit. Aber weshalb bewegte sich nichts in der Schlange vor uns? Geduldig standen wir und warteten. Die Ursache für die Verzögerung, die die Menschen so misstrauisch stimmte, erfuhren wir nicht: Die für die Transporte eingesetzten Polizeibeamten sollten den Empfang des Geldes quittieren, weigerten sich aber verständlicherweise, das unbesehen ohne Nachzählen zu tun. Das wiederum hätte enorme praktische Schwierigkeiten zur Folge gehabt. Also musste erst eine dienstliche Anweisung erlassen werden, nach der die Beamten das Geld ungezählt zu übernehmen hatten, und die Landeszentralbank stellte sie im Hinblick auf etwaige Fehlbeträge von der Haftung frei. Es waren nur geringe Summen, die auf diese Weise ausgeglichen werden mussten.

Als wir schließlich „dran" waren und unser „Kopfgeld" erhalten hatten, 120 nagelneue Deutsche Mark, betrachteten meine Eltern die Geldscheine mit einer Mischung aus Neugier und Skepsis. Es waren überaus schlichte, neutral gehaltene Banknoten. Etwas merkwürdig fanden meine Eltern, dass sie keinerlei Hinweis auf den Ausgabeort, das Ausgabedatum und die ausgebende Bank oder eine andere Institution, enthielten. Mein Vater, ein Bahnbeamter, wusste aus seiner beruflichen Tätigkeit, wie US-Dollars aussehen, und fand gewisse Ähnlichkeiten. Damit hatte er auch nicht Unrecht. Die Gründe für die schlichte graphische Gestaltung des neuen Geldes wurden indessen erst sehr viel später bekannt – sie waren hochpolitisch: Die drei Westmächte hatten die Druckaufträge für die neuen Banknoten bereits im Spätherbst 1947 erteilt. Zu diesem Zeitpunkt war die Kriegskoalition gegen Deutschland mit der Sowjetunion längst zerbrochen. Verhandlungen über eine in allen vier Besatzungszonen im Prinzip gleichermaßen dringliche Währungsreform hatten keinerlei Fortschritte erbracht und schienen aussichtslos zu sein. Die westlichen Regierungen wollten jedoch zumindest optisch die Chance für ein solches Vorhaben nicht gänzlich torpedieren – deshalb das neutrale „Outfit" des neuen Geldes.

Zu den deutschen „Geburtshelfern" der Deutschen Mark, die von den westlichen Militärregierungen mit versiegelten Befehlen nach Bad Homburg zitiert und von dort unter scharfer Bewachung in eine Kaserne des ehemaligen Fliegerhorstes Roth-

westen bei Kassel gebracht worden waren, gehörte ein Hamburger, der für Bürgermeister Max Brauer ein unverzichtbarer Partner (und häufig genug ein Widerpart) im schweren Regierungsgeschäft der ersten Nachkriegsjahre war: Finanzsenator Walter Dudek (SPD), vor 1933 Harburger Oberbürgermeister, der nun mit spitzem Stift darüber wachte, dass im Senat nur beschlossen wurde, was auch finanziell darstellbar war. Präsident der Hamburger Landeszentralbank und damit eine Schlüsselfigur für die Währungsreform in der Hansestadt war damals ein Hamburger Bankier, der später als Chef der Deutschen Bank und als Bundesbankpräsident zu großem Ansehen kam: Karl Klasen, ein Sozialdemokrat. Als er sich später an die Schwierigkeiten und technischen Pannen bei der Währungsumstellung erinnerte, lieferte er zugleich eine Erklärung dafür, dass damals schon vor dem „Tag X", dem 20. Juni, „Blüten" des neuen Geldes auf dem Kiez aufgetaucht waren: „Zunächst war ja entschieden, dass die Kupfermünzen von ein bis zwei Pfennig ihre bisherige Gültigkeit behalten sollten. Für die Fünf-und Zehn-Pfennig-Stücke galt das nicht, sondern dafür wurde Papiergeld in Deutschland gedruckt. In Hamburg, wo auch diese Scheine gedruckt wurden, waren sie schon einige Tage vor dem 20. Juni auf dem

Schwarzen Markt auf St. Pauli zum Kauf angeboten worden. Es stellte sich heraus, dass es nicht ganz einwandfreie Drucke waren, die einige Mitarbeiter bei der Druckerei aus der Trommel, in der sie aufgelöst werden sollten, wieder herausgefischt und an sich genommen hatten."

Für einen Beamtenhaushalt wie den unsrigen waren dieser 20. Juni und die nächsten Tage danach so etwas wie ein ökonomisches Urerlebnis, das auch auf das Selbstwertgefühl abstrahlte. Ein Beamter – das ist ein Staatsdiener, der nicht üppig besoldet wird, aber er weiß: Das Gehalt kommt mit Sicherheit, und eines Tages auch die Pension. In den ersten Nachkriegsjahren, als die Fähigkeit zum „Organisieren" fast gleichbedeutend mit der Chance zum materiellen Überleben war, hatte ein solcher Zeitgenosse wenig bis nichts zu bestellen. Es war exakt dieser Hungerleider, dem Gert Fröbe im Jahr der Währungsreform in dem Film „Berliner Ballade" mit der Figur des „Otto Normalverbraucher" ein unvergessenes Denkmal setzte. „Normalverbraucher" – das war kein kabarettistischer, sondern ein amtlicher Begriff für den Lebensmittelkarten-Inhaber, dem nur die Durchschnittsrationen zustanden – zum Leben zu wenig, zum Verhungern zu viel.

Aber nun, sozusagen über Nacht, waren diese beiden pekuniären Ge-

wissheiten des Beamten ein unerhörtes Kapital, das auch als eine gehörige Portion Sozialprestige empfunden wurde. Nach dem 20. Juni gab es zunächst in den Geschäften so etwas wie einen „Kaufrausch". Ich erinnere nicht, dass wir daran teilnahmen. Meine Eltern gingen vorsichtig mit dem neuen Geld um. Aber sie genossen die Metamorphose von den „Zuteilungsberechtigten", die sie bislang gewesen waren, zu den Kunden, die sie nun, auch das über Nacht, wieder geworden waren. Unser täglicher Speisezettel besserte sich deutlich, auch das nicht sprunghaft, aber kontinuierlich.

Es ist schwierig, der heutigen Generation einen Eindruck von der Zäsur zu vermitteln, die mit der Währungsreform für das tägliche Leben verbunden war. Die Schriftstellerin Christine Brückner, Jahrgang 1921, hat kurz nach dem Einschnitt geheiratet. In ihrem späteren Rückblick auf diese Hochzeitsfeier fand ich einen Passus, der exakt den Punkt trifft, um den es mir hier geht: „Von einem unserer Gäste, einem namhaften, geistreichen Professor der Volkswirtschaft, hieß es, dass er während des Essens nichts anderes gesagt habe als: ‚Reichen Sie mir bitte noch einmal den Schokoladenpudding.' Vergleichbare Szenen sind mir durchaus in Erinnerung – gewissermaßen als kulinarische Eruptionen nach jahrelanger Entbehrung.

Aber das neue Geld bedeutete in Wahrheit auch mehr als nur die Möglichkeit zu lange entbehrtem Konsum. Meine Eltern empfanden die Währungsreform auch als einen Schritt heraus aus der Verwahrlosung der Nachkriegszeit, zur Wiederherstellung von Recht und Ordnung. Mein Vater erwähnte am Abend des ersten D-Mark-Tages mit tiefer Befriedigung die Tatsache, dass die Hamburger Polizei den Geldumtausch mit einer flächendeckenden Razzia gegen den Schwarzen Markt verbunden hatte. 250 Schwarzhändler wurden festgenommen, 68 von ihnen wurden mit Haftbefehl gesucht. Es war vorbei mit der „Zigarettenwährung" – eine grandiose Erfahrung.

Zeitzeuge 5:
Uwe Storjohann

Der Hamburger Uwe Storjohann, Jahrgang 1925, erlebte die ersten Kriegstage in der Stadt. In den Angriffen des Sommers 1943 wurde die Familie ausgebombt. Die letzten Kriegsjahre verbrachte Storjohann in Quickborn, hier erlebte er auch das Ende des Krieges. Später wurde er Journalist und schrieb seine Erinnerungen an die Maitage 1945 auf:

3. Mai – Quickborn:
„Ich habe überlebt!"

Das Morgengrauen des 2. Mai beginnt mit dem Beschluß, mich erst einmal zu verstecken. 36 Stunden verbringe ich abwechselnd auf dem flachen Dachboden unserer Laube, wo ich mich nur kriechend fortbewegen kann, und in einem in die Mauer eingebauten Wandschrank, um dort ab und zu Radio zu hören. Das Radio steht neben dem Schrank. Es ist ständig eingeschaltet. Aus dem Wehrmachtsbericht erfahre ich, daß Lauenburg vom „vorrückenden Feind" besetzt worden ist. Am 3. Mai höre ich Hamburgs Reichsstatthalter Karl Kaufmann mit düster vibrierendem Pathos den Götterabschied zelebrieren:

„Das Schicksal dieses Krieges kann nicht mehr gewendet werden. Der Kampf aber in der Stadt bedeutet ihre sinnlose und restlose Vernichtung. Mir gebieten Herz und Gewissen in klarer Erkenntnis der Verhältnisse und im Bewußtsein meiner Verantwortung, unser Hamburg, seine Frauen und Kinder, vor sinn- und verantwortungsloser Vernichtung zu bewahren ..."

Ich genieße jedes Wort. Das hat es noch nicht gegeben: ein hoher Nazibonze, der – statt den Mythos der Unbesiegbarkeit zu beschwören – eine Niederlage eingesteht. Zum ersten und zugleich zum letzten Mal im Dritten Reich ertönt die Deutschlandhymne ohne den Horst-Wessel-Wurmfortsatz. Das Ende einer Epoche. Danach ist Funkstille. Der Reichssender Hamburg verschwindet auf Nimmerwiedersehen aus dem Äther.

Am Mittag dieses 3. Mai bringt Mutter neue Flüsterbotschaft aus dem Dorf. Die SS-Einheit im Wäldchen sei wild entschlossen, nach Hamburg zurückzukehren, um den Feigling Kaufmann mitsamt seinem Duckmäuser- und Verräterpack an den Laternen am Adolf-Hitler-Platz aufzuhängen. Ein junger holländischer SS-Mann hat Mutter unter Tränen erklärt, warum eine Kapitulation für ihn und seine Kameraden überhaupt nicht in Frage käme. Was würde denn mit ihnen geschehen, wenn Deutschland den Krieg verlöre? Er zum Beispiel könne doch niemals nach Holland zurückkehren. Die Leute würden ihn dort lynchen und als „Moffenschwein" in Stücke reißen. Mutter hat dem „armen Jungen" Trost gespendet. Doch da das Schicksal der eigenen Kinder ihr nun näher am Herzen liegt, hat sie ihm gleichzeitig begütigend geraten, sich in das Schicksal zu fügen, die Waffen niederzulegen und den lieben Gott um Beistand zu bitten. Weiter zu kämpfen habe doch nun wirklich keinen Sinn mehr. Aber der „arme Junge", so berichtet Mutter, habe sie nur trotzig angesehen und sei wieder in Tränen ausgebrochen. Nein, kapi-

tulieren käme nicht in Frage. Er und seine Kameraden würden sich in die Erde einigeln und keinen Zentimeter mehr zurückweichen.

Am Nachmittag des 3. Mai rückt die SS-Einheit kampflos aus Quickborn ab, nach Norden und sehr eilig. Nun hat es auch der Volkssturm eilig. Mit anderen Halb- und Viertelinvaliden dieser „Stützkorsett- und Bruchbandtruppe" räumt Vater die Panzersperren am Elsensee bis zur letzten Mistforke wieder ab und schüttet den Panzergraben mit Sorgfalt wieder zu, auf daß britische Panzerfahrer Quickborner Straßen in guter Erinnerung behalten.

Den Nazi-Dorfhäuptlingen, nun des geliebten Führers und der SS-Schutzmacht beraubt, ist nun auch der Spaß am Heldentod vergangen. Ich aber beende das Versteckspiel mit einer Riesenportion Rhabarbergrütze.

(Aus: Uwe Storjohann, Hauptsache Überleben, Dölling und Galitz Verlag, Hamburg 1993)

Zeitzeuge 6:
Rudolf Petersen

Am 15. Mai 1945 trat der Hamburger Kaufmann Rudolf Petersen sein Amt als Bürgermeister an.

In seiner Antrittsrede im Senat erklärte Petersen:

„Sie wissen, mit welch schweren Bedenken ich mich entschlossen habe, die Verantwortung dieses Amtes als Bürgermeister Hamburgs zu übernehmen. Der stärkste Grund, Ihrem Appell nachzugeben, war das Bewusstsein, dass mein Großvater, der solange in segensreicher Zeit tätig war, kurz vor seinem Tode die Einweihung dieser Stätte vornahm und mein Bruder in der Zeit größter Not im Jahre 1918 dem Rufe folgte, diesen Posten als Bürgermeister zu übernehmen. Entschuldigen Sie, dass ich diese rein persönlichen Gedanken ausspreche, aber die inneren Spannungen der letzten Jahre waren so gewaltig, dass sie nach Ausdruck ringen und nur dadurch das Gleichgewicht und der Mut zu meiner neuen Tätigkeit gegeben wurde, für die ich keinerlei Erfahrung im Regierungs-und Verwaltungsdienst mitbringe. Deshalb habe ich ausdrücklich wiederholt erklärt, dass ich diese Stellung nur zeitweilig ausüben werde.

Neben diesen persönlichen Beweggründen ist es aber das Vertrauen auf Gottes und seines Sohnes Jesu Christi Segen gewesen, das mir diesen Mut gibt, Jesus Christus, dessen Name aus rassischen Gründen während der letzten zwölf Jahre in Deutschland regierungsseitig nicht ausgesprochen wurde. Endlich aber der feste Glaube an Hamburgs Wiederaufstieg zu seiner einstigen Bedeutung, wenn auch erst nach langer, mühseliger Arbeit seitens seiner Bevölkerung, insbesondere seiner führenden Kaufmannskreise.

Hamburg ist seit den Zeiten der Hanse nicht nur Mittler im Austausch materieller Güter mit dem Ausland und in den letzten Jahrhunderten insbesondere mit Amerika und Übersee gewesen, es ist auch, und das ist vielleicht noch wichtiger, der Mittler gewesen zwischen deutschem Geistesgut und angelsächsischer Lebensauffassung und Lebenssitte.

Nicht nur seine Kaufleute, jeder Matrose brachte die geistige Freiheit angelsächsischer Auffassung nach Hause. So entstand der Lebensstil dieser Stadt, auf die wir auch in diesem Augenblick höchster Erniedrigung stolz sind.

Nur mit dem Vertrauen darauf, dass in freier Wirtschaft hanseatischer Unternehmensgeist sich eine neue Stätte in Hamburgs Mauern bauen kann, werden wir den Wiederaufstieg schaffen.

Ich glaube, das wird gelingen, denn die unglückliche Zeit übertriebener Autarkie aus politischen Gründen ist vorbei. Hamburg kann wieder die Pforte werden, durch die die Idee der praktischen Völkerverbindung ihren Einzug zum Segen des gesamten Deutschland findet."

(Quelle: Staatsarchiv Hamburg / Familienarchiv Petersen)

Zeitzeuge 7:
Eckart van Hooven

Nach einem beispiellosen Zusammenbruch in eine materiell und moralisch verwüstete Heimat entlassen, mit dem Bewusstsein des missbrauchten Idealismus, die Kriegsverwundungen häufig kaum verheilt – das waren 1945 die Heimkehrer, ein Massenschicksal. Der Hamburger Bankier Eckart van Hooven, Jahrgang 1925, überlebte das Kriegsende in Tirol. Noch im April 1945 zum Leutnant der Nachrichtentruppe befördert, teilte sein Kommandeur ihm die statistische Lebenserwartung der jungen Offiziere mit: elf Tage. Ende Mai 1945 kehrte Eckart van Hooven in seine Vaterstadt Hamburg zurück. Der folgende Bericht ist seinem 2002 erschienenen Erinnerungsbuch „Meistbegünstigt" entnommen:

„Die Elbbrücken waren scharf bewacht. Wer sie passieren wollte, musste eine besondere Genehmigung vorweisen. Es kostete mich einige Mühe, die britischen Posten davon zu überzeugen, dass der in meinem Entlassungsschein vermerkte Ort Wesermünde ein Städtchen in der Holsteinischen Schweiz sei. Endlich gaben sie mir den Weg frei. Ich marschierte durch die Trümmerfelder von Hammerbrook, dann vom Hauptbahnhof zum Dammtorbahnhof. Auf der Moorweide war ein echter Rummelplatz entstanden, auf dem sich britische Soldaten auf Tagesurlaub tummelten, aber auch Deutsche. Kontakte waren den Tommys zu dieser Zeit, Ende Mai 1945, noch verboten. Ihr Oberbefehlshaber, Feldmarschall Bernard Montgomery, hatte dazu strikte Befehle erlassen. Ich hatte es eilig. Stand mein Geburtshaus, die Villa meiner Großeltern Hartmeyer in der Willistraße 29, noch? Mein Fußmarsch mit Herzklopfen fand ein glückliches Ende, als ich in der Klärchenstraße um die Ecke bog. Das Haus war unversehrt und nicht beschlagnahmt, die ganze Häuserflucht war fast unbeschädigt. In der Bevölkerung wurde dafür eine Erklärung kolportiert, die mir erst später zu Ohren kam. Es hieß, Luftmarschall Arthur Harris, der Chef des britischen Bomber Command, habe bei der Planung der Flächenangriffe auf Hamburg ein V auf den Stadtplan gelegt, mit der Nikolai-Kirche als Spitze. Die beiden Schenkel als die beiden Hauptrichtungen der Angriffe hätten im Westen vor allem Eimsbüttel und Eidelstedt in Trümmer gelegt, im

Osten Barmbek und Billstedt. Die Gegend um die Außenalster und die Elbchaussee, also die bevorzugten Villenviertel, war in der Tat glimpflich davongekommen. Für die Hamburger lagen die Gründe für diese Zielplanung auf der Hand: Die spätere Besatzungsmacht, so war die Vermutung, sollte angemessene Unterkünfte für ihre Offiziere und deren Clubs vorfinden. So geschah es auch. Mein Empfang ‚zu Hause‘ verlief einigermaßen dramatisch. Meine Mutter hatte in niedergeschlagener Stimmung eine Astrologin zu Rate gezogen und ließ sich von ihr die Karten legen. Die Wahrsagerin suchte ihr Zuversicht zu geben und sagte meiner Mutter, der ältere ihrer Söhne sei schon ganz in ihrer Nähe und ‚ist eigentlich schon im Haus‘. Kurz darauf klingelte es, und ich stand in der Tür. Das war zuviel – meine Mutter fiel für etliche Minuten in Ohnmacht. Die weitere Prophezeiung der Hellseherin, mein Vater und mein jüngerer Bruder würden bald folgen, bewahrheitete sich Monate später, als beide aus amerikanischer und dänischer Gefangenschaft nach Hamburg entlassen wurden. Nach und nach gab es ein großes Wiedersehen, auch mit alten Freunden aus der Bertram-Schule. Diese Begegnung prägte eine Freude und Herzlichkeit, wie ich sie später nur noch selten erlebt habe. Die materiellen Lebensbedingungen

konnten ärmlicher nicht sein: Hungerrationen, keine vernünftigen Anzüge oder Schuhe, kaum ein richtiges Dach über dem Kopf. Doch das alles wog leicht – wir Heimkehrer hatten das Inferno der Schlachtfelder überlebt, unsere Angehörigen das Inferno der Bombennächte, und wir waren dankbar für diese Fügung. Klagen über die Zustände, larmoyante Selbstdarstellung oder listige Versuche, sich Vorteile auf Kosten anderer zu verschaffen, waren verpönt. Im Familien- und Freundeskreis beschäftigte uns vor allem die Frage nach der Zukunft, die wir realistischerweise erwarten konnten. Diskutiert wurde darüber mit einer Intensität, die aus heutiger Sicht nur schwer nachvollziehbar ist. Doch wir lebten in einer ambivalenten Situation. Denn so bedrückend die äußeren Umstände auch sein mochten, die Ernährung, die Wohnverhältnisse, das ‚Organisieren‘, das ‚Hamstern‘, so sehr genossen wir es andererseits, dass wir uns nicht mehr den Zwängen beugen mussten, die der Krieg und das NS-Regime uns auferlegt hatten. Nun konnten wir Autoren lesen, die bis 1945 als ‚verfemt‘ galten, und wann immer wir wollten, konnten wir amerikanische Tanzmusik hören. Glenn Miller, der unvergessene Bandleader mit dem unverwechselbaren Sound, wurde unser Idol, und noch heute verbinden Margrit (die Ehefrau Margit v. H., d. Verf.) und ich mit dieser Musik, mit Schlagern wie ‚Don't fence me in' oder ‚Moonlight Serenade', Erinnerungen an eine Zeit, die nicht nur aus Not und Trübsal bestand. Wir waren keine verlorene Generation. Mit Heißgetränken und Maiskuchen oder ähnlichen Zutaten verbrachten wir so manchen Abend an den Landungsbrücken oder bei Randel in Wellingsbüttel. Entzückende junge Damen, die nach der Devise ‚Auch wir leben noch' mit viel Charme und Phantasie aus daheim noch irgendwo aufgefundenen Textilien modische Kreationen improvisierten, waren am Gelingen solcher Begegnungen auf sehr attraktive Weise beteiligt. So lernte ich Margrit, meine spätere Frau, kennen."

(Aus: Eckart van Hooven, Meistbegünstigt, Fritz Knapp Verlag, Frankfurt/M. 2002)

Zeitzeugen 8:
Joachim und Ruth Schliemann

Joachim Schliemann war dreizehn Jahre alt, als der Krieg zu Ende ging, seine Schwester Ruth war elf. Beide haben den größten Teil des Krieges gemeinsam mit ihren zwei Geschwistern in der Dienstwohnung des Vaters in der Hamburger Hauptfeuerwache am Berliner Tor überstanden. Vater Walter Schliemann war als Oberst der Feuerschutzpolizei zuständig für Personalfragen.

Die Geschwister erinnern sich:

„Unsere Wohnung am Berliner Tor war in den Kriegsjahren mehrfach durch Sprengbomben beschädigt worden. Wir vier Kinder bewohnten kurz vor Kriegsende mit unseren Eltern noch zwei Zimmer und ein Badezimmer, das war übrig geblieben von der einstmals geräumigen Wohnung. Ein Angriff am 18. Juni 1944 hatte den vorderen Teil des Hauses komplett zerstört. Unser Vater hatte sich bereits nach der Brandkatastrophe 1943 gezwungen gesehen, uns, die Kinder, und unsere Mutter am 30. Juli 1943 nach Neustrelitz zu bringen. Dort sollten wir in vermeintlicher Sicherheit abwarten. Vor allem sollten wir aus Hamburg raus, aus der Stadt, die immer wieder Ziel der Bombenangriffe war. Als die Ostfront immer näher rückte, schien unseren Eltern die Situation auch dort nicht mehr sicher. Mutter war schwanger, unser Vater sah uns deshalb lieber in Hamburg. Er schickte einen LKW, der uns im Februar 1945 mit wenigen Habseligkeiten zurück in die Hansestadt brachte.

Wir lebten ständig in Angst. Die Angriffe, vor allem in der Nacht, sahen uns mehr im Keller als in unseren Betten.

Im April schließlich hielt unser Vater die Situation am Berliner Tor für zu gefährlich – Mutter erwartete das fünfte Kind, das Ende des Monats geboren werden sollte. Mit dem wenigen, was wir noch besaßen, schickte uns Vater nach Ohlstedt. Dort standen Blockhäuser, die ursprünglich als Notquartiere für Flüchtlinge gedacht waren. Diese Finnhütten waren noch nicht fertig, es fehlten Fenster, Toiletten, Heizung und Wasser. Dank der Hilfe der Feuerwehrleute waren relativ schnell wenigstens Fenster drin. Auf Wasser und Heizung mussten wir noch ein Jahr lang verzichten.

Ende April kam unser fünftes Geschwisterchen Brigitte zur Welt. Mutter hatte trotz der Ausgangssperre gemeinsam mit unserem Pflichtjahr-Mädchen am Abend das Haus verlassen, um in die nahe gelegene Klinik zu gehen. Vater war in Hamburg geblieben, um dort seinen Dienst zu versehen. Wir Kinder zwischen dreizehn und drei Jahren blieben allein zu Hause, unser Pflichtjahr-Mädchen war noch in der Nacht ins Haus zurückgekehrt und versuchte, uns so gut es ging, zu versorgen. Die Hauptlast jedoch trugen wir älteren Geschwister.

Mutter blieb bis zum 9. Mai im Krankenhaus. In die Zeit ihrer Abwesenheit fiel das Ende des Krieges in Hamburg. Wir Kinder bemerkten davon kaum etwas, da wir zu Hause weder Telefon noch Radio hatten. Vater war in Hamburg im Dienst, der Weg nach Ohlstedt war in diesen Tagen weit. Eher auf Umwegen bekamen wir mit, dass der Krieg aus war. Einer im Dorf erzählte, jetzt würde es keine Bombenangriffe mehr geben. Endlich müssten wir keine Angst mehr haben, endlich keine Fliegerangriffe mehr, keine brennenden Häuser, keine Flucht in den Keller mehr!

Unsere Sorgen richteten sich in diesen Tagen auf Elementares: Wir brauchten etwas zu essen, wir mussten dafür sorgen, dass der damals dreijährige Friedrich und der achtjährige Ulrich versorgt waren.

Als Mutter wieder zu Hause war, bekam der Kampf ums Überleben wenigstens etwas System: Kurz nach der Geburt von Brigitte begann Mutter, auf einem Gut in Duvenstedt zu arbeiten. Für uns bedeutete dies zusätzliches Essen. Im Sommer 1945 waren wir ganz gut über die Runden gekommen, wir hatten Gemüse aus dem eigenen Garten und auch noch etwas Geld. Im Spätsommer wurde Vater interniert und unsere Konten eingefroren. Das bedeutete, dass wir das Wenige, was es zu kaufen gab, nicht mehr bezahlen konnten. Joachim radelte täglich nach Duvenstedt. Dort wohnte eine Bauersfrau, die mit unserer Mutter in der Klinik gelegen hatte. Ein Liter Milch pro Tag war der Lohn dieser Reise. Der musste unter vier Kindern und einem Baby aufgeteilt werden. Zum Frühstück wurde Getreidebrei gekocht. Baby Brigitte bekam eine besondere Portion, der Rest reichte für die anderen bei weitem nicht, der Hunger war ein ständiger Gast im Hause Schliemann und die Versuchung groß zu naschen. ‚Einen Löffel, das merkt doch keiner!‘ dachte Ruth, dann wurden es zwei, dann drei, und als sie den Boden des Topfes sah, merkte sie verzweifelt, dass sie ihrer jüngsten Schwester den Brei weggegessen hatte. Mutter lies Milde walten. Sie hat im Hungerwinter 1945/46 uns Kinder durchgebracht, hat schwer bei den Bauern gearbeitet, um wenigstens etwas an Lebensmitteln zu bekommen.

Von den neuen Herren im Lande, den Engländern, bekamen wir Kinder in Ohlstedt zunächst nichts zu sehen. In den ersten Tagen nach der Kapitulation war unser Dorf am Rande der Stadt wahrscheinlich nicht interessant genug für die Fremden, so dachten wir. Der erste Engländer, den wir Kinder bewußt wahrnahmen, war ein Retter in der Not: am 9. Juli 1945 hatte unsere Großmutter in Kiel Geburtstag. Mutter kam auf die Idee, uns beide nach Kiel zu schicken. Ein Feuerwehrlastwagen, der zufällig eine Dienstfahrt hatte, nahm uns mit nach Neumünster. Von dort mussten wir irgendwie weiter nach Kiel. Keiner hatte sich Gedanken gemacht, wie wir weiterkommen würden. Öffentliche Verkehrsmittel gab es nicht, also machten wir uns zu Fuß auf den Weg. Zunächst aber mussten wir uns stärken. In den Trümmern eines zerstörten Hauses ließen wir uns nieder, packten unser Marmeladenglas mit Griesbrei aus und löffelten genüsslich. Schließlich lagen 30 Kilometer Fußmarsch vor uns. Plötzlich hielt vor uns ein Auto an, eine Art Jeep. Solch ein Auto hatten wir noch nie gesehen. Ein Mann in Uniform, offensichtlich Engländer, fragte uns, wohin wir wollten. Als wir ihm von Großmutters Geburtstag in Kiel erzählten, bot er an, uns mitzunehmen. Am Stadtrand von Kiel setzte uns unser barmherziger Samariter ab. Noch ein Fußmarsch quer durch die Stadt und wir waren wohlbehalten am Ziel unserer Reise angekommen – zwei elf- und dreizehnjährige Kinder allein unterwegs in den Nachkriegswirren in Norddeutschland!"

Zeitzeuge 9:
Hans Jürgen Witthöft

In der Industrie- und Demontagepolitik verfolgte die Militärregierung buchstäblich vom ersten Tag der Besatzungszeit einen außerordentlich harten Kurs. Das betraf vor allem das Unternehmen Blohm & Voss, die größte Seeschiffswerft Europas. Maßgebend dafür war offenkundig nicht nur die Tatsache, dass Blohm & Voss während des Zweiten Weltkriegs eine der wichtigsten Produktionsstätten für die deutsche Kriegsmarine gewesen war. Zugleich sollte auch das Wiedererstehen eines ernstzunehmenden Konkurrenten im europäischen Schiffbau verhindert oder zumindest hinausgezögert werden. Wie das Besatzungsregime am 3. Mai 1945 bei Blohm & Voss begann, hat Hans Jürgen Witthöft in seinem gründlich recherchierten und opulent ausgestatteten Band „Tradition und Fortschritt – 125 Jahre Blohm + Voss", beschrieben, der im Jahr 2002 im Verlag Koehlers Verlagsgesellschaft mbH, Hamburg erschienen ist:

„Das Gelände vom Blohm & Voss wird sofort von britischen Truppen besetzt. Mit den Soldaten rücken Sonderkommandos ein, die unverzüglich gezielt nach ganz bestimmten Unterlagen suchen, vor allem nach Konstruktionsunterlagen der neuen U-Boottypen und anderer Kriegsschiffe. Das Gefundene wird umgehend abtransportiert. Ansonsten ist es still auf dem riesigen, nun geradezu geisterhaft anmutenden Gelände, das auf Befehl der Besatzungsmacht von der deutschen Belegschaft nicht mehr betreten werden darf und strikt zum Sperrgebiet erklärt wird. So lässt sich ungestörter suchen und Gefundenes abfahren."

Blohm & Voss soll nach dem Willen der Besatzungsmacht keine Zukunft haben. Das Unternehmen wird unter das Kontrollratsgesetz Nr. 52 gestellt und auf die Demontageliste des Kontrollrats gesetzt. In der Firmenchronik von Hans Jürgen Witthöft heißt es dazu:

„Über das Verhalten der britischen Besatzungsmacht sind die Blohms enttäuscht. Sie hatten gedacht, dass sie sich, geführt von einer zivilisierten Regierung, strikt an die Haager Landkriegsordnung halten, Privateigentum achten und den Wiederaufbau eines so wichtigen Betriebes wie Blohm & Voss wenn nicht fördern, so aber doch zumindest wohlwollend dulden würde. Das Gegenteil ist der

Fall. Walther Blohm notiert: ‚Die Engländer behandeln die Deutschen mit brutaler Härte', und wenig später: ‚Die Engländer sind unglaublich langsam in allem, was die Möglichkeit eines halbwegs geordneten Lebens herbeiführen könnte.'

Und es trifft, was die Industrie angeht, besonders Blohm & Voss. Warum, darüber kann gerätselt werden. Vielleicht, weil sie mit Rudolf und Walther Blohm die persönlichen Inhaber eines erfolgreichen Unternehmens, das ihnen sowohl im zivilen Wettbewerb als auch mit seiner militärischen Produktion so viel zu schaffen gemacht hat, belangen können. Die meisten leitenden Angestellten und besonders die beiden Inhaber müssen immer wieder zu Vernehmungen. Rudolf und Walther Blohm werden aus ihren Privathäusern, die teilweise geplündert werden, vertrieben, ihre Bankkonten werden gesperrt und es wird ihnen lediglich gestattet, monatlich einen Betrag von höchstens 300,- RM abzuheben. Sie sind, wie alle anderen, weitgehend rechtlos … Das Sagen auf dem Gelände hat die ‚Industrial Division, Ship Building Branch' der Besatzungsbehörde. Von ihr muss praktisch alles genehmigt werden. Sogar für die Überweisung eines Betrages in Höhe von 141,03 RM ist zum Beispiel ein Antrag zu schreiben. Nach Anbruch der Dunkelheit sind jedwe-

de Arbeiten auf der Werft untersagt, da befürchtet wird, dass auf dem großen und unübersichtlichen Gelände verbotene Dinge produziert werden. Allerdings ist es nach langem und zähen Ringen gelungen, wenigstens die Erlaubnis zur Aufnahme einer bescheidenen Fertigung von Kochtöpfen, Haushaltswaren und Kochherden zu erhalten. Ziviler und ungefährlicher geht es ja nun wirklich nicht mehr. Trotzdem ergeht der Befehl, dass am 31. Dezember die Werft vollkommen zu schließen sei. Sie wird erneut zum Sperrgebiet erklärt."

Im Mai 1946 erscheinen auf dem Werftgelände britische Pioniertrupps und bereiten die Sprengung der riesigen Helgengerüste vor. In der Stadt führt das zu erheblicher Unruhe. Protestversammlungen bleiben ebenso wirkungslos wie alle beharrlichen Versuche, wenigstens die noch einsatzfähigen Kräne zu retten:

„Am 22. Mai dröhnen die Sprengladungen. In einer grauen Wolke sacken die großen Helgengerüste, die fast vier Jahrzehnte das Bild dieses Hafenteils geprägt haben, in sich zusammen. Wie Streichhölzer knicken die Träger der gewaltigen Eisenkonstruktion und begraben unter sich auch fünfzehn unfertig auf den Helgen liegende U-Boote. Die Bitte, vorher wenigstens wertvolle Ausrüstungsteile bergen zu dürfen, war ebenfalls abgelehnt worden. Tausende

Hamburger verfolgen vom anderen Elbufer aus das sinnlose Zerstörungswerk – stumm, aber die Wut ist groß.

Lapidar dazu Walther Blohm: ‚Das muss wieder aufgebaut werden.'"

(Aus: Hans Jürgen Witthöft, Tradition und Fortschritt – 125 Jahre Blohm + Voss, Koehlers Verlagsgesellschaft, Hamburg)

Zeitzeuge 10:
Erich Lüth

Der Hamburger Journalist Erich Lüth (Jahrgang 1902) kehrte 1946 aus italienischer Kriegsgefangenschaft zurück. Er wurde wenig später Direktor der Staatlichen Pressestelle. Erich Lüth gilt als einer der Chronisten der hamburgischen Nachkriegsgeschichte.

Er erinnert sich an den Hungerwinter 1946/47 in der Hansestadt:

„Rudolf Petersen hatte Trümmer räumen lassen und – gestützt auf Adolph Schönfelder, seinen Zweiten Bürgermeister, und Hans Harder – die Fundamente einer neuen Verwaltung gelegt. Er hatte erste Hilfe, Nothilfe geleistet, nicht ohne Mitwirkung der Engländer. Doch Max Brauer fasste bereits die erste Normalisierung ins Auge. Schlimmer als in der Stunde Null, am Tage der Kapitulation, konnte es doch nicht werden! Vielleicht hatte er seine Kraft und seine Möglichkeiten überschätzt. Die Ernährung schwankte zwischen 800 und 1200 Kalorien. Die Versorgung nach Lebensmittelkarten funktionierte aber höchstens mangelhaft, die Hitlerwährung zerfiel, stattdessen blühten die Zigarettenwährung und der schwarze Markt. Elektrizitäts-

und Gaswerke sollten mit einem Mindestvorrat in den Winter hineingehen. Stattdessen lebten sie bei steigendem Bedarf von viel zu kleinen Vorräten, ohne ausreichenden Nachschub.

Bis dann im Dezember 1946 ein Kälteeinbruch erfolgte, der nicht enden wollte, sondern durch Monate anhielt und der in den ungeheizten Wohnungen einige hundert Halbverhungerte erfrieren ließ. Die Gesamtzahl der Todesfälle durch Lungenentzündung betrug 230. Die Zahl der ungeklärten Todesfälle durch Erfrieren ist unbezifferbar. Kohlenzüge wurden während ihrer Fahrt, auf der vom Ruhrgebiet nach Hamburg die Lokomotiven bis zu zwanzig Mal wegen Schadhaftigkeit ausgewechselt werden mussten, von Tausenden von Plünderern angefallen und trafen ‚besenrein‘ in Hamburg ein. Unter den Verhafteten befanden sich Geistliche und ein Staatsanwalt. In der Bürgerschaft wurden gegen Brauer Vorwürfe laut, weil er Besserung in Aussicht gestellt hätte und nun die ganze Stadt in einen tiefen Abgrund zu stürzen drohte. Man warf ihm vor, schlechte Vorsorge getroffen zu haben. Doch die Lücken in den Kohlehalden waren schon zur Zeit Rudolf Petersens entstanden. Aber auch er war schuldlos, da die Zuteilung der ohnehin zu kleinen Kohleförderung nicht von deutschen, sondern von britischen Instanzen entschieden wurde.

Dass Hamburg und sein Stadtvolk dennoch über den toten Punkt hinweg gerettet wurden, war und bleibt ein Werk des neuen Bürgermeisters. Brauer hätte allen Anlass gehabt, zu verzweifeln und zu resignieren. Er tat das Gegenteil: Seine Energie wuchs mit der Fülle der Hiobsbotschaften. Nicht er oder der Senat waren die entscheidende Instanz, sondern die Besatzungsmacht. Die Vollmachten des Ersten Bürgermeisters endeten außerdem, soweit sie bereits zugestanden waren, an den Landesgrenzen. Die überregionale Versorgung mit Lebensmitteln, Medikamenten und Kohle war Sache britischer Instanzen. Doch Brauer zog vor allem in der Kohlenzufuhr die Direktive an sich, im Senat selber, an dessen Sitzungen die Direktoren der Versorgungsbetriebe teilnahmen, wie in einem Krisenstab im Arbeitszimmer des Bürgermeisters. (…)

Brauer sah die katastrophalen Folgen für Alte und Schwache, für Kleinkinder und Kranke. Er fürchtete, dass Abertausende sterben würden, wenn nicht wenigstens ein Minimum für den Gasherd, für Aggregate der Krankenhäuser und Notdienste der

Industrie mehr abgegeben würde. Übrigens war auch die Bevölkerung so stark demoralisiert, dass Aufrufe zur Disziplinierung bei der Energieabnahme überhaupt nicht fruchteten. Wer kein funktionierendes Heizgerät besaß, bastelte sich eines, und arbeitete es auch noch so unrationell, und produzierte für die eigene Wohnung bei 20 Grad minus Außentemperatur hinter undichten Wohnungsfenstern während der kurzen Stunden den Stromabgabe ‚Wärme auf Vorrat‘, und handelte es sich auch nur um eine Temperatursteigerung von ein bis zwei Grad.

Der Zustand war makaber. Aber er schien auch voller verwirrender Widersprüche. Denn es mochten viele Tausende an schwerer Lungenentzündung erkranken und Hunderte in ihren Betten erfrieren, Hunderttausende von Ausgemergelten ertrugen auch dies in einer unfassbaren Immunität. (…)

Am 1. Januar 1947 war dabei die Verantwortung für die Versorgung der Bevölkerung auf deutsche Stellen übergegangen. Doch wie sollte eine Stadt ohne ein Hinterland diese Verantwortung tragen? Am 15.2.1947 appellierte der Hamburger Bürgermeister in einem beschwörenden Brief, hart und verzweifelt, an den englischen General Robertson.

Brauer sagte seine Reise zum Länderrat in Wiesbaden ab. Demonstrativ! Er streikte! Und Vaughan Berry wußte es und suchte verzweifelt zu helfen. Es ging um das viel zu kleine Stück Hamburgs am ohnehin mageren Kuchen, von dem die ganze britische Zone leben sollte. Es war eine Sisyphusarbeit, Hamburg durch möglichst viele Schritte – und seien sie noch so klein – zu helfen. Doch es gelang."

(Aus: Miterlebtes, Berichte aus fünf Jahrzehnten hamburgischer Geschichte, Christians Verlag,Hamburg 1979)

Zeitzeuge 11:
Ralf Dahrendorf

Ralf Dahrendorf (Jahrgang 1929) wurde in Hamburg geboren und ist in der Hansestadt aufgewachsen. Im Krieg zog die Familie nach Berlin, hier glaubte der Vater, besser unerkannt leben zu können. 1946 kehrte die Familie Dahrendorf in die Heimatstadt zurück. Der Soziologe Dahrendorf lebt heute in England. 1995 hat er anlässlich des 50. Jahrestages des Kriegsendes seine Erinnerungen an diese Zeit aufgeschrieben:

„Als die Familie Dahrendorf im Februar 1946 nach Hamburg zurückkehrte, war die Stunde Null schon durch allerlei verwirrende Erfahrungen überlagert. Hatte Hamburg überhaupt eine Stunde Null erlebt? Für den aus Berlin kommenden, damals knapp Siebzehnjährigen, klangen die Hamburger Erzählungen vom Kriegsende überraschend und geradezu märchenhaft: Der NS-Gauleiter, der den Radiohörern der Stadt aus dem Studio mitteilt, er würde die Stadt nicht verteidigen lassen, um weiteres Unheil abzuwenden; die kurze Sendepause; dann der britische Besatzungsoffizier, der den Hamburgern aus demselben Studio sagt, er habe nunmehr die Macht im Stadtstaate übernommen.

In Berlin, selbst am Süntelsteig in der heimeligen Siedlung in Onkel Toms Hütte am Rande des Grunewalds, wo wir wohnten, war das ganz anders gewesen. Wochenlang hatte ich mich nach meiner überraschenden Entlassung aus dem Lager – dem „Erweiterten Polizeigefängnis Frankfurt/Oder" – im Keller versteckt, zuletzt mit einem Schulfreund, der auf dem Weg zur Einberufung bei uns hängengeblieben war. (…)

Auf den ersten Blick schien Hamburg in der Tat die Idylle zu sein, die es in der Stunde Null im Vergleich zu Berlin gewesen war. Dass der erste Blick täuschte, wusste ich wohl. Die Eltern waren mit mir im Dezember 1933 aus der Vaterstadt geflohen, nach der ersten Inhaftierung meines Vaters – er war SPD-Reichstagsabgeordneter und Redakteur des „Hamburger Echo" gewesen – und auf der Suche nach einem Ort, wo man ihn nicht auf der Straße erkannte; das konnte nur Berlin sein. (…)

Die drei Jahre vom Mai 1945 bis zum Juni 1948 waren (…) eine einzige Entdeckungsreise. Etwas hochgestochen könnte man sagen, es ging um die Entdeckung der Freiheit in der Form der Bürgergesellschaft. Nicht der Staat – den es ja fast nicht gab – bestimmte die Hoffnung des Neuen, sondern das, was man selbst tun konnte und tat, auch das, was andere taten, um einen Neubeginn zu finden.

Da war zunächst die Besatzungsmacht. Hier in Hamburg sind meine Erinnerungen an die britische Besatzung fast durchweg freundlicher Natur. Mehr als das: Nachdem das ursprüngliche Verbot der „Fraternisierung" aufgehoben war, erwiesen sich Besatzungsoffiziere als freundschaftlich interessierte Lehrer, vor allem für junge Deutsche.

Zwei Namen bleiben mir im Gedächtnis, Captain Wolsey und Captain Luxton. Von beiden hat man später nicht mehr viel gehört. Sie sind vermutlich nach der Demobilisierung wieder normale Bürger geworden, irgendwo in einem Reihenhaus in Essex oder Surrey, vielleicht auch in einem eigenen Häuschen mit Garten, als Buchhalter einer mittleren Firma und mit Interesse sowohl am örtlichen Golfclub als auch an dem Verein für die Blindenfürsorge oder sonst einen karitativen Zweck. Als Offiziere der Besatzungsmacht indes taten sie mehr; sie erwiesen sich als Bürger in einem umfassenderen Sinn, als Vertreter und Verfechter der Bürgergesellschaft.

Bei Captain Wolsey trafen sich zwanzig, dreißig junge Leute regelmäßig. Es gab ein Glas Gin and Tonic und die winzigen Will´s Woodbine-Zigaretten, die wir sündigen Jünglinge ungemein begehrenswert fanden. Vor allem aber gab es etwas, das wir noch nie erlebt hatten: Diskussion. Ein Thema wurde eingeführt, ein allgemeines Thema – das Parlament, die Chancen von Arbeiterkindern, die Rolle der Jugend, irgend so etwas. Jemand, meist Captain Wolsey selbst, sagte dazu etwas, und dann wurden wir aufgefordert, uns zu äußern. Oft ging es hoch her; immer stimmte es nachdenklich; und allmählich bildeten sich bei uns die ersten Ansätze von etwas, was man in der postmodernen Welt zu „Streitkultur" stilisiert hat. Damals war es einfach die Bereitschaft und Fähigkeit zum Diskutieren und Debattieren. (...)

Meine Eltern waren über den Volksschulabschluß nicht hinausgekommen. Zu mehr hatte es bei beiden an Geld und auch an Zeit gemangelt; sie mussten verdienen, um der Familie zu helfen. Immerhin hatten sie in der Hamburger Volksschule sogar etwas Englisch gelernt; später half die Arbeiterbildung und die Eigeninitiative. So war für mich die Universität ein überwältigendes Ereignis; sie hatte etwas beinahe Erhabenes, war die Wirklichkeit eines Traums. Ich wollte, dass andere das Erlebnis auch haben sollten. Mit Freunden zettelte ich früh schon – 1948? – eine Debatte über ‚Arbeiterstudenten' an. Mindestens 200 Arbeiterkinder sollten auch ohne Abitur an die Universität Hamburg gebracht werden, um auf diese Weise verschiedene Erfahrungswelten miteinander zu verknüpfen. Die heftigste Diskussion des Themas fand im Sozialistischen Studentenbund (SDS) statt, dessen Mitglied ich war. Dort trafen zwei Generationen aufeinander, wir Jungen, 18-,19jährigen, und die zehn Jahre Älteren, die wir ‚die Offiziere' nannten.

Die meisten waren in der Tat Offi-

ziere gewesen, Hans Schmelz, Willy Berkhan und vor allem: Helmut Schmidt. Er setzte uns geduldig auseinander, dass das nicht gehe mit den Arbeiterstudenten. Es würde die Betroffenen nur unglücklich machen und zugleich der Universität schaden. Am Ende hatten wir seinen Argumenten nichts mehr entgegenzusetzen, außer den Ingrimm über den Vertreter des Realitätsprinzips, der uns unsere Phantasie abkaufen wollte."

(Aus: Hamburg 1945: Zerstört. Befreit. Hoffnungsvoll?, Christians Verlag, Hamburg 1995)

Literatur

Bahnsen, Uwe: „Die Weichmanns in Hamburg", Hamburg 2001

Dahrendorf, Ralf u. a.: „ Hamburg 1945: Zerstört. Befreit. Hoffnungsvoll?" Christians Verlag, Hamburg 1995

Deiters, Heinz-Günter: „Fenster zur Welt – 50 Jahre Rundfunk in Norddeutschland", Hoffmann und Campe, Hamburg 1973

Dreckmann, Hans: „Hamburg nach der Kapitulation", Hamburg 1970

NDR: „Hans Schmidt-Isserstedt, Zum 10. Todestag am 28. Mai 1983", Herausgegeben vom NDR, Presse- und Öffentlichkeitsarbeit

Speer, Albert: „Erinnerungen", Propyläen, Berlin 1969

Storjohann, Uwe: „Hauptsache: Überleben – Eine Jugend im Krieg 1936 – 1945", Hamburg 1993

Tormin, Walter: „Der schwere Weg zur Demokratie; Politischer Neuaufbau in Hamburg 1945/46", Hamburg 1995

van Hooven, Eckart: „Meistbegünstigt", Knapp Verlag, Fankfurt/Main 2002

Weichmann u.a.: „Miterlebtes, Berichte aus fünf Jahrzehnten hamburgischer Geschichte", Christians Verlag, Hamburg 1979

Witthöft, Hans-Jürgen: „Tradition und Fortschritt. 125 Jahre Blohm + Voss", Koehlers Verlagsgesellschaft

Bildquellen

Denkmalschutzamt Hamburg/Bildarchiv: S. 2, 8, 33, 49, 63, 110, 143, 150, 151, 152, 153, 154, 160, 169, 172, 173

Aus: Hamburg 1945. Katalog zur Ausstellung in der Handelskammer Hamburg, 1995: S. 17, 18, 19, 20, 25, 26, 29, 35, 38, 39, 44, 45, 53, 59, 75, 76, 111, 147, 156, 163, 168, 171

Imperial War Museum, London: S. 83, 97, 115, 121, 128, 135, 137

Stiftung Preußischer Kulturbesitz/ Bildarchiv, Berlin: S. 14, 46, 71, 144

Schutzumschlag-Bilder: Staatsarchiv Hamburg

HAMBURG IM BOMBENKRIEG

Uwe Bahnsen und
Kerstin von Stürmer
Die Stadt, die sterben sollte
Hamburg im Bombenkrieg,
Juli 1943

ISBN 3-934613-55-1

Sechs Jahrzehnte sind vergangen, seit die westlichen Alliierten im Kampf gegen Hitlers Regime zu Flächenbombardements der deutschen Großstädte übergingen. Fragen nach der moralischen Berechtigung und dem militärischen Sinn dieser Strategie sind in dieser langen Zeit nie verstummt und werden jetzt deutlich intensiver diskutiert als zuvor.

CONVENT VERLAG

www. convent-verlag. de

BÜCHER DES NORDENS

Kurt Grobecker
„Manchmal war es
sogar komisch …"
Episoden aus
Hamburgs schwersten
Jahren 1941–1948

ISBN 3-934613-79-9

Ortwin Pelc
Hamburg.
Die Stadt im
20. Jahrhundert

ISBN 3-934613-28-4

Thomas Schmidt
Hamburgs grüne
Schätze
Eine Entdeckungs-
reise durch die
28 Naturschutz-
gebiete der Stadt

ISBN 3-934613-74-8

Reinhard Scheiblich
Sterne
unter den Wolken
Geschichte und
Geschichten rund um
deutsche Leuchttürme

ISBN 3-934613-51-9

CONVENT VERLAG

www.convent-verlag.de